ANA LUIZA PETILLO NERY
Bacharela e licenciada em Química pela Universidade de São Paulo (USP).
Doutora em Ciências pela USP.
Professora de Química.

GUSTAVO ISAAC KILLNER
Bacharel e licenciado em Física pela USP.
Mestre em Ciências pela USP.
Doutor em Educação pela USP.
Licenciado em Pedagogia pela USP.
Especialista em Ensino Mediado por Computadores pela Universidade de Tsukuba, Japão.
Especialista em Formação de Professores para Cursos Semipresenciais e de Educação a Distância pela Universidade Estadual Paulista (Unesp).
Professor de Ciências, Física e Teorias de currículo e de ensino e aprendizagem.

São Paulo, 5ª edição, 2023

Geração Alpha Ciências 9
© SM Educação
Todos os direitos reservados

Direção editorial André Monteiro
Gerência editorial Lia Monguilhott Bezerra
Edição executiva André Zamboni
Edição: Carolina Mancini Vall Bastos, Marcelo Augusto Barbosa Medeiros, Mauro Faro, Filipe Faria Berçot, Tatiana Novaes Vetillo, Sylene Del Carlo, Juliana Rodrigues F. de Souza
Suporte editorial: Camila Alves Batista, Fernanda de Araújo Fortunato
Coordenação de preparação e revisão Cláudia Rodrigues do Espírito Santo
Preparação: Eliane de Abreu Santoro, Vera Lúcia Rocha
Revisão: Ana Paula R. Migiyama, Eliane de Abreu Santoro, Ivana Alves Costa, Vera Lúcia Rocha
Apoio de equipe: Camila Lamin Lessa
Coordenação de *design* Gilciane Munhoz
***Design*:** Camila N. Ueki, Lissa Sakajiri, Paula Maestro
Coordenação de arte Vitor Trevelin
Edição de arte: Vivian Dumelle
Assistência de arte: Bruno Cesar Guimarães
Assistência de produção: Júlia Stacciarini Teixeira
Coordenação de iconografia Josiane Laurentino
Pesquisa iconográfica: Adriana Neves
Tratamento de imagem: Marcelo Casaro
Capa Megalo | identidade, comunicação e design
Ilustração da capa: Thiago Limón
Projeto gráfico Megalo | identidade, comunicação e design; Camila N. Ueki, Lissa Sakajiri, Paula Maestro
Ilustrações que acompanham o projeto: Laura Nunes
Editoração eletrônica Essencial design
Cartografia João Miguel A. Moreira
Pré-impressão Américo Jesus
Fabricação Alexander Maeda
Impressão Gráfica Santa Marta

Dados Internacionais de Catalogação na Publicação (CIP)
(Câmara Brasileira do Livro, SP, Brasil)

Nery, Ana Luiza Petillo
  Geração alpha ciências, 9 / Ana Luiza Petillo Nery, Gustavo Isaac Killner. -- 5. ed. -- São Paulo : Edições SM, 2023.

  ISBN 978-85-418-3079-9 (aluno)
  ISBN 978-85-418-3073-7 (professor)

  1. Ciências (Ensino fundamental) I. Killner, Gustavo Isaac. II. Título.

23-154214   CDD-372.35

Índices para catálogo sistemático:
1. Ciências : Ensino fundamental 372.35

Cibele Maria Dias – Bibliotecária – CRB-8/9427

5ª edição, 2023
3ª reimpressão, julho 2024

SM Educação
Avenida Paulista, 1842 – 18º andar, cj. 185, 186 e 187 – Condomínio Cetenco Plaza
Bela Vista 01310-945 São Paulo SP Brasil
Tel. 11 2111-7400
atendimento@grupo-sm.com
www.grupo-sm.com/br

APRESENTAÇÃO

OLÁ, ESTUDANTE!

Ser jovem no século XXI significa estar em contato constante com múltiplas formas de linguagem, uma imensa quantidade de informações e inúmeras ferramentas tecnológicas. Isso ocorre em um cenário mundial de grandes mudanças sociais, econômicas e ambientais.

Diante dessa realidade, esta coleção foi cuidadosamente pensada tendo como principal objetivo ajudar você a enfrentar esses desafios com informação de qualidade, autonomia e espírito crítico.

Atendendo a esse propósito, os textos, as imagens e as atividades que esta coleção traz oferecem oportunidades para que você reflita sobre o que aprende, expresse suas ideias e desenvolva habilidades de comunicação nas mais diversas situações de interação em sociedade.

Vinculados aos conhecimentos próprios da área de Ciências da Natureza, também são explorados aspectos dos Objetivos de Desenvolvimento Sustentável (ODS), da Organização das Nações Unidas (ONU). Com isso, esperamos que você compartilhe dos conhecimentos construídos pelas Ciências da Natureza e os utilize para fazer escolhas responsáveis e transformadoras em sua vida.

Desejamos também que esta coleção contribua para que você se torne um jovem atuante na sociedade do século XXI e seja capaz de questionar a realidade em que vive, buscando respostas e soluções para os desafios presentes e para os que estão por vir.

Bons estudos!

Equipe editorial

CONHEÇA SEU LIVRO

Abertura da unidade

Nesta unidade, eu vou...

Nessa trilha, você conhece os objetivos de aprendizagem da unidade. Eles estão organizados por capítulos e seções e podem ser utilizados como um guia para seus estudos.

Uma imagem vai instigar sua curiosidade e motivar você ao estudo da unidade.

Primeiras ideias

As questões dessa seção vão incentivar você a contar o que sabe dos temas em estudo e a levantar algumas hipóteses sobre eles.

Leitura da imagem

Nessa seção, as questões orientam a leitura da imagem e permitem estabelecer relações entre o que é retratado nela e o que será abordado na unidade.

Cidadania global

Nesse boxe, você começa a refletir sobre o Objetivo de Desenvolvimento Sustentável (ODS) relacionado aos temas da unidade. O entendimento sobre o contexto desse ODS será construído ao longo dos capítulos e retomado no final da unidade.

Capítulos

Abertura do capítulo e Para começar

O boxe *Para começar* apresenta questões para você verificar o que conhece do conteúdo do capítulo e refletir sobre o que vai estudar. Textos, imagens, mapas e esquemas introduzem o conteúdo que será explorado.

4

Práticas de Ciências

Nessa seção, você vai realizar pesquisas e atividades práticas, levantar hipóteses e elaborar conclusões, entre outras atividades.

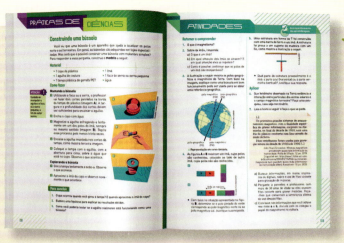

Atividades

As atividades vão ajudar você a desenvolver habilidades e competências com base no que você estudou no capítulo.

Contexto – Ciência, tecnologia e sociedade

Essa seção aparece no final de alguns capítulos e, com base em temas relacionados à unidade, convida você a compreender as relações entre ciência, tecnologia, sociedade e meio ambiente.

Ciência dinâmica

Presente ao final de alguns capítulos, essa seção explora controvérsias e mudanças conceituais – aspectos que ajudam a construir o conhecimento científico –, bem como a contribuição de estudiosos para diversas áreas das Ciências da Natureza.

Boxes

Para explorar

Oferece sugestões de museus, livros, *sites* e filmes relacionados ao tema em estudo.

Ampliação

Traz informações complementares sobre os assuntos explorados na página.

Glossário

Traz definições de expressões e palavras cujo significado talvez você desconheça.

Cidadania global

Apresenta informações e questões que levam você a refletir e a se posicionar sobre situações e fatos relacionados ao ODS apresentado na abertura do capítulo.

5

Fechamento da unidade

Investigar
Em dois momentos do livro, você e os colegas vão experimentar diferentes metodologias de pesquisa, como entrevista, coleta de dados, entre outras. Também vão desenvolver diferentes formas de comunicação para compartilhar os resultados de suas investigações.

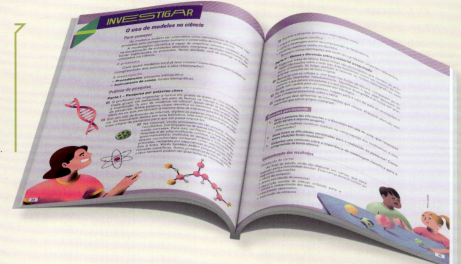

Atividades integradas
As atividades propostas nessa seção integram os temas abordados na unidade e também auxiliam no desenvolvimento de habilidades e competências.

Saber ser
O selo **Saber ser** indica momentos oportunos para o desenvolvimento das competências socioemocionais tomada de decisão responsável, autogestão, autoconsciência, consciência social e habilidades de relacionamento.

Cidadania global
Essa seção fecha o trabalho com o ODS e está organizada em duas partes. Em *Retomando o tema*, você vai rever as discussões realizadas ao longo dos capítulos e retomar a questão da abertura da unidade. Em *Geração da mudança*, você será convidado a desenvolver uma atividade, a fim de contribuir para o desenvolvimento do ODS trabalhado na unidade, no contexto da sua comunidade.

6

No final do livro, você também vai encontrar:

Interação
Essa seção propõe um projeto coletivo que resultará em um produto que pode ser usufruído pela comunidade escolar e/ou do entorno da escola.

Prepare-se!
Essa seção apresenta dois blocos de questões com formato semelhante ao de provas e exames oficiais, como Enem, Saeb e Pisa, para você verificar seus conhecimentos.

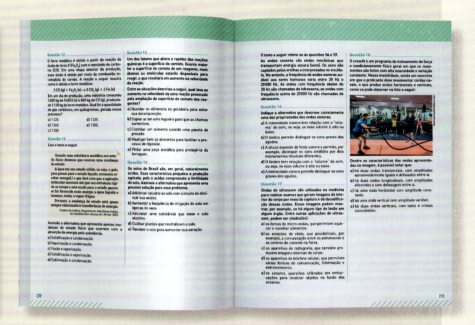

GERAÇÃO ALPHA DIGITAL

O livro digital oferece uma série de recursos para interação e aprendizagem. No livro impresso, eles são identificados com os ícones descritos a seguir.

Atividades interativas
Estes ícones indicam que, no livro digital, você encontrará atividades interativas que compõem um ciclo avaliativo ao longo da unidade.
No início da unidade, você poderá verificar seus **conhecimentos prévios**. Ao final dos capítulos e da unidade, encontrará conjuntos de atividades para realizar o **acompanhamento da aprendizagem** e, por fim, a **autoavaliação**.

 Conhecimentos prévios

 Acompanhamento da aprendizagem

 Autoavaliação

Recursos digitais
Este ícone indica que, no livro digital, você terá acesso a galerias de imagens, áudios, animações, vídeos, entre outros recursos. Quando encontrar uma chamada como esta, acesse o recurso e faça a atividade que se pede.

 Veja **adaptações** e comente as vantagens que essas características conferem aos seres vivos.

• O QUE SÃO OS •

OBJETIVOS
DE DESENVOLVIMENTO SUSTENTÁVEL

Em 2015, representantes dos Estados-membros da Organização das Nações Unidas (ONU) se reuniram durante a Cúpula das Nações Unidas sobre o Desenvolvimento Sustentável e adotaram uma agenda socioambiental mundial composta de 17 Objetivos de Desenvolvimento Sustentável (ODS).

Os ODS constituem desafios e metas para erradicar a pobreza, diminuir as desigualdades sociais e proteger o meio ambiente, incorporando uma ampla variedade de tópicos das áreas econômica, social e ambiental. Trata-se de temas humanitários atrelados à sustentabilidade que devem nortear políticas públicas nacionais e internacionais até o ano de 2030.

Nesta coleção, você trabalhará com diferentes aspectos dos ODS e perceberá que, juntos e também como indivíduos, todos podemos contribuir para que esses objetivos sejam alcançados. Conheça aqui cada um dos 17 objetivos e suas metas gerais.

1 ERRADICAÇÃO DA POBREZA

Erradicar a pobreza em todas as formas e em todos os lugares

2 FOME ZERO E AGRICULTURA SUSTENTÁVEL

Erradicar a fome, alcançar a segurança alimentar, melhorar a nutrição e promover a agricultura sustentável

11 CIDADES E COMUNIDADES SUSTENTÁVEIS

Tornar as cidades e comunidades mais inclusivas, seguras, resilientes e sustentáveis

10 REDUÇÃO DAS DESIGUALDADES

Reduzir as desigualdades no interior dos países e entre países

9 INDÚSTRIA, INOVAÇÃO E INFRAESTRUTURA

Construir infraestruturas resilientes, promover a industrialização inclusiva e sustentável e fomentar a inovação

12 CONSUMO E PRODUÇÃO RESPONSÁVEIS

Garantir padrões de consumo e de produção sustentáveis

13 AÇÃO CONTRA A MUDANÇA GLOBAL DO CLIMA

Adotar medidas urgentes para combater as alterações climáticas e os seus impactos

14 VIDA NA ÁGUA

Conservar e usar de forma sustentável os oceanos, mares e os recursos marinhos para o desenvolvimento sustentável

3 SAÚDE E BEM-ESTAR

Garantir o acesso à saúde de qualidade e promover o bem-estar para todos, em todas as idades

4 EDUCAÇÃO DE QUALIDADE

Garantir o acesso à educação inclusiva, de qualidade e equitativa, e promover oportunidades de aprendizagem ao longo da vida para todos

5 IGUALDADE DE GÊNERO

Alcançar a igualdade de gênero e empoderar todas as mulheres e meninas

8 TRABALHO DECENTE E CRESCIMENTO ECONÔMICO

Promover o crescimento econômico inclusivo e sustentável, o emprego pleno e produtivo e o trabalho digno para todos

7 ENERGIA LIMPA E ACESSÍVEL

Garantir o acesso a fontes de energia fiáveis, sustentáveis e modernas para todos

6 ÁGUA POTÁVEL E SANEAMENTO

Garantir a disponibilidade e a gestão sustentável da água potável e do saneamento para todos

15 VIDA TERRESTRE

Proteger, restaurar e promover o uso sustentável dos ecossistemas terrestres, gerir de forma sustentável as florestas, combater a desertificação, travar e reverter a degradação dos solos e travar a perda da biodiversidade

16 PAZ, JUSTIÇA E INSTITUIÇÕES EFICAZES

Promover sociedades pacíficas e inclusivas para o desenvolvimento sustentável, proporcionar o acesso à justiça para todos e construir instituições eficazes, responsáveis e inclusivas a todos os níveis

17 PARCERIAS E MEIOS DE IMPLEMENTAÇÃO

Reforçar os meios de implementação e revitalizar a parceria global para o desenvolvimento sustentável

NAÇÕES UNIDAS BRASIL. Objetivos de Desenvolvimento Sustentável. Disponível em: https://brasil.un.org/pt-br/sdgs. Acesso em: 2 maio 2023.

SUMÁRIO

UNIDADE 1 — MATÉRIA: ESTRUTURA E CLASSIFICAÇÃO ... 13

1. Constituição da matéria ... 16
- A modelagem científica ... 16
- Modelo atômico de Dalton ... 17
- A lei da conservação das massas e o modelo atômico de Dalton ... 18
- A natureza elétrica da matéria ... 19
- A descoberta da radioatividade e o modelo atômico de Rutherford ... 20
- O modelo de Rutherford-Bohr ... 21
- **Atividades** ... 22
- **Ciência dinâmica** | A representação das substâncias ... 24

2. Classificação periódica ... 26
- Periodicidade dos elementos químicos ... 26
- Organização dos elementos químicos ... 27
- Tabela Periódica ... 28
- Classificação dos elementos ... 29
- Propriedades dos elementos de alguns grupos ... 29
- **Práticas de Ciências** | Construindo a Tabela Periódica ... 31
- **Atividades** ... 32

▲ **Investigar** | O uso de modelos na ciência ... 34
▲ **Atividades integradas** ... 36
▲ **Cidadania global** | ODS 9 – Indústria, inovação e infraestrutura ... 38

UNIDADE 2 — FORMAÇÃO DE SUBSTÂNCIAS ... 39

1. Estados físicos e ligações químicas ... 42
- Os átomos ligam-se uns aos outros ... 42
- Os estados físicos da matéria ... 43
- Íons: cátions e ânions ... 45
- Ligações iônicas ... 46
- Ligações covalentes ... 47
- Ligações metálicas ... 48
- **Atividades** ... 49

2. Representações químicas ... 50
- A linguagem científica ... 50
- Representando as substâncias ... 51
- Lavoisier, as substâncias e a conservação das massas ... 52
- Lei das proporções definidas ... 53
- **Práticas de Ciências** | O princípio da conservação das massas ... 54
- Representando as transformações químicas ... 56
- O balanceamento das equações químicas ... 57
- **Atividades** ... 60
- **Ciência dinâmica** | As reações químicas ao longo do tempo ... 62

▲ **Atividades integradas** ... 64
▲ **Cidadania global** | ODS 12 – Consumo e produção responsáveis ... 66

UNIDADE 3 — APLICAÇÕES DAS REAÇÕES QUÍMICAS ... 67

1. Classificação das substâncias ... 70
- Organizando e classificando os materiais ... 70
- Algumas formas de classificação de substâncias ... 71
- Ácidos ... 72
- Bases ... 73
- Sais ... 74
- Óxidos ... 75
- Reações químicas entre ácidos e bases ... 76
- **Práticas de Ciências** | Uso de indicador ácido-base para classificar soluções ... 77
- **Práticas de Ciências** | A chuva ácida ... 78
- **Atividades** ... 79
- **Contexto** – Ciência, tecnologia e sociedade | Os conhecimentos tradicionais e a produção de corantes ... 80

2. A química das reações ... 82
- A importância das reações químicas ... 82
- Reações químicas na indústria ... 83
- Classificação das reações ... 86
- **Atividades** ... 88

3. Cinética química ... 90
- Como ocorrem as reações ... 90
- A rapidez das reações químicas ... 91
- **Atividades** ... 95

▲ **Atividades integradas** ... 96
▲ **Cidadania global** | ODS 16 – Paz, justiça e instituições eficazes ... 98

10

UNIDADE 4 — ONDAS 99

1. Introdução ao estudo das ondas 102
- Ondas 102
- Características de uma onda 104
- Características da onda periódica 105
- Ondas eletromagnéticas 106
- Ondas mecânicas 108
- **Atividades** 109

2. Som 110
- Energia sonora 110
- Velocidade do som 112
- Eco 112
- Características da onda sonora 113
- Fala e audição 114
- **Práticas de Ciências |** Investigando as ondas sonoras em uma garrafa 115
- **Atividades** 116

3. Luz 117
- Luz, uma onda eletromagnética 117
- Princípios da propagação da luz 118
- Fenômenos ópticos 119
- **Práticas de Ciências |** A composição das cores 122
- Luz e sombra 124
- **Atividades** 125
- **Ciência dinâmica |** A natureza da luz 126

▲ **Atividades integradas** 128
▲ **Cidadania global** | ODS 11 – Cidades e comunidades sustentáveis 130

UNIDADE 5 — MAGNETISMO E ELETROMAGNETISMO 131

1. Magnetismo 134
- O magnetismo na história 134
- Polos magnéticos 135
- Campo magnético e linhas de campo 136
- Bússolas 137
- **Práticas de Ciências |** Construindo uma bússola 138
- **Atividades** 139

2. Eletromagnetismo 140
- O eletromagnetismo 140
- O experimento de Faraday 141
- **Práticas de Ciências |** Motor elétrico 142
- Aplicações do eletromagnetismo 145
- **Atividades** 147
- **Contexto** – Ciência, tecnologia e sociedade | Ciência básica e o desenvolvimento tecnológico 148

▲ **Atividades integradas** 150
▲ **Cidadania global** | ODS 10 – Redução das desigualdades 152

UNIDADE 6 — UNIVERSO E SISTEMA SOLAR 153

1. Astros no Universo 156
- Objetos e corpos celestes 156
- Sistema Solar 158
- **Práticas de Ciências |** Tamanhos e distâncias no Sistema Solar 161
- Origem do Sistema Solar 162
- Evolução estelar 163
- Galáxias e escalas do Universo 164
- **Atividades** 165

2. Um olhar para o Universo 166
- O ser humano e os astros 166
- Versões para a origem do Universo 168
- Explorando o Sistema Solar 170
- **Atividades** 171
- **Ciência dinâmica** | A corrida espacial 172

▲ **Investigar |** A sobrevivência humana fora da Terra 174
▲ **Atividades integradas** 176
▲ **Cidadania global** | ODS 17 – Parcerias e meios de implementação 178

11

UNIDADE 7 — GENÉTICA E HEREDITARIEDADE 179

1. Hereditariedade 182
- Herança biológica 182
- DNA e divisão celular 186
- Mecanismos da herança biológica 186
- **Práticas de Ciências** | Teste para entender a herança biológica 188
- Atividades 190

2. O estudo da genética 191
- Características que passam de pais para filhos 191
- Os experimentos de Mendel 192
- Primeira lei de Mendel 193
- Segunda lei de Mendel 195
- Outros padrões de hereditariedade 197
- Atividades 199

3. Genética e tecnologia 201
- Biotecnologia 201
- Melhoramento genético 202
- Clonagem 204
- Células-tronco 205
- Terapia gênica 206
- Testes de paternidade ou de maternidade 206
- Vacinas gênicas 206
- Atividades 207
- **Contexto** – Ciência, tecnologia e sociedade | Tecnologia de edição genética 208
- ▲ Atividades integradas 210
- ▲ **Cidadania global** | ODS 15 – Vida terrestre 212

UNIDADE 8 — EVOLUÇÃO 213

1. Como os seres vivos surgem? 216
- Geração espontânea × biogênese 216
- O surgimento da vida na Terra 220
- Atividades 224

2. Evolução dos seres vivos 225
- Fixismo × evolucionismo 225
- **Práticas de Ciências** | A leitura e a pesquisa de informações 230
- Atividades 232

3. A evolução acontece 234
- Evidências da evolução dos seres vivos 234
- A evolução humana 237
- Atividades 239
- **Contexto** – Ciência, tecnologia e sociedade | DNA antigo e a história dos nossos genes 240
- ▲ Atividades integradas 242
- ▲ **Cidadania global** | ODS 4 – Educação de qualidade 244

UNIDADE 9 — CONSERVAÇÃO 245

1. Biodiversidade 248
- O que é biodiversidade? 248
- Características da biodiversidade 249
- Ameaças à biodiversidade 250
- **Práticas de Ciências** | Biodiversidade e alimentação 252
- Atividades 253

2. Estratégias de conservação 254
- Protegendo os ambientes naturais 254
- Tipos de Unidade de Conservação 255
- As Unidades de Conservação e as comunidades humanas 256
- Atividades 257
- **Ciência dinâmica** | A Revolução Verde e as agroflorestas 258
- ▲ Atividades integradas 260
- ▲ **Cidadania global** | ODS 12 – Consumo e produção responsáveis 262

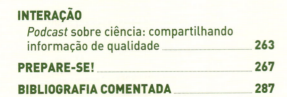

INTERAÇÃO
- *Podcast* sobre ciência: compartilhando informação de qualidade 263
- **PREPARE-SE!** 267
- **BIBLIOGRAFIA COMENTADA** 287

MATÉRIA: ESTRUTURA E CLASSIFICAÇÃO

UNIDADE 1

PRIMEIRAS IDEIAS

1. Como você descreveria a matéria?
2. A Química está presente em muitas situações do nosso cotidiano. Em quais delas você reconhece a influência dessa ciência?
3. Os materiais podem ser classificados de acordo com diferentes critérios. Você conhece alguns desses critérios? Se sim, quais?

Conhecimentos prévios

Nesta unidade, eu vou...

CAPÍTULO 1 — Constituição da matéria

- Identificar modelos atômicos e associá-los aos cientistas que os propuseram.
- Constatar que os modelos científicos são importantes para a compreensão de fenômenos e entender o caráter provisório, cultural e histórico dos modelos atômicos.
- Diferenciar as representações das substâncias feitas pelos alquimistas e as representações feitas por Dalton.
- Entender o papel da criatividade e do desejo de saber na condução de processos e no desenvolvimento de soluções sustentáveis.
- Compreender os conceitos de número atômico, número de massa e elemento químico.

CAPÍTULO 2 — Classificação periódica

- Reconhecer a periodicidade dos elementos químicos.
- Conhecer as propriedades de elementos de alguns grupos.
- Reconhecer e identificar a variedade dos elementos químicos na construção de uma Tabela Periódica.

INVESTIGAR — O uso de modelos na ciência

- Pesquisar, em fontes bibliográficas, o uso de modelos na ciência (o que é modelagem científica, seus usos, entre outras informações).
- Elaborar fichas de leitura sobre o material pesquisado.
- Perceber a importância dos modelos para a compreensão de fenômenos.

CIDADANIA GLOBAL

- Relacionar o processo de logística reversa de pilhas e baterias ao desenvolvimento de processos industriais limpos e ambientalmente corretos.

LEITURA DA IMAGEM

1. O que está acontecendo na cena retratada?
2. Você já viu esse tipo de separação ser feito com outros materiais? Se sim, quais?
3. Converse com os colegas sobre quais devem ser os objetivos e os critérios para a separação de pilhas e baterias.

CIDADANIA GLOBAL

9 INDÚSTRIA, INOVAÇÃO E INFRAESTRUTURA

Pilhas e baterias, como aquelas usadas em brinquedos e telefones celulares, são dispositivos portáteis de energia. Elas fornecem energia para o funcionamento de um aparelho sem que ele precise estar conectado à rede elétrica. No entanto, apesar de serem dispositivos muito úteis no dia a dia, as pilhas e as baterias apresentam componentes tóxicos em sua composição.

- Qual é o papel da população, dos fabricantes e do poder público nos processos de produção, consumo e descarte de pilhas e baterias, para que esse tipo de dispositivo não provoque impactos no ambiente?

Veja **logística reversa de pilhas e baterias** e liste as etapas do processo de logística reversa desses componentes.

A logística reversa é um conjunto de procedimentos e meios para recolher produtos que chegaram ao fim da vida útil e encaminhá-los de volta aos fabricantes, para que eles façam a reciclagem dos materiais e a destinação correta dos resíduos. No Brasil, as pilhas e baterias devem passar por esse conjunto de procedimentos, de acordo com a Política Nacional de Resíduos Sólidos (Lei n. 12 305/2010).

15

CAPÍTULO 1
CONSTITUIÇÃO DA MATÉRIA

PARA COMEÇAR

Fazer ciência implica, entre outros aspectos, observação, investigação, a formulação de hipóteses, criatividade, lógica e, claro, conhecimentos prévios. Se você tivesse a seu dispor uma caixa fechada que não pudesse abrir, como faria para descobrir o que há dentro dela?

Veja **o que é Química**. Cite exemplos nos quais fenômenos químicos estão presentes em seu dia a dia.

▼ Modelo de coronavírus. (Cores-fantasia.)

A MODELAGEM CIENTÍFICA

Tanto as Ciências da Natureza (Biologia, Física, Geologia, Química, etc.) quanto as Ciências Humanas (História, Filosofia, Sociologia, etc.) utilizam modelos para interpretar, explicar e prever fenômenos.

Os modelos utilizados pela ciência são representações que têm como objetivo compreender, explicar e prever um fenômeno ou uma situação hipotética. A formulação de um modelo depende do conhecimento e da tecnologia disponíveis. Avanços tecnológicos que permitam fazer investigações mais detalhadas e descobertas científicas que não possam ser explicadas pelo modelo vigente podem levar à substituição ou à reformulação desse modelo.

Os modelos podem ser representados por ilustrações, equações matemáticas, esquemas e esculturas, por exemplo. Muitas imagens de vírus e de bactérias, disponíveis em livros de Ciências da Natureza, são modelos.

Neste capítulo, você vai conhecer alguns dos modelos propostos pela ciência para explicar a constituição da matéria.

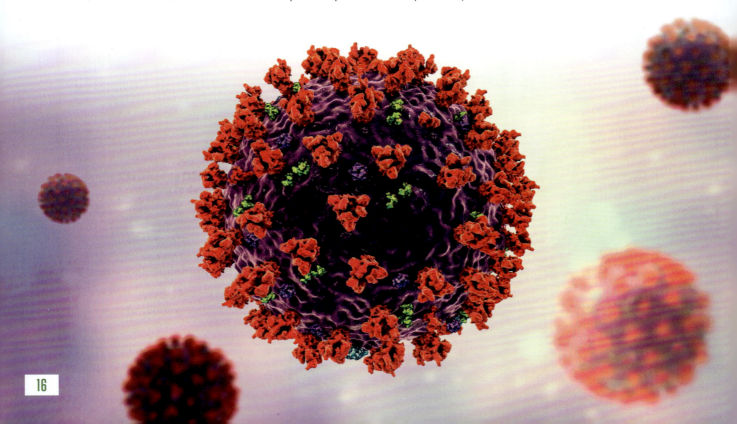

MODELO ATÔMICO DE DALTON

Pensadores da Antiguidade se perguntavam: "O que aconteceria se a matéria fosse dividida em partes cada vez menores? As partes da matéria teriam as mesmas propriedades do conjunto? A matéria poderia ser dividida infinitamente?".

Ao longo da história, diversos filósofos e estudiosos da natureza, ao investigar essas questões, propuseram diferentes modelos para a estrutura e a constituição da matéria.

O primeiro modelo baseado em dados experimentais para explicar a estrutura da matéria foi proposto em 1808 pelo químico inglês John Dalton (1766-1844).

Veja as principais características do **modelo atômico de Dalton**:

- A matéria é formada por **átomos**, que são partículas esféricas maciças, indivisíveis e indestrutíveis.
- Todos os átomos de um **elemento químico** apresentam a mesma massa e as mesmas propriedades. Os átomos de elementos químicos diferentes apresentam massas e propriedades diferentes.
- Nas **transformações químicas**, os átomos não são criados nem destruídos, mas se combinam de modos diferentes, originando novas substâncias.

Dalton representava seus modelos de átomos usando círculos com diferentes detalhes em seu interior. No entanto, como essa representação não se mostrava prática, o químico sueco Jöns Jacob Berzelius (1779-1848) propôs a substituição dos círculos por letras de imprensa maiúsculas e minúsculas.

▲ Segundo Dalton, essa seria a representação de um átomo. O uso de pequenas esferas para representar átomos é um artifício utilizado até hoje pelos químicos.

▲ Dalton foi o primeiro cientista a criar uma simbologia para representar os átomos de elementos químicos.

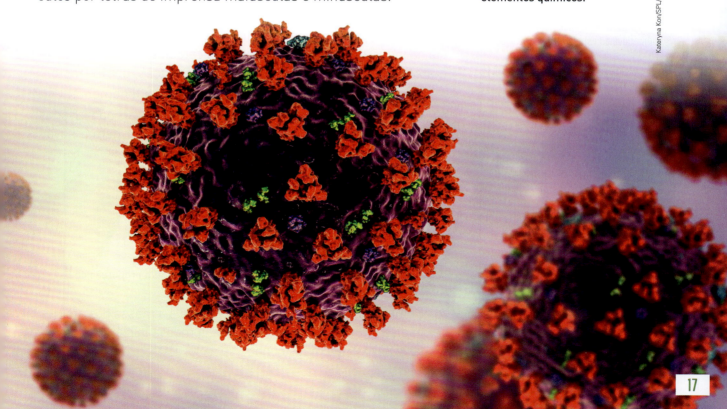

A LEI DA CONSERVAÇÃO DAS MASSAS E O MODELO ATÔMICO DE DALTON

Antoine-Laurent Lavoisier (1743-1794) é considerado por muitos o "pai" da Química moderna por suas contribuições para o desenvolvimento dessa ciência.

A partir de uma série de experimentos cuidadosamente planejados e executados, Lavoisier enunciou a **lei da conservação das massas**. Essa lei estabelece que, nas transformações químicas que ocorrem em sistemas fechados, a massa do sistema inicial é igual à massa do sistema final.

A água, por exemplo, sofre decomposição, gerando os gases hidrogênio e oxigênio. A tabela a seguir apresenta dados das massas dos sistemas inicial e final, determinados na decomposição da água, em três experimentos distintos.

Experimento	Sistema inicial	Sistema final	
	água	gás hidrogênio	gás oxigênio
1	18 g	2 g	16 g
2	9 g	1 g	8 g
3	36 g	4 g	32 g

Observe que a massa de água, presente no sistema inicial, é igual à soma das massas dos gases no sistema final, ou seja, à massa do sistema final, e que há uma proporção constante entre as massas de reagentes e produtos.

A lei da conservação das massas pode auxiliar na previsão da quantidade de produtos formados, bem como a de reagentes necessários em uma reação química. Isso é de extrema importância na indústria, pois contribui para os cálculos da quantidade de material a ser produzido e do custo da produção, por exemplo.

Vejamos como o modelo de Dalton explica o fenômeno.

- Nas transformações químicas, os átomos não são criados nem destruídos, mas se rearranjam, dando origem a novas substâncias. Assim, a decomposição da água seria representada da seguinte forma:

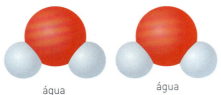  

▲ Esquema da decomposição da água. (Representação sem proporção de tamanho e em cores-fantasia.)

- Como o número de átomos se conserva e a massa dos átomos não se altera nas transformações, a massa inicial do sistema deve ser igual à massa final.

A IMPORTÂNCIA E AS LIMITAÇÕES DO MODELO ATÔMICO DE DALTON

O modelo de Dalton explica adequadamente a conservação das massas e as relações entre as massas de reagentes e as de produtos nas reações químicas. Um de seus legados, o modelo de esferas, é utilizado ainda hoje pelos químicos para representar, por exemplo, os rearranjos de átomos nas transformações.

Os avanços científicos, entretanto, demonstraram que o átomo é formado por partículas ainda menores, ou seja, o átomo é divisível.

Além disso, não é a massa que caracteriza os átomos de um mesmo elemento químico, uma vez que átomos de diferentes elementos podem apresentar massas iguais e átomos do mesmo elemento podem apresentar massas diferentes.

Mesmo assim, o modelo atômico de Dalton foi um marco para o avanço da Química a partir do século XIX.

---

sistema: é qualquer conjunto ou porção de matéria, constituído(a) de partes e elementos interdependentes, que podem ser submetidos ao estudo ou à observação.

A NATUREZA ELÉTRICA DA MATÉRIA

No final do século XVIII, os fenômenos elétricos já eram explicados pela existência de dois tipos de carga elétrica: a positiva e a negativa. Sabia-se que corpos carregados com a mesma carga se repelem, ao passo que corpos carregados com cargas opostas se atraem. Reconheciam-se também os materiais que se eletrizavam facilmente e os que eram bons ou maus condutores de corrente elétrica.

Acreditava-se, na época, que a eletricidade não estava presente na matéria, mas apenas passava por ela. Ou seja, a matéria transportaria a eletricidade. Contudo, no fim do século XIX, evidências experimentais levaram cientistas à conclusão de que a eletricidade fazia parte da matéria; os átomos não seriam indivisíveis, mas constituídos de partículas ainda menores e eletricamente carregadas. Essas evidências levaram à revisão do modelo atômico de Dalton.

O MODELO ATÔMICO DE THOMSON

Em 1897, o cientista inglês Joseph John Thomson (1856-1940) propôs a existência de partículas com carga elétrica negativa no interior do átomo, as quais foram chamadas **elétrons**. Como os corpos são eletricamente neutros, os átomos não poderiam apresentar carga elétrica negativa. Assim, Thomson sugeriu a existência, no átomo, de carga elétrica positiva. Em 1906, ele propôs um modelo de átomo que ficou conhecido como **modelo atômico de Thomson**. Nesse modelo, o átomo é constituído de uma esfera sólida gelatinosa, carregada positivamente, com elétrons imersos em seu interior e em sua superfície.

Segundo Thomson, o número de elétrons no átomo deveria ser suficiente para anular a carga elétrica positiva da esfera. Assim, se um átomo perdesse elétrons, ele se tornaria positivamente carregado, pois sua carga total positiva seria superior à negativa. De forma semelhante, o ganho de elétrons o tornaria negativamente carregado.

COMPARANDO OS MODELOS DE DALTON E DE THOMSON

Em ambos os modelos, os átomos são esféricos. A grande diferença entre eles é a presença de uma partícula subatômica, o elétron, no modelo atômico de Thomson, ou seja, esse modelo considera o átomo com mais de um componente, ao contrário do modelo de Dalton, no qual os átomos são estruturas indivisíveis.

Em seu modelo, Thomson propôs o fenômeno de ganho e perda de elétrons, que provoca um desequilíbrio entre as cargas elétricas. Esse desequilíbrio de cargas era uma maneira de justificar os fenômenos elétricos, que não eram explicados no modelo atômico de Dalton.

CIDADANIA GLOBAL

PILHAS RECARREGÁVEIS

[...] as pilhas recarregáveis são indicadas para aqueles aparelhos que apresentam alto consumo de energia, ou seja, aparelhos que teriam suas pilhas trocadas muitas vezes em um período curto de tempo mesmo se fossem utilizados com a pilha alcalina.

Como é o caso de fotógrafos profissionais, que têm a necessidade de manter seu equipamento fotográfico sempre carregado, ou profissionais que usam *mouse* e teclado sem fio. Neste caso, a melhor opção, tanto ecologicamente quanto financeiramente, são as pilhas recarregáveis.

[...]

Saiba a diferença entre pilhas comuns, alcalinas e recarregáveis! *Green Eletron*, 6 maio 2021. Disponível em: https://greeneletron.org.br/blog/saiba-a-diferenca-entre-pilhas-comuns-alcalinas-e-recarregaveis/. Acesso em: 9 jun. 2023.

- Explique por que, para os casos citados no texto, o uso de pilhas recarregáveis apresenta vantagens econômicas e ambientais.

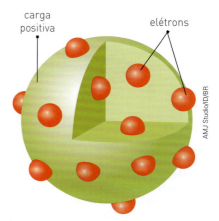

▲ Representação do modelo atômico de Thomson, conhecido como modelo do "pudim de passas". (Representação sem proporção de tamanho e em cores-fantasia.)

A DESCOBERTA DA RADIOATIVIDADE E O MODELO ATÔMICO DE RUTHERFORD

O século XIX é considerado um período de imensos avanços científicos e tecnológicos. Entre as descobertas do final desse período, está a **radioatividade** – fenômeno pelo qual átomos de certos elementos químicos emitem radiação na forma de partículas, de energia ou de ambas.

Muitos cientistas contribuíram para as investigações da radioatividade, entre eles a física polonesa Marie Curie (1867-1934), seu marido, o físico e químico Pierre Curie (1859-1906), e o físico neozelandês Ernest Rutherford (1871-1937) e seus colaboradores.

O modelo proposto por Thomson não explicava os fenômenos investigados por Marie Curie. Ela afirmou, em um de seus artigos sobre a radioatividade, que a emissão de radiação deveria ser atribuída a uma propriedade atômica.

O MODELO ATÔMICO DE RUTHERFORD

Rutherford e seus colaboradores realizaram experimentos com materiais radioativos para investigar a estrutura do átomo. Com base nesses experimentos, Rutherford propôs, em 1911, um novo modelo atômico, denominado **modelo nuclear**.

De acordo com o modelo nuclear, o átomo seria constituído de duas regiões distintas: a central, conhecida como **núcleo**, e a periférica, denominada **eletrosfera**.

O núcleo seria compacto, muito pequeno quando comparado ao tamanho total do átomo, formado por partículas carregadas positivamente, chamadas **prótons**, que concentrariam praticamente toda a massa do átomo. Segundo o modelo de Rutherford, o núcleo seria de 10 mil a 100 mil vezes menor que a eletrosfera.

Na eletrosfera, os elétrons se movimentariam em torno do núcleo atômico como um "enxame de abelhas ao redor de uma colmeia".

Para justificar a estabilidade da carga positiva, concentrada no núcleo, e explicar os valores da massa atômica, Rutherford propôs ainda a existência de partículas neutras no núcleo, cada uma delas com massa muito próxima à massa de um próton.

Contudo, Rutherford não conseguiu demonstrar a existência dessas partículas. Coube, então, ao físico inglês James Chadwick (1891-1974) a descoberta, em 1932, das partículas neutras propostas por Rutherford. Tais partículas, identificadas mediante experimentos com materiais radioativos, foram denominadas **nêutrons**.

Apesar dos avanços que o modelo de Rutherford representou para o conhecimento da estrutura dos átomos, ele não explicava como os elétrons se mantinham em movimento em torno do núcleo. Segundo o conhecimento físico da época, os elétrons tenderiam a perder energia e colidiriam com o núcleo atômico.

PARA EXPLORAR

Química: como entender os modelos atômicos?
Esse vídeo apresenta um pouco da história do desenvolvimento de modelos atômicos.
Disponível em: https://www.youtube.com/watch?v=lDrKIqubzdw&ab. Acesso em: 10 fev. 2023.

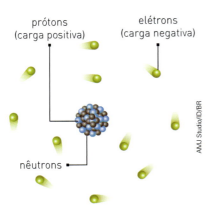

▲ Modelo atômico de Rutherford que mostra os nêutrons descobertos por Chadwick. A representação está fora de proporção, pois, para ilustrá-la corretamente, caso o núcleo tivesse 0,5 cm, a eletrosfera apresentaria um diâmetro com variação entre 50 m e 500 m. (Cores-fantasia.)

O MODELO DE RUTHERFORD-BOHR

O físico dinamarquês Niels Bohr (1885-1962) aprimorou o modelo de Rutherford, apresentando, em 1913, uma explicação para o movimento dos elétrons ao redor do núcleo. Esse modelo, chamado **modelo de Rutherford-Bohr** ou **modelo de Bohr**, mantinha as ideias fundamentais de Rutherford em relação ao átomo ser constituído de duas regiões: o núcleo e a eletrosfera. O modelo de Rutherford-Bohr propunha que:

- os elétrons giram ao redor do núcleo, ocupando determinados **níveis de energia** ou camadas eletrônicas;
- em cada órbita, o elétron possui energia constante; quanto mais próximo o elétron está do núcleo, menor sua energia em relação ao núcleo; quanto mais distante, maior sua energia;
- quando um elétron passa de uma camada eletrônica mais próxima do núcleo (de menor energia) para outra mais distante (de maior energia), ocorre absorção de energia. Inversamente, quando ele passa de uma camada mais distante para outra mais próxima do núcleo, ocorre liberação de energia. Essa passagem do elétron de uma camada eletrônica para outra é denominada **transição eletrônica**. A quantidade de energia absorvida ou liberada por um elétron corresponde exatamente à diferença entre os dois níveis de energia.

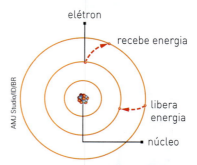

▲ Ao receber certa quantidade de energia, o elétron passa para um nível mais externo. Ao liberar a energia absorvida, ele volta ao nível em que estava. (Representação sem proporção de tamanho e em cores-fantasia.)

Veja **modelos atômicos** e aponte as principais diferenças entre o modelo de Thomson e o de Rutherford-Bohr.

NÚMERO ATÔMICO, NÚMERO DE MASSA E ELEMENTO QUÍMICO

A descoberta do próton e de que átomos de um mesmo elemento apresentam a mesma carga nuclear estabeleceu um novo critério para a identificação dos átomos. O número de prótons passou a identificar os átomos e foi designado como **número atômico**, que é representado pela letra **Z**. O número atômico é indicado de forma subscrita, à esquerda do símbolo do elemento químico.

- $_{11}Na$ – indica que o número atômico do sódio é 11 (Z = 11).
- $_{8}O$ – indica que o número atômico do oxigênio é 8 (Z = 8).

Entretanto, como o símbolo do elemento está associado a seu número atômico, a representação do valor de Z, ou seja, do número atômico, é, em geral, omitida.

Com base no conceito de número atômico, podemos definir de forma mais precisa o que é um elemento químico. Assim, podemos dizer que **elemento químico** é o conjunto de átomos que têm um mesmo número atômico (Z).

O **número de massa** (**A**) corresponde à soma do número de prótons (Z) e do número de nêutrons (n) de um átomo.

$$A = Z + n$$

O número de massa é representado de forma sobrescrita, à esquerda do símbolo do elemento químico.

> ### CÁLCULOS QUE ENVOLVEM NÚMERO DE MASSA E NÚMERO ATÔMICO
>
> Considere o átomo de alumínio, representado por $_{13}^{27}Al$.
>
> A quantidade de prótons é igual ao número atômico do alumínio, ou seja, 13. Como o número de massa corresponde à soma das quantidades de prótons e de nêutrons, temos:
>
> A = Z + n
>
> 27 = 13 + n
>
> n = 14 nêutrons
>
> O número de elétrons é igual ao número de prótons, que, por sua vez, é igual ao número atômico, 13.

ATIVIDADES

Retomar e compreender

1. Leia, a seguir, os trechos de uma história em quadrinhos e responda ao que se pede.

Tico e Horácio em: Um lanche atômico. Revista *Tico e Horácio*, Projeto Química em quadrinhos, Instituto Federal de Ciência, Tecnologia e Educação Baiano, n. 1, out. 2017. Disponível em: https://artedafisicapibid.blogspot.com/2020/08/projeto-quimica-em-quadrinhos-if.html. Acesso em: 9 jun. 2023.

   a) Explique o que é um modelo científico.
   b) O átomo de Dalton era, realmente, uma bola de bilhar? Explique.
   c) Em um quadrinho, Tico afirma que Thomson apelidou seu modelo de pudim de passas. Qual a justificativa para a "mudança de apelido" e como o termo "apelido" pode ser traduzido para a linguagem científica?

2. Um átomo neutro de determinado elemento químico contém 35 prótons.

   a) Quantos elétrons esse átomo possui?
   b) Sabendo que esse átomo apresenta número de massa (A) igual a 80, quantos nêutrons há nesse núcleo atômico?

3. Um modelo científico pode ser considerado definitivamente correto? Pode haver evolução ou até mesmo a substituição de um modelo por outro que explique melhor a natureza e seus fenômenos?

   - Relacione essas questões com os modelos atômicos de Dalton e de Thomson.

4. Leia as proposições a seguir e julgue a que está de acordo com o modelo atômico proposto por Bohr. Justifique sua resposta.

   I. A matéria é composta de átomos, partículas esféricas indivisíveis.
   II. Os elétrons giram ao redor do núcleo, ocupando determinados níveis de energia.

Aplicar

5. Explique por que o significado da palavra átomo ("indivisível") não está de acordo com os modelos atômicos atuais.

6. Copie, no caderno, a tabela a seguir e preencha as lacunas com base nos seguintes números de massa: Na (sódio) = 23, S (enxofre) = 32 e Ag (prata) = 108.

Símbolo	$_{79}Br$	$_{24}Mg$			
Prótons			11		47
Nêutrons	44		12	16	61
Elétrons		12	11	16	

7. Observe a imagem e responda às questões.

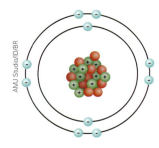

a) Que modelo atômico essa imagem representa?

b) Quais informações podem ser obtidas da análise da imagem?

8. É possível explicar, com base nos modelos atômicos descritos neste capítulo, o que ocorre quando um átomo ganha ou perde elétrons?

9. O modelo a seguir representa a reação de síntese da água a partir dos gases hidrogênio (H_2) e oxigênio (O_2). Observe-o e responda às questões.

  + →

a) Que modelo atômico pode ser associado a essa representação?

b) Como o modelo atômico representado explica o princípio da conservação das massas?

10. Ao longo da história, o modelo proposto para a estrutura da matéria (modelo atômico) sofreu diversas modificações e, até hoje, é tema de discussões científicas. A ilustração a seguir representa alguns dos principais modelos atômicos propostos.

bola de bilhar (Dalton, 1803)
pudim de passas (Thomson, 1904)
nuclear (Rutherford, 1911)
planetário (Rutherford-Bohr, 1913)
função de onda quântica (Schrödinger, 1926)

a) O que essas modificações revelam sobre o processo de construção do conhecimento científico?

b) Explique, com suas palavras, o que são modelos no contexto da Química.

c) Podemos considerar o último modelo atômico representado como definitivo?

11. Alguns tipos de brinquedos, de pinturas faciais e de pulseiras e colares distribuídos em festas parecem brilhar como se tivessem luz própria. Trata-se do fenômeno da luminescência, que é visualmente atraente e desperta a curiosidade de pessoas de todas as idades. Na verdade, o que acontece é um processo de excitação eletrônica, que movimenta os elétrons de uma camada para outra, causando uma emissão de luz visível.

a) Que modelo atômico é capaz de explicar essa movimentação de elétrons?

b) A emissão de luz pode ocorrer na forma de fluorescência ou de fosforescência. Busque informações, em meios impressos e digitais, e diferencie esses dois tipos de luminescência.

CIÊNCIA DINÂMICA

A representação das substâncias

Os elementos químicos conhecidos pelo ser humano estão reunidos em uma tabela conhecida como **Tabela Periódica dos Elementos** ou, simplesmente, Tabela Periódica.

Cada elemento químico da Tabela Periódica é representado por um símbolo. Por meio dos símbolos dos elementos químicos, podemos representar substâncias constituídas de dois ou mais átomos iguais ou diferentes. Por exemplo, a água, composta de dois átomos de hidrogênio e um átomo de oxigênio, é representada pela fórmula H_2O.

A simbologia de elementos químicos, das substâncias, etc. é bastante comum atualmente, mas será que essas representações sempre foram utilizadas ao longo da história da ciência?

alquimia: precursora da Química moderna; os alquimistas envolviam-se em experiências de transformar metais básicos em ouro e prata e também tentavam encontrar o que chamavam de "elixir da vida".

hermético: nesse caso, difícil de entender ou de interpretar.

As representações na alquimia

A utilização de representações na Química é tão antiga quanto sua própria origem. Podemos encontrar sinais simbólicos como parte integrante dos documentos alquímicos gregos que datam do décimo terceiro ao décimo quinto século [a.C.] [...]. Por motivo de segurança, os alquimistas utilizam uma linguagem enigmática para descrever suas teorias, materiais e operações [...]. Por consequência disto a linguagem alquímica, ao mesmo tempo em que precisava ser difundida entre os alquimistas, era restrita para manter seu caráter hermético. Para isso a Alquimia usou e abusou de signos e símbolos incompreensíveis para qualquer pessoa que não fosse iniciada. Essa linguagem foi criada pelos estudiosos da Alquimia, que associavam os materiais e cada fase de seus trabalhos a imagens ou formas que [...] [lhes] eram familiares, criando, assim, verdadeiros códigos de interpretação.

Agostinho Serrano de Andrade Neto; Daniele Raupp; Marco Antonio Moreira. A evolução histórica da linguagem representacional química: uma interpretação baseada na teoria dos campos conceituais. Em: *VII Encontro Nacional de Pesquisa em Educação em Ciências*, 2009, Florianópolis. Anais [...]. Florianópolis: UFSC, 2009. Disponível em: https://fep.if.usp.br/~profis/arquivo/encontros/enpec/viienpec/VII%20ENPEC%20-%202009/www.foco.fae.ufmg.br/cd/pdfs/528.pdf. Acesso em: 9 jun. 2023.

As representações alquímicas também se caracterizavam pela ausência de padronização, ou seja, um material poderia receber símbolos diferentes dependendo do alquimista que fazia a representação. Observe, no quadro, alguns símbolos utilizados por alquimistas.

Ao longo dos séculos XVIII e XIX, foram propostas novas formas de representação dos elementos químicos e das substâncias, com o objetivo de superar as dificuldades inerentes às representações alquímicas e também de propor explicações sobre a constituição da matéria e suas transformações.

Os símbolos de Berzelius

Nos séculos XVIII e XIX, os químicos da época utilizavam uma variedade de símbolos e abreviaturas, de certa forma confusa e com interpretações diferentes para o mesmo símbolo. Como exemplo dessa época, citamos a fórmula H_2O_2 que para alguns químicos representava água e, para outros, peróxido de hidrogênio. Os relatos mostram que não havia uma única representação de uma dada molécula, adotada por todos.

John Jacob Berzelius (químico sueco, 1779-1848) propôs que os elementos fossem designados por abreviaturas baseadas nos respectivos nomes em grego ou latim. Detalhou então na sua escrita que, por exemplo, o elemento **fósforo**, em latim escrito como *phosphorum*, fosse representado pela letra **P**, e o elemento **prata**, *argentum* em latim, representado pelas letras Ag. Como na época o latim era [usado] em grande parte do mundo ocidental, era natural que os símbolos/abreviaturas ou representações dos elementos químicos fossem derivados de seus nomes latinos.

Com essa proposta, Berzelius introduziu uma linguagem geral para os elementos e compostos químicos, independente da língua do país, como exemplo, o caso do elemento oxigênio: o símbolo proposto [foi] **O**; em holandês é escrito como *zuurstof*, em italiano *ossigeno*, em chinês *yang qi*, e em português oxigênio. A partir dessa proposta os químicos foram incorporando a nova forma de representação, e a linguagem química passou a ter uniformização de escrita, que todos entendiam o que era escrito nos trabalhos dos cientistas (independente[mente] da língua do país). Assim, cada elemento químico, natural ou sintetizado, deve ser representado por um símbolo que o identifique universalmente.

[...]

Vânia Martins Nogueira; Camila Silveira da Silva; Olga Maria Mascarenhas F. Oliveira. Os símbolos de Berzelius. Em: *Linguagem química*. São Paulo: Redefor/Unesp, 2011. p. 12-13. Disponível em: https://acervodigital.unesp.br/bitstream/123456789/40556/4/2ed_qui_m1d3.pdf. Acesso em: 9 jun. 2023.

Em discussão

1. De acordo com os textos, que características são encontradas nas representações alquímicas?

2. Que avanço a proposta de Berzelius trouxe para a representação dos elementos e das fórmulas?

3. O sistema atual de representação dos elementos químicos – ou seja, a utilização da letra inicial do elemento químico e, quando necessário, da segunda letra – apresenta vantagem em relação aos símbolos utilizados na alquimia?

4. Atualmente, o ácido sulfúrico é representado pela fórmula H_2SO_4. Utilizando os símbolos de Dalton indicados no início do capítulo, proponha uma representação para esse ácido.

CAPÍTULO 2

CLASSIFICAÇÃO PERIÓDICA

PARA COMEÇAR

Periodicidade é uma característica que está relacionada a um evento que se repete em intervalos regulares. Que importância você vê em reconhecer a periodicidade de um evento?

▼ Devido à variação da posição da Lua em relação à Terra e ao Sol, a porção visível que é iluminada sofre mudanças. Essas mudanças ocorrem em um período cíclico de pouco mais de 29 dias e são denominadas fases da lua.

PERIODICIDADE DOS ELEMENTOS QUÍMICOS

Quando eventos se repetem de tempos em tempos, dizemos que eles ocorrem periodicamente. As estações do ano são periódicas: inverno e verão, por exemplo, são eventos com características distintas, mas eles se repetem periodicamente.

As propriedades dos elementos químicos também se repetem periodicamente. A repetição, porém, não ocorre em intervalos regulares de tempo, mas de acordo com critérios que levam em consideração a estrutura atômica.

Entre o fim do século XVIII e o início do século XIX, a comunidade científica investigava formas de organização dos elementos químicos. Nesse período, ocorreu a divulgação de resultados de pesquisas que levaram a inúmeros desenvolvimentos científicos, à elaboração de novos modelos e à identificação de padrões recorrentes nas propriedades dos elementos químicos.

ORGANIZAÇÃO DOS ELEMENTOS QUÍMICOS

A distribuição dos elementos na classificação periódica resulta de uma série de observações de suas propriedades físicas e químicas. A organização atual dos elementos deriva, principalmente, dos trabalhos desenvolvidos pelo químico russo Dimitri Ivanovic Mendeleiev (1834-1907).

Na Tabela Periódica, os elementos químicos estão organizados em ordem crescente de número atômico. Cada linha da classificação é denominada **período**, e cada coluna é chamada de **grupo** ou **família**.

Os grupos ou famílias são identificados por um número de 1 a 18 e aparecem em ordem crescente, da esquerda para a direita.

A Tabela Periódica traz, entre outras informações, as massas atômicas dos elementos, expressas em unidades de massa atômica (u).

Assim como o quilograma, que é a medida de massa utilizada no Sistema Internacional de Unidades (SI), a massa atômica também é uma medida relativa. Uma unidade de massa atômica corresponde a $\frac{1}{12}$ da massa atômica do isótopo do carbono-12 (^{12}C), que equivale a 12 u. A massa atômica de um elemento representada na Tabela Periódica é a média ponderada das massas dos isótopos existentes desse elemento.

ISÓTOPOS

Os elementos químicos podem apresentar átomos com diferentes números de massa. Quando átomos de um mesmo elemento apresentam números de massa diferentes, eles são chamados **isótopos**. É o caso, por exemplo, dos isótopos do elemento carbono: ^{12}C, ^{13}C e ^{14}C.

Esses três isótopos existem na natureza em proporções distintas e apresentam diferentes números de nêutrons em seu núcleo atômico, por isso seus números de massa (A) também são distintos.

O carbono-14 ou simplesmente C-14 é o isótopo radioativo do carbono. O elemento carbono apresenta número atômico (Z) igual a 6. O valor 14 se refere ao número de massa do isótopo radioativo, utilizado na datação de matéria orgânica. A datação por C-14 é, portanto, uma técnica que permite estimar a idade de um material que contenha átomos de carbono em sua composição.

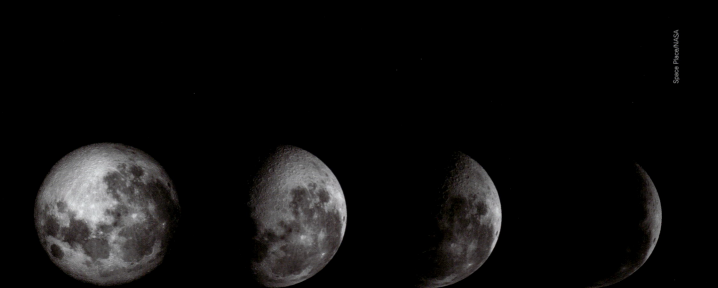

TABELA PERIÓDICA

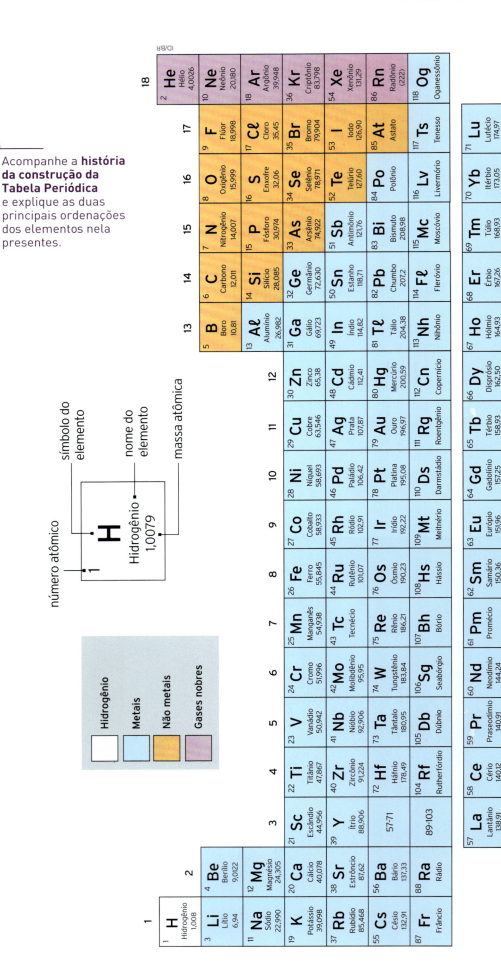

Acompanhe a **história da construção da Tabela Periódica** e explique as duas principais ordenações dos elementos nela presentes.

Fonte de pesquisa: Periodic Table of elements (tradução nossa: Tabela Periódica dos elementos). Iupac. Disponível em: https://iupac.org/what-we-do/periodic-table-of-elements/. Acesso em: 8 jun. 2023.

CLASSIFICAÇÃO DOS ELEMENTOS

A classificação periódica nos fornece informações sobre as propriedades físicas e químicas dos elementos. Por isso, é importante aprender a consultá-la, o que requer a compreensão da forma como foi organizada.

Elementos de um mesmo grupo ou família apresentam características semelhantes. Os elementos dos grupos 1 e 2 e dos grupos 13 a 18 são denominados **elementos representativos**; os elementos dos grupos 3 a 12 recebem o nome de **elementos de transição** ou metais de transição.

A classificação periódica traz ainda duas linhas inferiores. Elas correspondem aos elementos de transição interna. Os elementos cujo Z varia entre 57 e 71 são chamados lantanídeos; os elementos cujo Z varia entre 89 e 103 são os actinídeos.

METAIS, NÃO METAIS, GASES NOBRES E HIDROGÊNIO

Os **metais** (representados em azul na Tabela Periódica) compõem a maioria dos elementos conhecidos. Todos os elementos de transição são metálicos.

Com exceção do mercúrio, que é líquido, as substâncias metálicas são sólidas à temperatura ambiente. Além disso, os metais são, em geral, bons condutores de calor e de eletricidade.

Os elementos **não metálicos** (em cor laranja na Tabela Periódica) podem formar, à temperatura ambiente, substâncias simples nos estados sólido, líquido ou gasoso. O iodo (I_2) e o enxofre (S) são sólidos; o bromo (Br_2) é líquido; o nitrogênio (N_2) e o oxigênio (O_2) são gasosos. Geralmente, os elementos não metálicos são maus condutores de calor e de eletricidade quando estão no estado sólido.

Os átomos dos **gases nobres** (em lilás) raramente se combinam com outros elementos – são comumente encontrados isolados na natureza. Em condições ambientes, os gases nobres praticamente não reagem com outras substâncias.

O hidrogênio (H) está posicionado no grupo 1. Isso se deve à organização da Tabela Periódica em ordem crescente de número atômico, da esquerda para a direita. Observe que esse elemento é representado por uma coloração diferente. Isso ocorre porque ele não se encaixa em nenhum dos três grupos citados.

PROPRIEDADES DOS ELEMENTOS DE ALGUNS GRUPOS

Alguns grupos recebem nomes especiais, assim como ocorre com os elementos do grupo 18, também chamados de gases nobres. Vejamos alguns desses grupos e suas propriedades.

CIDADANIA GLOBAL

OS PERIGOS DO DESCARTE INADEQUADO DE PILHAS E BATERIAS

Pilhas e baterias não podem nem devem ser descartadas em lixo comum. Esses dispositivos são compostos de metais pesados e tóxicos como o mercúrio, o cádmio, o chumbo e o níquel. A solução condutora de eletricidade presente no interior das pilhas e baterias também é perigosa, pois é um material corrosivo.

Ao serem descartadas em lixo comum ou em outros locais inadequados, as pilhas e baterias sofrem corrosão e liberam os metais pesados no ambiente.

- Pesquise, em fontes digitais ou impressas, os problemas da contaminação provocada pelos metais citados no texto.

---

substância simples: é aquela formada por um ou mais átomos de um mesmo elemento químico.

▲ Metais. As fórmulas das substâncias simples metálicas correspondem ao símbolo do elemento: níquel (Ni), cobre (Cu), ferro (Fe), alumínio (Aℓ), titânio (Ti), cromo (Cr) e nióbio (Nb).

ELEMENTOS DO GRUPO 1: METAIS ALCALINOS

Os metais alcalinos – Li, Na, K, Rb, Cs e Fr – são geralmente encontrados na natureza na forma de substâncias compostas.

Ao se combinarem com elementos do grupo 16, os metais alcalinos formam substâncias de fórmula A_2X. Já a combinação com elementos do grupo 17 forma substâncias de fórmula AY.

As fórmulas de suas substâncias simples correspondem ao símbolo do elemento de que são constituídas. A fórmula química do metal sódio, por exemplo, é Na. Assim como o sódio metálico, os demais metais alcalinos são macios (cedem facilmente à pressão, podendo ser cortados com uma faca, por exemplo), de baixa densidade e extremamente reativos.

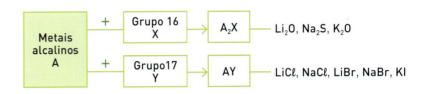

ELEMENTOS DO GRUPO 2: METAIS ALCALINO-TERROSOS

Os metais alcalino-terrosos – Be, Mg, Ca, Sr, Ba e Ra – também são encontrados na natureza na forma de substâncias compostas. Ao se combinarem com elementos do grupo 16, os alcalino-terrosos formam substâncias de fórmula ZX e, com elementos do grupo 17, formam substâncias de fórmula ZY_2.

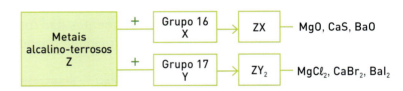

ELEMENTOS DO GRUPO 16: CALCOGÊNIOS

Entre os calcogênios (O, S, Se e Te) está o oxigênio (O), um dos elementos mais abundantes na superfície terrestre. Os elementos desse grupo formam substâncias com hidrogênio de fórmula H_2X, em que X representa o calcogênio. Exemplo: H_2O.

ELEMENTOS DO GRUPO 17: HALOGÊNIOS

Os elementos desse grupo são encontrados na natureza na forma de substâncias simples, como agregados diatômicos (que contêm dois átomos ligados entre si): F_2, $Cℓ_2$, Br_2 e I_2. Ao se combinarem com o hidrogênio, os halogênios formam substâncias compostas de fórmula HX, sendo X o halogênio. Exemplo: $HCℓ$.

O gás cloro ($Cℓ_2$) reage com o sódio metálico (Na) para formar o cloreto de sódio ($NaCℓ$), principal constituinte do sal de cozinha.

> **PARA EXPLORAR**
>
> *A colher que desaparece: e outras histórias de loucura, amor e morte a partir dos elementos químicos*, de Sam Kean. Rio de Janeiro: Zahar, 2011.
>
> O autor narra, de maneira divertida, curiosidades sobre cientistas, bem como as trajetórias das descobertas dos elementos químicos.

PRÁTICAS DE CIÊNCIAS

Construindo a Tabela Periódica

Tudo o que existe na Terra é formado por elementos químicos e a variedade do que existe deve-se às diferentes combinações entre esses elementos. Nesta atividade, você fará uma **pesquisa** sobre os elementos químicos e montará uma Tabela Periódica.

Material

- cartolinas ou papel-cartão
- tesoura com pontas arredondadas
- régua
- canetas
- livros e computadores com acesso à internet para pesquisa

Como fazer

1 O professor vai designar a cada estudante alguns elementos da Tabela Periódica.

2 Recorte a cartolina ou o papel-cartão nas medidas indicadas nas ilustrações.

3 Monte as cartas com as seguintes informações:
- número atômico;
- massa atômica;
- temperatura de ebulição;
- temperatura de fusão;
- classificação.

No verso de cada carta, escreva um breve histórico do elemento.

4 Após a elaboração das cartas, organize-as com os colegas para montar uma grande tabela.

As cartas também podem ser utilizadas em jogos que proponham a comparação das características dos elementos químicos.

Para concluir

1. Observe as cartelas que você elaborou e compare as propriedades dos elementos respresentados com as de outros elementos químicos do mesmo grupo ou família. Registre suas observações e compare-as com as dos colegas.

2. Alguns grupos de elementos químicos recebem nomes especiais. Que grupos são esses e quais são suas denominações?

31

ATIVIDADES

Retomar e compreender

1. Além das estações do ano e dos dias da semana, cite outros eventos que ocorrem periodicamente.

2. Em relação à Tabela Periódica, responda:
   a) De que forma os elementos químicos estão organizados?
   b) Que vantagens há em organizar os elementos em uma classificação periódica?

3. Indique o nome e a localização (grupo e período) na Tabela Periódica dos elementos representados a seguir.

   a)
   molécula básica da vida

   b)
   frutas e vegetais

   c)
   ossos

   d)
   joias

   e)
   fogos de artifício

   f)
   ovos

   g)
   clorofila

   h)
   antisséptico

4. Considere o grupo 2 da classificação periódica.
   a) Que outro nome é dado a esse grupo?
   b) Indique o nome e o símbolo de cada um dos elementos pertencentes a esse grupo.

5. Considere o grupo 14 da Tabela Periódica.
   a) Indique o nome e o símbolo de cada um dos elementos pertencentes a esse grupo.
   b) Classifique os elementos desse grupo como metais ou não metais.

6. Consulte a Tabela Periódica e indique os elementos descritos a seguir.
   a) Metal alcalino pertencente ao 4º período.
   b) Halogênio pertencente ao 3º período.
   c) Alcalino-terroso pertencente ao 2º período.

Aplicar

7. Copie no caderno o quadro a seguir e consulte a Tabela Periódica para completá-lo. Para isso, faça como no exemplo da primeira linha.

Elemento	Símbolo	Número atômico	Período	Grupo
Sódio	Na	11	3	1
	O			
Criptônio				
		79		
			4	12
			5	7

8. Procure informações, em meios impressos e/ou na internet, sobre como Marie Curie descobriu a existência dos elementos rádio e polônio. Responda por que ela acreditava que havia novos elementos químicos em um mineral de urânio, a pechblenda.

9. Os metais alcalinos são muito reativos tanto à água quanto ao gás oxigênio. Assim, o lítio, o sódio e o potássio, por exemplo, devem ser armazenados imersos em querosene, em frascos como os retratados na foto.

- Qual é a fórmula dos compostos formados pela combinação de átomos desses metais alcalinos e átomos de elementos do grupo 16? Dê exemplos.

10. A seguir, estão representados apenas alguns elementos da Tabela Periódica.

H																	He
													C	N	O	F	
Na															S	Cl	Ar
K	Ca				Fe											Br	
	Ba							Au									

		U											

a) Escreva, no caderno, o nome dos elementos representados.

b) Entre esses elementos, quais são classificados como metais de transição e quais são classificados como metais de transição interna?

11. Leia o texto a seguir e faça o que se pede.

Os metais alcalinos e os alcalino-terrosos combinam com halogênios, como o cloro, formando substâncias chamadas de sais. Quando uma amostra de um sal de metal alcalino ou alcalino-terroso é colocado em uma chama, a energia liberada na queima do combustível que mantém a chama acesa é transferida para o sal. Essa transferência de energia faz alguns elétrons dos átomos do metal alcalino mudarem para camadas mais externas do átomo. Quando esses elétrons retornam à sua camada original, essa energia é liberada sob a forma de luz. Cada elemento produz uma luz de cor diferente, como mostrado na imagem a seguir.

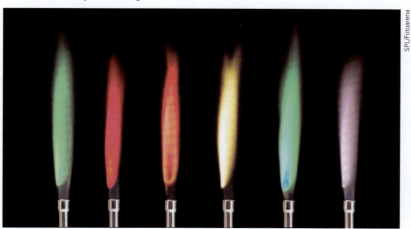

a) O cloreto de sódio (NaCl), principal componente do sal de cozinha, está de acordo com a definição de sal dada no texto. Escreva as fórmulas dos sais obtidos pela reação do sódio com o flúor e do potássio com o cloro.

b) Quais modelos atômicos estudados possuem características que podem fundamentar a explicação para a cor produzida por cada elemento alcalino ou alcalino-terroso ao ser colocado em contato com uma chama?

33

INVESTIGAR

O uso de modelos na ciência

Para começar

Os modelos podem ser entendidos como representações de fenômenos interpretados pelo pensamento humano e construídos de forma concreta.

A modelagem científica é capaz de simplificar conceitos complexos, auxiliar na visualização de entidades abstratas, interpretar resultados experimentais, elaborar explicações ou previsões. Nesta atividade, você vai investigar os modelos utilizados na ciência.

O problema

Com quais modelos você já teve contato? Como esses modelos auxiliam na compreensão dos assuntos a eles relacionados?

A investigação

- **Procedimento**: pesquisa bibliográfica.
- **Instrumento de coleta**: fontes bibliográficas.

Prática de pesquisa

Parte I – Pesquisa por palavras-chave

1. O professor vai organizar a turma em grupos de quatro ou cinco estudantes. Cada grupo vai pesquisar, em *sites* de buscas na internet ou em bibliotecas, a expressão "o uso de modelos na ciência". Essas serão as palavras-chave da pesquisa. (Uma palavra-chave identifica os elementos relacionados a uma ideia ou os que pertencem à mesma área de interesse para fins de pesquisa.)

2. Em um *site* de buscas da internet, digitem as palavras-chave e acionem a busca. Se buscarem textos em uma biblioteca, informem ao bibliotecário as palavras-chave da pesquisa para que ele possa orientá-los.

3. Na internet, vocês provavelmente vão encontrar diversos resultados. Certifiquem-se de que as informações obtidas estão corretas. Para isso, verifiquem se a fonte das informações é de uma instituição confiável. *Sites* de entidades governamentais, institutos de pesquisa e instituições de ensino reconhecidas costumam conter informações mais precisas, redigidas por especialistas ou profissionais ligados à área. Vocês também podem pesquisar em *sites* de revistas científicas. Textos jornalísticos de meios reconhecidos também podem ser boas fontes de informação.

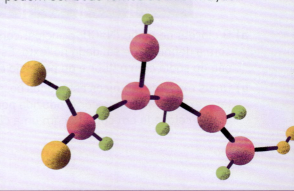

4 Durante a pesquisa, procurem informações como:

- o que é modelagem científica;
- como a modelagem auxilia na compreensão de fenômenos;
- modelos científicos usados em Química.

Busquem outras informações que vocês ou o professor julgarem relevantes.

Parte II – Síntese e discussão sobre o material pesquisado

1 Elaborem fichas de leitura. Essas fichas são documentos que contêm as principais informações sobre o texto lido. Elas funcionam como um resumo do material consultado. As fichas auxiliam a retomar as fontes bibliográficas sem precisar consultá-las na fonte original.

2 Reúna-se com os colegas e, com base nas fichas de leitura, comparem as informações levantadas individualmente. Identifiquem o que elas apontam de comum, o que parece consistente e o que parece divergente e precisa ser analisado com cautela para ser considerado fidedigno.

3 No dia combinado com o professor, tragam para a sala de aula as anotações e todo o material pesquisado sobre o tema.

4 Cada grupo deve apresentar as informações que obteve. Prestem atenção aos materiais que outros grupos coletaram.

Questões para discussão

1. Após a pesquisa das informações e a discussão em sala de aula, que respostas vocês dariam à seguinte pergunta:
   - Como os modelos científicos auxiliam na compreensão dos fenômenos a eles relacionados?

2. Quais foram as dificuldades encontradas para a realização da pesquisa? Como essas situações foram resolvidas?

3. Elaborem uma conclusão sobre a importância da modelagem científica para a compreensão da teoria atômica.

Comunicação dos resultados

Produção de cartaz

Ao final do estudo, vocês vão elaborar um cartaz, que será exposto para a comunidade escolar. Esse cartaz deverá conter as seguintes informações:

- título da pesquisa;
- breve introdução da pesquisa;
- descrição sucinta do método utilizado para a coleta e categorização dos dados;
- resultados observados;
- conclusão da pesquisa.

ATIVIDADES INTEGRADAS

Retomar e compreender

1. De acordo com o químico inglês John Dalton, nas transformações químicas ocorrem rearranjos de átomos, ou seja, os átomos são reorganizados em novos agregados atômicos.
   - Como o modelo de Dalton explica a diminuição da massa de um sistema resultante da queima de uma folha de papel?

Aplicar

2. A imagem a seguir corresponde à primeira Tabela Periódica, proposta por Ivanovic Mendeleiev em 1869.

   Ela é bem diferente da tabela hoje encontrada em laboratórios de Química, salas de aula, museus de ciências, etc.

   a) Compare as duas tabelas em relação às famílias e aos períodos.

   b) Mendeleiev listou os elementos químicos em ordem crescente de "peso atômico", hoje chamado de massa atômica relativa. Como é feita essa organização na atual Tabela Periódica?

3. Considere os elementos $_{16}X$ e $_{12}Y$.
   - Consulte a Tabela Periódica e indique quais são os elementos X e Y. Justifique sua resposta.

Analisar e verificar

4. O urânio existe na natureza na forma de três isótopos: urânio 234, urânio 235 e urânio 238, todos radioativos. Consulte a Tabela Periódica e responda às questões a seguir.

   a) Qual é a localização do urânio na Tabela Periódica?

   b) Indique o símbolo e o número atômico (Z) do urânio.

5. Observe a Tabela Periódica e escreva no caderno os nomes e os símbolos dos elementos químicos da família dos halogênios.

6. A imagem a seguir representa a Galáxia Química, uma forma alternativa de organizar os elementos químicos. Analise-a e faça o que se pede.

   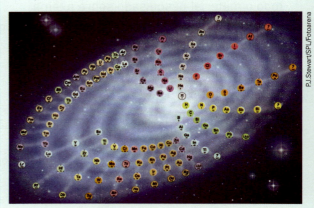

   a) Indique semelhanças e diferenças entre a Galáxia Química e a Tabela Periódica tradicional.

   b) Discuta se a Tabela Periódica tradicional, sendo um produto do desenvolvimento científico, pode ser considerada pronta e acabada e jamais poderá ser substituída ou modificada.

7. Leia o texto a seguir e faça o que se pede.

   O elétron excitado tem a tendência a voltar para o nível menos energético, pois é mais estável. Quando ocorre essa passagem, acontece também a liberação da energia absorvida na forma de luz. Essa é a explicação para a emissão de luzes provenientes da excitação de átomos presentes em sais que constituem os fogos de artifício. Os sais mais usados para a formação desses fogos são os que contêm os elementos cálcio, lítio, estrôncio e alumínio.

a) Qual modelo atômico explica a emissão de luz em fogos de artifício?

b) Identifique os elementos citados no texto com seus símbolos e sua localização na Tabela Periódica.

8. Leia o texto a seguir e responda ao que se pede.

Uma tabela periódica real?

Pode ser interessante observar diretamente os elementos na Tabela Periódica, como a que está exposta no Instituto de Química da USP (Figura 1). É incrível descobrir que o sódio metálico puro brilha tanto quanto a prata, que o bismuto metálico reflete os belos tons do arco-íris, e que o gálio até parece mercúrio.

[...]

O mercúrio permanece enigmático como sempre, brilhante e fluido, porém escondendo o temor levantado nas últimas décadas, pelos seus efeitos nocivos sobre a vida. O brilho metálico líquido que já foi usado para recobrir grandes refletores ópticos em telescópios, também inspirou filósofos e alquimistas a considerar o elemento como algo primordial ou essencial. Foi até testado como elixir da longa vida, mas acabou levando à morte prematura de Qin Shi Huang Di (259-210 a.C.), o primeiro imperador da China unificada, entre 221 a 210 a.C.

[...]

(Figura 1) Tabela Periódica representando os elementos químicos em sua forma pura ou natural, exposta no Instituto de Química da Universidade de São Paulo.

Henrique E. Toma. AITP 2019 – Ano Internacional da Tabela Periódica dos Elementos Químicos. *Química Nova*, v. 42, n. 4, p. 468-472, 2019. Disponível em: https://quimicanova.sbq.org.br/detalhe_artigo.asp?id=6906. Acesso em: 9 jun. 2023.

a) A Organização das Nações Unidas (ONU) proclamou 2019 como o Ano Internacional da Tabela Periódica. Pesquise o motivo dessa iniciativa e registre o que encontrou.

b) Quais os elementos químicos, seus símbolos e características citadas no texto?

c) De acordo com o modelo atômico de Rutherford-Bohr, quantos prótons e quantos elétrons possui o átomo de sódio?

Criar

9. Reúna-se com dois ou três colegas para criar uma paródia ou uma letra de música sobre a Tabela Periódica usando analogias, rimas, versos ou o que preferirem. Depois, apresentem à turma a paródia ou a letra da canção.

10. Elabore hipóteses sobre como os elementos podem se unir uns aos outros, formando substâncias.

CIDADANIA GLOBAL
UNIDADE 1

9 INDÚSTRIA, INOVAÇÃO E INFRAESTRUTURA

Retomando o tema

Nesta unidade, você estudou o tema logística reversa de pilhas e baterias.

Agora, verifique seus conhecimentos sobre esse tema respondendo às questões a seguir.

1. Quais aparelhos que você usa diariamente funcionam com pilhas e/ou baterias? Essas pilhas e/ou baterias são recarregáveis?
2. Por que é importante adquirir pilhas e baterias de fabricantes conhecidos?
3. **SABER SER** Quais são os problemas causados pelo descarte inadequado de pilhas e baterias?
4. Que medidas os consumidores, o poder público e os fabricantes devem tomar para evitar que as pilhas e baterias usadas provoquem problemas ambientais?

Geração da mudança

Com base nas informações obtidas e na discussão realizada nesta seção, elaborem um cartaz mostrando para a comunidade escolar a importância do descarte adequado de pilhas e baterias usadas. O cartaz deve ser afixado em um local de grande circulação na escola e conter as seguintes informações:

- Componentes tóxicos contidos nas pilhas e baterias.
- Contaminação causada pelo descarte inadequado desses materiais.
- Pontos de coleta de pilhas e baterias usadas mais próximos da escola.

Autoavaliação

FORMAÇÃO DE SUBSTÂNCIAS

UNIDADE 2

PRIMEIRAS IDEIAS

1. Em quais estados físicos os metais são encontrados à temperatura ambiente?
2. Qual é a composição química da água, de um fio de cobre e de uma porção de sal de cozinha? Quais são as fórmulas químicas utilizadas para representar essas substâncias?
3. Você consegue identificar transformações da matéria em seu cotidiano? Em sua opinião, é possível utilizar nossos sentidos para perceber que uma reação química ocorreu?
4. Como uma transformação química pode ser representada?

Conhecimentos prévios

Nesta unidade, eu vou...

CAPÍTULO 1 — Estados físicos e ligações químicas

- Compreender os estados físicos da matéria e as mudanças de estado com base em um modelo submicroscópico.
- Classificar as substâncias em iônicas, covalentes ou metálicas.
- Aplicar conceitos relacionados às ligações químicas para identificar materiais e seus usos.
- Estabelecer a condutibilidade elétrica como método para diferenciar o tipo de ligação química existente em determinado material e identificar materiais/substâncias.
- Refletir sobre o consumo responsável de recursos naturais para a produção de materiais.

CAPÍTULO 2 — Representações químicas

- Reconhecer que, durante uma transformação química, as massas se conservam, como pressupõe o princípio da conservação das massas.
- Aplicar a linguagem química para representar as substâncias em uma equação química.
- Reconhecer a aplicabilidade da lei das proporções definidas.
- Balancear equações químicas.
- Testar hipóteses experimentalmente relacionadas ao princípio da conservação das massas.
- Reconhecer a construção do conhecimento como empreendimento humano, passível de influências culturais e sociais e de mudanças ao longo do tempo.

CIDADANIA GLOBAL

- Relacionar o processo de reciclagem do alumínio ao manejo ambientalmente saudável dos produtos químicos e dos resíduos, ao longo do ciclo de vida desses produtos.

Denise Santos/Pimp My Carroça

LEITURA DA IMAGEM

1. Descreva o que você observa na imagem.
2. Entre os elementos descritos, qual deles chama mais sua atenção? Por quê?
3. Em sua opinião, qual foi a motivação do artista ao criar esta obra?

CIDADANIA GLOBAL

De acordo com a Associação Brasileira do Alumínio (Abal), que reúne as empresas que fabricam esse metal no Brasil, cerca de 99% das latas de alumínio produzidas em 2021 foram recicladas. É importante que o Brasil mantenha esse alto índice de reciclagem, pois essa medida traz vantagens econômicas, sociais e ambientais se comparada à produção do próprio metal a partir da bauxita.

- Qual é o papel da população, das indústrias e do poder público para minimizar os impactos ambientais causados pela produção e utilização do alumínio?

Veja **reciclagem do alumínio** e liste as vantagens da reciclagem do alumínio em relação à produção do metal a partir da bauxita.

Este mural foi criado pelo projeto Pimp Nossa Cooperativa, que revitaliza cooperativas de reciclagem pintando murais de grafite e carroças e fazendo sinalizações de segurança nesses espaços. O projeto também promove atividades culturais para os catadores e suas famílias, como *shows*, intervenções teatrais e oficinas. A ideia é agir diretamente no ambiente de trabalho, deixando-o mais colorido e seguro. O mural está localizado na cooperativa de reciclagem Coopesol leste, em Belo Horizonte (MG). Foto de 2022.

CAPÍTULO 1
ESTADOS FÍSICOS E LIGAÇÕES QUÍMICAS

PARA COMEÇAR

A forma como os materiais são encontrados na natureza está relacionada à sua composição. A maioria das substâncias é constituída de agregados atômicos, ou seja, um conjunto de átomos. De que maneira os átomos se mantêm unidos?

▼ Na cozinha, você pode encontrar duas substâncias brancas cristalinas: o sal de cozinha e o açúcar refinado. Apesar de terem aparência similar, essas duas substâncias apresentam sabor e ponto de fusão bem distintos.

OS ÁTOMOS LIGAM-SE UNS AOS OUTROS

Os átomos têm a tendência de se unir uns aos outros para formar **agregados atômicos**, constituintes das substâncias, dos materiais e de tudo mais que existe ao nosso redor.

Os materiais podem diferenciar-se em muitos aspectos. A cor, o estado físico e a textura são algumas das características que distinguem um material do outro.

Características como essas são determinadas, em grande parte, pelas **ligações químicas**, que mantêm os átomos unidos. Essas ligações podem ser de vários tipos, como iônicas, covalentes e metálicas.

O tipo de ligação em cada material e as características dessas ligações são modelos utilizados para explicar diferentes propriedades físicas e químicas dos materiais, entre as quais, os estados físicos em que a matéria pode ser encontrada.

OS ESTADOS FÍSICOS DA MATÉRIA

Em geral, a matéria apresenta-se em três estados físicos: sólido, líquido e gasoso.

Um modo de diferenciar esses três estados é a forma que o material adquire ao ser colocado em um recipiente, o que é explicado por modelos que levam em consideração as forças atrativas entre as partículas e seu grau de agitação.

Os **sólidos** mantêm seu formato. Os **líquidos** se adaptam ao volume do recipiente que os contém, enquanto os **gases** se expandem, ocupando todo o volume disponível.

De acordo com a teoria cinético-molecular, os estados sólido, líquido e gasoso podem ser explicados da seguinte forma:

- No estado sólido, a força de atração entre um agregado e outro é intensa, por isso o material permanece unido, e os agregados têm apenas movimento de vibração. É por causa dessa força de atração que os sólidos mantêm sua forma.
- No estado líquido, as forças atrativas são menos intensas, o que permite que os agregados se movimentem, mas permaneçam próximos uns dos outros.
- O estado gasoso se caracteriza por apresentar forças atrativas pouco intensas. Assim, os agregados ficam distantes uns dos outros e se movimentam livremente. O movimento desses agregados é aleatório e depende da temperatura. Quanto maior a temperatura, maior sua movimentação.

▲ Líquidos adquirem a forma do recipiente que os contém.

▲ Gases como o gás carbônico e o gás oxigênio se espalham por toda a atmosfera terrestre.

estado sólido | estado líquido | estado gasoso

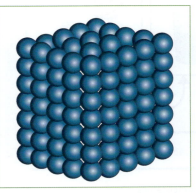 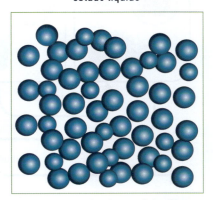 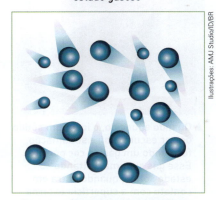

▲ Modelos utilizados para representar os diferentes estados da matéria. (Representações sem proporção de tamanho e em cores-fantasia.)

▲ Com o aquecimento, a água contida no recipiente sofre ebulição. O vapor de água atinge a superfície inferior do vidro acima, onde há gelo, e ocorre a fusão do gelo. Gotículas de água, resultantes da condensação do vapor, são formadas sobre a superfície interna do frasco de vidro que contém água em ebulição.

atmosfera (atm): unidade de medida de pressão.

Para uma substância mudar de estado físico, é preciso fornecer calor a ela ou retirar calor dela, aumentando ou reduzindo sua temperatura. O fornecimento de calor aumenta a energia dos agregados, conferindo a eles maior movimentação. A energia associada ao movimento é chamada de **energia cinética**.

AS MUDANÇAS DE ESTADO FÍSICO DA MATÉRIA

Quando se fornece energia para uma substância, pelo aumento de temperatura, ela pode sofrer mudança em seu estado físico. Como exemplo, usaremos o caso da água.

O aquecimento do gelo acima de 0 °C, à pressão de 1 atm, provoca a mudança do estado sólido para o líquido, processo chamado de **fusão**. A água líquida passa para o estado gasoso em um processo chamado de **vaporização**. Quando a vaporização acontece a 100 °C, esse processo recebe o nome de **ebulição**.

Se a água líquida for resfriada até 0 °C, à pressão de 1 atm, ela começa a sofrer **solidificação**, ou seja, seu estado físico passa de líquido para sólido. Perceba que a fusão e a solidificação da água ocorrem à mesma temperatura.

Quando o vapor de água é resfriado, ele volta ao estado líquido, processo chamado de **liquefação** ou **condensação**.

Algumas substâncias, como o iodo, sofrem o processo de **sublimação**, quando ocorre a passagem direta do estado sólido para o gasoso ou do gasoso para o sólido.

O esquema a seguir ilustra as mudanças de estado físico.

▲ Quando aquecido, o iodo (um sólido de cor escura) sofre sublimação, formando um gás de cor púrpura. Esse gás sublima, voltando ao estado sólido, quando entra em contato com a superfície externa da cápsula de porcelana, colocada sobre o béquer.

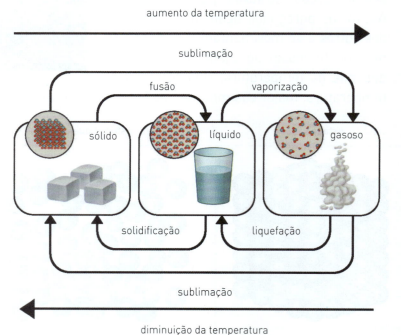

▲ Representação sem proporção de tamanho e em cores-fantasia.

ÍONS: CÁTIONS E ÂNIONS

Nos átomos, o número de elétrons da eletrosfera é igual ao número de prótons (número atômico) do núcleo. Por isso, os átomos são eletricamente neutros. O átomo de $_8O$, por exemplo, apresenta oito prótons no núcleo e oito elétrons na eletrosfera.

Ao perder ou ganhar elétrons, o balanço entre as cargas positivas e negativas deixa de ser nulo, e o átomo se transforma em uma partícula eletricamente carregada, denominada **íon**.

O átomo de magnésio tem número atômico 12 ($_{12}Mg$), portanto, apresenta, em seu núcleo, 12 prótons e, na eletrosfera, 12 elétrons. Se perder dois elétrons, ficará com dez elétrons e doze prótons, ou seja, terá dois prótons a mais e vai adquirir carga positiva 2+, sendo representado como Mg^{2+}. O íon Mg^{2+} é um **cátion**. Observe as representações do átomo de magnésio e do íon Mg^{2+}.

> **CAMADA ELETRÔNICA**
>
> No modelo atômico de Rutherford-Bohr, os elétrons se encontram ao redor do núcleo em órbitas diferentes. Esse conjunto de órbitas é chamado de **camada eletrônica**.
>
> As camadas eletrônicas são identificadas pelas letras K, L, M, N, O, P e Q. A primeira camada é a K e está mais próxima do núcleo.
>
> O número máximo de elétrons em cada uma dessas camadas é representado na ilustração a seguir.
>
>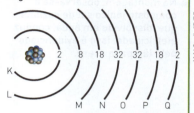

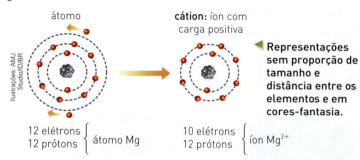

▸ Representações sem proporção de tamanho e distância entre os elementos e em cores-fantasia.

Quando o átomo de flúor, de número atômico 9, recebe um elétron, ele se transforma no **ânion** F^-. Quando o valor da carga é 1−, o número é omitido e se insere apenas o sinal negativo da carga. Observe as representações do átomo de flúor e do íon F^-.

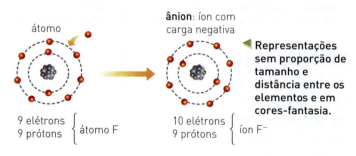

▸ Representações sem proporção de tamanho e distância entre os elementos e em cores-fantasia.

A ESTABILIDADE DOS GASES NOBRES

Dificilmente encontramos átomos isolados na natureza. De todos os elementos da Tabela Periódica, somente os gases nobres, elementos que compõem a família 18, são encontrados na forma de átomos isolados.

Analisando a distribuição eletrônica dos gases nobres, pode-se observar que, na última camada eletrônica (também chamada camada de valência), eles apresentam oito elétrons, ou, no caso específico do hélio, dois elétrons.

45

LIGAÇÕES IÔNICAS

Alguns átomos são encontrados na natureza predominantemente na forma de cátions. É o caso, por exemplo, do sódio (Na$^+$), do potássio (K$^+$) e do magnésio (Mg^{2+}). Outros são encontrados na forma de ânions, como o cloreto (Cl$^-$) e o fluoreto (F$^-$).

Devido às suas cargas opostas, cátions e ânions atraem-se mutuamente e podem se ligar, formando agregados. Esse modelo de ligação que mantém os íons unidos é chamado de **ligação iônica** e forma as substâncias iônicas. São exemplos de substâncias iônicas o cloreto de sódio (NaCl), que é o sal de cozinha, e o óxido de cálcio (CaO), que é o principal componente da cal utilizada na construção civil.

Em geral, as substâncias iônicas são sólidas à temperatura ambiente e apresentam altas temperaturas de fusão e ebulição. No estado sólido, são más condutoras de eletricidade, mas conduzem corrente elétrica quando líquidas ou dissolvidas em água. Veja a foto e o esquema.

▲ Na montagem, observa-se o composto iônico sal de cozinha, que, dissolvido em água, conduz eletricidade. Isso é evidenciado pela lâmpada acesa.

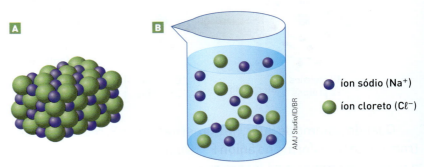

▲ **(A)** No estado sólido, os íons permanecem muito próximos, devido à forte atração das cargas opostas, e apenas vibram. **(B)** Em contato com a água, cátions e ânions se separam e ganham movimento. (Representações sem proporção de tamanho e distância entre os elementos e em cores-fantasia.)

FÓRMULAS DOS COMPOSTOS IÔNICOS

A fórmula química dos compostos iônicos indica a proporção mínima entre os íons que se combinam. Por exemplo: o óxido de magnésio é formado por cátions Mg^{2+} e ânions O^{2-}, e sua fórmula é representada por MgO; o óxido de alumínio, presente no minério de alumínio, é formado pelos íons Al^{3+} e O^{2-}, e sua fórmula química é Al$_2$O$_3$.

Embora formado por cátions e ânions, um composto iônico é eletricamente neutro, ou seja, a soma de suas cargas positivas e negativas deve ser igual a zero. No MgO, as duas cargas positivas do Mg^{2+} são neutralizadas pelas duas cargas negativas presentes no O^{2-}.

A fórmula do Al$_2$O$_3$ indica que a proporção entre cátions Al^{3+} e ânions O^{2-} no agregado iônico é 2:3, ou seja, para 2 cátions Al^{3+} (carga 6+) há 3 ânions O^{2-} (carga 6−).

AGREGADOS OU MOLÉCULAS?

As substâncias são constituídas de unidades fundamentais de composição química definida. Tais unidades são genericamente denominadas agregados atômicos.

As substâncias metálicas são constituídas de agregados de átomos metálicos, e as iônicas, de agregados de cátions e ânions. Nas substâncias moleculares, tais agregados são denominados moléculas.

O termo molécula deriva de um tipo específico de ligação química. Portanto, não podemos dizer que o cloreto de sódio é constituído de moléculas de NaCl, pois se trata de uma substância iônica.

O NaCl é constituído de agregados atômicos, também denominados agregados iônicos.

LIGAÇÕES COVALENTES

As ligações que se estabelecem entre átomos de substâncias moleculares são denominadas **ligações covalentes** ou **ligações moleculares**.

A ligação covalente se estabelece pelo compartilhamento de pares de elétrons da última camada eletrônica dos átomos.

A sacarose ($C_{12}H_{22}O_{11}$), o etanol (C_2H_6O) e o oxigênio (O_2) são substâncias classificadas como moleculares. Ao analisar as fórmulas desse tipo de substância, verificamos que elas são, em sua maioria, constituídas de átomos de elementos não metálicos e/ou hidrogênio.

Esses materiais são maus condutores elétricos tanto no estado sólido como no líquido e, à temperatura ambiente, podem se apresentar nos estados físicos sólido, líquido ou gasoso.

Como os elétrons são compartilhados, não há átomos carregados eletricamente (íons). Por isso, as substâncias moleculares, em geral, não são capazes de conduzir corrente elétrica.

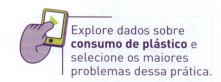

Explore dados sobre **consumo de plástico** e selecione os maiores problemas dessa prática.

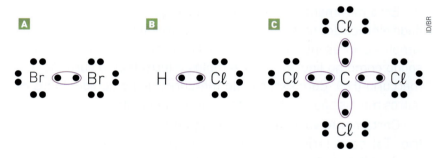

▲ Fórmulas eletrônicas do Br_2, do $HC\ell$ e do $CC\ell_4$. **(A)** O Br_2 é formado pelo compartilhamento de um par de elétrons entre dois átomos de bromo. **(B)** No $HC\ell$, hidrogênio e cloro compartilham um par de elétrons. **(C)** No $CC\ell_4$, um átomo de carbono compartilha, com quatro átomos de cloro distintos, os quatro elétrons de sua última camada eletrônica.

UMA SUBSTÂNCIA MOLECULAR: A ÁGUA

A água é uma substância molecular de fórmula H_2O. Mas atenção: apesar de ter baixa condutibilidade elétrica, por ser uma substância molecular, a água que utilizamos em nosso cotidiano contém íons dissolvidos. Por isso, é condutora de corrente elétrica, e há perigo de choques elétricos em locais molhados.

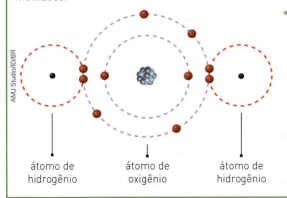

átomo de hidrogênio | átomo de oxigênio | átomo de hidrogênio

◀ Ligação covalente estabelecida entre átomos de hidrogênio e de oxigênio no agregado de água. Observe que ocorrem dois compartilhamentos de elétrons. (Representação sem proporção de tamanho e distância entre os elementos e em cores-fantasia.)

LIGAÇÕES METÁLICAS

Nas substâncias metálicas, os átomos se mantêm unidos por meio de ligações denominadas **metálicas**. Essas substâncias são constituídas de átomos de elementos metálicos.

O modelo utilizado para explicar a ligação metálica é denominado **mar de elétrons**. Ele é constituído de núcleos atômicos em posições fixas envoltos em uma nuvem de elétrons que mantém os átomos unidos.

> **LIGAS METÁLICAS**
>
> Há materiais com propriedades semelhantes às das substâncias metálicas que são formados por uma mistura de substâncias. Chamados de ligas metálicas, esses materiais são usados em diversos objetos e construções. Os mais comuns são o aço (ferro e carbono), o bronze (cobre e estanho) e o latão (cobre e zinco).
>
> O modelo de ligação utilizado para explicar as propriedades das ligas metálicas é o mesmo das substâncias metálicas, ou seja, a ligação metálica.

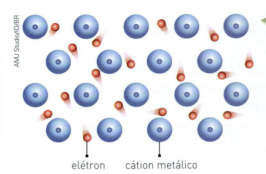

◀ Nesse modelo, o metal é visualizado como uma rede de cátions metálicos em um mar de elétrons. Os elétrons são móveis e estão uniformemente distribuídos por toda a estrutura. (Representação sem proporção de tamanho e distância entre os elementos e em cores-fantasia.)

Essa movimentação dos elétrons é o que explica a condutibilidade elétrica dos metais. As substâncias metálicas são substâncias simples e apresentam boa condutibilidade elétrica, tanto no estado sólido como no líquido. São exemplos o ferro (Fe), o ouro (Au) e o mercúrio (Hg). Com exceção do mercúrio, que é líquido, todos os outros metais são sólidos à temperatura ambiente.

Certamente você já segurou algum tipo de metal e o sentiu frio. Tal característica dos metais está relacionada à sua alta condutibilidade térmica, ou seja, eles conduzem a energia térmica de forma mais rápida e eficiente.

Outras duas propriedade que podem ser observadas nos metais são a **maleabilidade**, ou seja, a possibilidade de serem moldados, e a **ductilidade**, que lhes permite assumir a forma de fios.

▲ A folha de ouro (**A**) e o fio de cobre (**B**) apresentam maleabilidade e ductilidade, propriedades dos metais.

CIDADANIA GLOBAL

CONSUMO DE ENERGIA NA PRODUÇÃO DE ALUMÍNIO

Para extrair o alumínio metálico a partir do óxido de alumínio ou alumina (Al_2O_3) é usado um processo chamado **eletrólise**. Esse processo consiste em passar uma corrente elétrica através da alumina no estado líquido. No entanto, a temperatura de fusão da alumina é 2 072 °C. Para facilitar o processo, uma substância chamada criolita é misturada à alumina. Essa mistura apresenta temperatura de fusão de 1 000 °C.

Já no caso da reciclagem, basta que as latas ou outros materiais feitos de alumínio sejam derretidos. A temperatura de fusão do alumínio é 660 °C. Na prática, para ajudar na eliminação de algumas impurezas, o processo de reciclagem do alumínio é feito a uma temperatura de 700 °C.

1. Busque informações, em meios impressos ou digitais, sobre a economia de energia proporcionada pela reciclagem do alumínio comparada com a produção primária desse metal a partir de seu minério.
2. Quais são os benefícios proporcionados por essa economia de energia?

ATIVIDADES

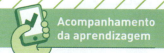
Acompanhamento da aprendizagem

Retomar e compreender

1. Explique com suas palavras o que são cátions e ânions.

2. Em seu livro *Tio Tungstênio*, o autor, Oliver Sacks, recorre frequentemente às propriedades dos materiais, o que pode ser observado no trecho a seguir.

> Muitas das minhas lembranças de infância têm relação com os _____: eles parecem ter exercido poder sobre mim, desde o início. Destacavam-se em meio à heterogeneidade do mundo por seu brilho e cintilação, pelos tons prateados, pela uniformidade e peso. Eram frios ao toque, retiniam quando golpeados.
> Eu adorava o amarelo do ouro, seu peso. [...]
>
> Oliver Sacks. *Tio Tungstênio*: memórias de uma infância química. São Paulo: Companhia de Bolso, 2011.

a) Que palavra preenche corretamente a lacuna no trecho do texto citado?

b) Que propriedades dos materiais são citadas no texto?

c) Qual é o material citado no texto? Que tipo de ligação química mantém os átomos desse material ligados entre si?

3. Como o modelo do mar de elétrons explica a formação da ligação metálica?

4. Leia, a seguir, algumas afirmações sobre os compostos moleculares.

   I. Os compostos moleculares apresentam ligações covalentes em sua estrutura.

   II. Como os elétrons envolvidos na ligação covalente não têm liberdade para se movimentar, os compostos moleculares são bons condutores de eletricidade.

   III. A ligação covalente envolve o compartilhamento de elétrons da última camada eletrônica dos átomos.

   - Identifique as afirmativas corretas e reescreva as incorretas, corrigindo-as.

5. Leia o texto e faça o que se pede.

   Um professor entregou a seus estudantes três materiais distintos:
   - raspas de um sólido de aparência brilhante e avermelhada;
   - porções de dois sólidos brancos distintos na forma de pequenos cristais.

   A aparência dos sólidos brancos era muito semelhante. O professor, então, informou-lhes que os materiais recebidos eram cobre (Cu), cloreto de sódio (NaCl) e sacarose ($C_{12}H_{22}O_{11}$) e que a tarefa deles era identificar corretamente cada um desses materiais.

   Para executar a tarefa, os estudantes poderiam utilizar um equipamento para medir condutibilidade elétrica e água destilada, mas não poderiam provar o sabor dos materiais.

   - Explique como é possível identificar cada um dos sólidos.

Aplicar

6. Ao colocar uma roupa para secar, um estudante, lembrando-se da aula de Ciências, concluiu que a roupa secaria porque a água passaria pelo processo de sublimação.

   a) Você concorda com esse estudante? Justifique sua resposta.

   b) Esquematize um modelo que represente o estado físico da água na roupa molhada.

7. Substâncias no estado sólido, em geral, apresentam menor distância entre seus agregados. Isso justifica o fato de, no estado sólido, um composto ser mais denso que no estado líquido.

   - Considerando as informações citadas, formule uma hipótese que explique por que o gelo (água no estado sólido) flutua quando colocado em água líquida.

8. Com base no que você estudou neste capítulo e em seus conhecimentos prévios, reflita: Quais propriedades os materiais usados para se produzir uma panela devem apresentar? Responda considerando o tipo de ligação química presente nesses materiais.

49

CAPÍTULO 2
REPRESENTAÇÕES QUÍMICAS

PARA COMEÇAR

A ciência utiliza símbolos para indicar átomos de diferentes elementos químicos. Considerando que as reações químicas ocorrem entre átomos e moléculas, como é feita a representação dessas reações?

A LINGUAGEM CIENTÍFICA

O uso de códigos sabidos e compartilhados por seus usuários está na base dos diferentes tipos de linguagem e garante uma comunicação efetiva entre os indivíduos. Um pianista, por exemplo, para tocar uma peça, precisa consultar uma partitura com indicações de notas musicais que, ao serem tocadas na sequência determinada, resultam em sons que captamos pela audição e interpretamos como música. Mas como estudar o que não podemos captar com nossos sentidos?

A linguagem utilizada pela ciência se apropria de modelos, fórmulas, símbolos e equações para descrever a realidade. Nosso entendimento de átomos e moléculas, por exemplo, se baseia em modelos propostos por cientistas, uma vez que essas estruturas não podem ser vistas, apenas imaginadas. A **linguagem científica**, portanto, estabelece a relação entre o que somos capazes de perceber e as imagens propostas para representar a realidade.

Ao longo do tempo, diversos pesquisadores têm elaborado símbolos e fórmulas para representar os elementos e agregados atômicos. A organização e a padronização da linguagem química são estabelecidas por uma entidade internacional denominada União Internacional de Química Pura e Aplicada (Iupac).

▼ Para o exercício da regência musical, foram estabelecidos gestos convencionais que permitem um tipo específico de comunicação, compreensível por todos que participam da orquestra. Assim como acontece na música, a ciência tem símbolos internacionais que visam garantir o entendimento entre grupos distintos.

Igor Bulgarin/Shutterstock.com/ID/BR

REPRESENTANDO AS SUBSTÂNCIAS

Ao longo da história, vários cientistas propuseram formas de representar os elementos e as substâncias químicas. Até o final do século XVIII ainda não havia uma linguagem química universal. Diferentes grupos de cientistas utilizavam linguagens variadas, de acordo com conveniências e tradições.

Foi o químico sueco Jöns Jacob Berzelius (1779-1848), na primeira metade do século XIX, quem sugeriu uma padronização universal para representar elementos e substâncias. A proposta de Berzelius é até hoje utilizada pela comunidade científica, com algumas modificações, e permite aos químicos classificar as substâncias por sua composição.

Substâncias formadas por agregados de um único elemento químico são denominadas **substâncias simples** e recebem o mesmo nome do elemento que as constitui. Isso significa, por exemplo, que o gás hidrogênio (H_2) é constituído somente de átomos do elemento hidrogênio, assim como o gás oxigênio (O_2) é formado apenas por átomos do elemento oxigênio.

Quando as substâncias são constituídas de agregados de átomos de dois ou mais elementos químicos, elas são chamadas de **substâncias compostas**. A água, constituída de agregados contendo átomos de hidrogênio e de oxigênio, é um exemplo de substância composta.

Os símbolos dos gases nobres e dos metais coincidem com o elemento químico que os compõe. Por exemplo, o metal ferro (substância simples formada por átomos do elemento ferro) é representado por Fe, ou seja, o símbolo do elemento químico que constitui essa substância.

Já as substâncias simples constituídas de átomos de elementos não metálicos tendem a se ligar quimicamente entre si, formando moléculas, as quais são representadas por fórmulas que combinam símbolos e algarismos. Essas fórmulas expressam a quantidade de átomos presentes na molécula.

As moléculas que formam o gás oxigênio, por exemplo, são representadas por O_2, em que o número 2 indica que a molécula é formada por dois átomos de oxigênio. Já O_3 é a fórmula que representa o ozônio e indica que a substância ozônio é constituída de moléculas formadas por três átomos de oxigênio.

Nas fórmulas químicas de substâncias compostas, são indicados os símbolos dos elementos que as constituem seguidos de um algarismo subscrito que expressa a quantidade de átomos ou íons que compõem a menor unidade do agregado atômico. Se não houver algarismo após o símbolo do elemento, isso significa que seu valor é 1. A fórmula química H_2O, por exemplo, que representa a molécula da água, indica que, em cada agregado, há dois átomos de hidrogênio e um átomo de oxigênio.

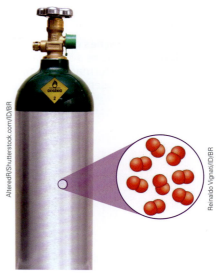

▲ No detalhe, representação da estrutura da molécula do gás oxigênio. Cada esfera vermelha corresponde a um átomo de oxigênio. (Representação sem proporção de tamanho e distância entre os elementos e em cores-fantasia.)

A COMPOSIÇÃO DA ÁGUA

Para determinar a composição química da água, Lavoisier efetuou sua síntese. Em uma reação de síntese, dois ou mais reagentes dão origem a um único produto. Ele demonstrou que a reação entre os gases hidrogênio e oxigênio resulta em água como único produto, o que o levou a classificar a água como uma substância composta formada pelos elementos hidrogênio e oxigênio.

Toda substância que, para ser sintetizada, precisa de dois ou mais componentes não pode ser classificada como substância simples.

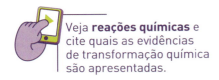

Veja **reações químicas** e cite quais as evidências de transformação química são apresentadas.

LAVOISIER, AS SUBSTÂNCIAS E A CONSERVAÇÃO DAS MASSAS

Em um estudo experimental envolvendo reações de combustão, o cientista francês Antoine-Laurent Lavoisier (1743-1794) observou que, em um sistema fechado, não há variação de massa após a ocorrência de uma transformação química. Em outras palavras, a massa do estado inicial (reagentes) é igual à massa do estado final (produtos).

Veja, a seguir, um exemplo de transformação.

O frasco de vidro, chamado erlenmeyer, contém ácido clorídrico, e, no interior do balão, há raspas de magnésio **(A)**. Quando as raspas de magnésio são despejadas no ácido clorídrico, ocorre uma transformação química com formação de gás, que enche o balão. Após certo tempo, a reação termina **(B)**. Observe que, nas duas situações, não há variação de massa no sistema, ou seja, a balança continua marcando 208 g.

Podemos representar a transformação retratada nas imagens das balanças por uma **equação química**:

$$2 \text{ HC}\ell \text{ (aq)} + \text{Mg (s)} \rightarrow \text{H}_2 \text{ (g)} + \text{MgC}\ell_2 \text{ (aq)}$$

Na equação, o símbolo (aq) indica uma solução aquosa, o símbolo (s) indica que o material está em estado sólido, e o símbolo (g) indica que o material está em estado gasoso.

Observe que um dos produtos formados na transformação está no estado gasoso (gás hidrogênio). Se o experimento tivesse sido feito em sistema aberto, ou seja, sem o balão de borracha, o gás hidrogênio que é formado sairia do recipiente e não seria possível medir sua massa. Perceberíamos, então, uma diminuição da massa do sistema durante a reação.

Ao realizar experimentos em sistemas fechados, consideramos a massa de todas as substâncias envolvidas, incluindo os gases reagentes ou que se formam durante uma reação química.

PARA EXPLORAR

Lavoisier e o mistério do quinto elemento, de Luca Novelli. São Paulo: Ciranda Cultural, 2007 (Coleção Gênios da Ciência).

Com uma linguagem acessível, o autor conta um pouco da história de Lavoisier e suas descobertas.

LEI DAS PROPORÇÕES DEFINIDAS

Assim como Lavoisier, o cientista francês Joseph Louis Proust (1754-1826), ao observar transformações químicas, percebeu que, independentemente da massa das substâncias utilizadas em uma reação química, essas substâncias combinavam-se em uma proporção fixa. Essa constatação ficou conhecida como **lei das proporções definidas** ou, simplesmente, lei de Proust.

Veja, na tabela a seguir, resultados experimentais de uma reação entre gás hidrogênio e gás oxigênio, formando água líquida.

Experimento	Reagentes		Produto
	Gás hidrogênio	Gás oxigênio	Água líquida
I	1 g	8 g	9 g
II	2 g	16 g	18 g
III	4,5 g	36 g	40,5 g

Joseph L. Proust, retratado em gravura do início do século XIX. A lei de Proust foi muito refutada pelos cientistas quando foi proposta, no final do século XVIII.

Observe que, em todos os experimentos, a soma da massa das substâncias que reagiram (ou seja, dos reagentes) é igual à massa da substância formada (o produto da reação).

Ao dividir a massa do gás oxigênio pela massa do gás hidrogênio, é possível observar que a proporção em massa se mantém constante.

Experimento I	$\dfrac{\text{massa do gás oxigênio}}{\text{massa do gás hidrogênio}} = \dfrac{8 \text{ g}}{1 \text{ g}} = 8$
Experimento II	$\dfrac{\text{massa do gás oxigênio}}{\text{massa do gás hidrogênio}} = \dfrac{16 \text{ g}}{2 \text{ g}} = 8$
Experimento III	$\dfrac{\text{massa do gás oxigênio}}{\text{massa do gás hidrogênio}} = \dfrac{36 \text{ g}}{4,5 \text{ g}} = 8$

Os dados mostram que, apesar de as massas dos reagentes e dos produtos serem variáveis, a proporção entre as massas das substâncias é sempre a mesma. Isso significa que, nessa reação, a massa de gás oxigênio que reage é sempre oito vezes maior que a massa de gás hidrogênio.

Observe, nesta outra tabela, o que ocorre quando, no sistema inicial, os reagentes são colocados em proporções distintas daquelas apresentadas anteriormente:

Experimento	Gás hidrogênio	Gás oxigênio	Água	Não reagiu
IV	2 g	18 g	18 g	2 g de gás oxigênio
V	5 g	32 g	36 g	1 g de gás hidrogênio

Nesses experimentos, a massa do sistema inicial (dos reagentes) é igual à massa do sistema final, ou seja, à soma das massas dos produtos formados e dos reagentes que não reagiram. No experimento IV, por exemplo, devemos considerar somente a massa de gás oxigênio que reagiu (18 g − 2 g = 16 g) para notar que a relação de 1 g de gás hidrogênio para cada 8 g de gás oxigênio se mantém constante.

PRÁTICAS DE CIÊNCIAS

O princípio da conservação das massas

O que você espera encontrar ao comparar a massa de reagentes e de produtos em uma reação química? Faça estes dois **experimentos** para testar suas hipóteses.

Material

- 2 recipientes (copos ou potes) de vidro de 250 mL
- 2 frascos de vidro de 200 mL graduados
- espátula ou colher de plástico
- balões de ar
- elástico ou barbante para fixar os balões ao recipiente de 250 mL
- balança de precisão
- bicarbonato de sódio ou fermento em pó químico
- solução aquosa de ácido acético a 5% ou vinagre branco

Como fazer

Experimento I – Reação entre ácido acético e bicarbonato de sódio em sistema aberto

1. Use a espátula ou a colher de plástico (cheia) para colocar o bicarbonato de sódio no recipiente de 250 mL (figura **A**).

A

2. No recipiente de vidro graduado, coloque aproximadamente 100 mL da solução de ácido acético.

3. Com a balança, determine a massa do conjunto: recipiente com bicarbonato de sódio e recipiente com ácido acético. Anote o valor da massa do conjunto.

B

4. Despeje, com cuidado, a solução aquosa do ácido no conteúdo do recipiente de 250 mL (figura **B**).

5. Aguarde o final da reação e determine novamente a massa do sistema (conjunto recipiente e recipiente graduado).

Experimento II – Reação entre ácido acético e bicarbonato de sódio em sistema fechado

1. Use a espátula ou a colher de plástico (cheia) para colocar o bicarbonato de sódio dentro de um balão de ar.
2. Adicione aproximadamente 100 mL da solução de ácido acético a um recipiente de vidro de 250 mL.
3. Adapte o balão à boca do recipiente, de modo que o material sólido não caia sobre a solução. Para melhor vedação, utilize elástico ou barbante.
4. Determine a massa do sistema (figura **A**).
5. Posicione o balão na vertical para que o bicarbonato de sódio caia sobre a solução ácida. Agite o recipiente e observe (figura **B**).
6. Aguarde o término da reação e determine novamente a massa do sistema.

Para concluir

1. Você observou algum indício de ocorrência de reação química?
2. As hipóteses levantadas antes de realizar os experimentos se confirmaram? Comente.
3. Considerando a reação entre o bicarbonato de sódio e o ácido acético, explique o valor das massas determinadas para os estados inicial e final no sistema aberto e no sistema fechado.
4. Verifique se os colegas chegaram aos mesmos resultados (ou a resultados semelhantes) para as massas dos sistemas iniciais e finais nos dois experimentos. Se forem observadas diferenças, levante hipóteses para explicá-las.

CIDADANIA GLOBAL

GERAÇÃO DE RESÍDUOS NA PRODUÇÃO DE ALUMÍNIO

No processo de produção de alumínio por meio da eletrólise, a mistura de alumina (Al_2O_3) e criolita é colocada em um recipiente de aço revestido de carbono e, nessa mistura, ficam mergulhados dois cilindros constituídos de grafite ou de carvão, isto é, ambos formados de carbono (C). Esses materiais reagem formando o alumínio metálico e o gás carbônico (CO_2).

Para produzir 1 tonelada de alumínio, são necessárias de 4 a 5 toneladas de bauxita, de onde se extraem 2 toneladas de alumina. Nesse processo, ainda é produzida 1,2 tonelada de gás carbônico. Além disso, a produção de alumínio a partir da bauxita consome uma quantidade de energia 20 vezes maior do que aquela consumida para reciclar esse metal.

1. Pesquise, em meios impressos ou digitais, o que é a lama vermelha (um resíduo proveniente do processamento da bauxita), os impactos ambientais causados por esse resíduo e como ele deve ser tratado para evitar a contaminação do solo e da água.

2. De que modo o trabalho dos catadores de materiais recicláveis, entre eles o alumínio, contribui para reduzir o impacto ambiental causado pela produção de alumínio?

REPRESENTANDO AS TRANSFORMAÇÕES QUÍMICAS

A equação a seguir representa a combustão do carvão, que é constituído de carbono no estado sólido, levando à formação de dióxido de carbono:

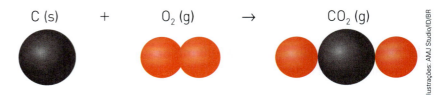

Observe que, no estado final, há conservação das quantidades de átomos. Entre as espécies reagentes, há um átomo de carbono e dois de oxigênio. Essa é a mesma quantidade de átomos de carbono e de oxigênio presente no estado final.

Para triplicar a quantidade de produto (que, nesse caso, é o dióxido de carbono), é preciso triplicar a quantidade dos dois reagentes, e não apenas a de um deles. Veja a representação a seguir.

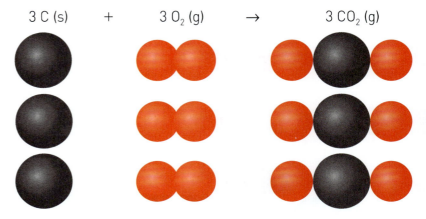

Note que a proporção em que as moléculas e os átomos reagem é a mesma, ou seja:

1 átomo de carbono : 1 molécula de oxigênio : 1 molécula de dióxido de carbono.

A quantidade de átomos nessa equação aumentou proporcionalmente, comparando-se os dois exemplos.

De acordo com o modelo de Dalton, em uma transformação, os átomos se rearranjam formando novos agregados atômicos. Segundo o mesmo modelo atômico, os átomos eram caracterizados por sua massa, ou seja, átomos de elementos químicos distintos deveriam apresentar massas distintas.

Com a formação do novo agregado atômico, a massa final deve ser a soma das massas dos átomos presentes no início, havendo, assim, conservação da massa.

Nota-se que a reação segue uma proporção definida em massa: 12 g de carbono formam 44 g de dióxido de carbono. Portanto, 36 g de carbono formarão 132 g de dióxido de carbono.

O BALANCEAMENTO DAS EQUAÇÕES QUÍMICAS

Vimos anteriormente que, ao colocarmos um número inteiro diante da fórmula de um agregado, multiplicamos todos os átomos que o constituem pelo algarismo indicado. Esses números são denominados **coeficientes estequiométricos**.

A representação 2 O_2 expressa dois agregados de oxigênio, o que corresponde a um total de quatro átomos de O:

A representação 2 H_2O expressa dois agregados de água:

Observe que, em dois agregados de água, há dois átomos de O e quatro de H.

Balancear uma equação química pressupõe, portanto, que, durante as transformações, ocorre um rearranjo de átomos e que eles se conservam.

Observe a equação química que representa a decomposição térmica do carbonato de cálcio ($CaCO_3$), gerando óxido de cálcio (CaO) e dióxido de carbono (CO_2).

$$CaCO_3 \text{ (s)} \rightarrow CaO \text{ (s)} + CO_2 \text{ (g)}$$

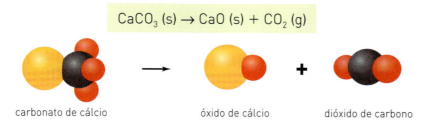

carbonato de cálcio — óxido de cálcio — dióxido de carbono

Note que a equação já está balanceada, uma vez que a quantidade de átomos dos elementos químicos se conserva. Portanto, não é necessário o acerto de coeficientes.

O coeficiente 1 é omitido nas equações químicas.

> **COMO REPRESENTAR OS SÍMBOLOS DOS ELEMENTOS QUÍMICOS**
>
> Os elementos químicos são representados por uma ou duas letras. No caso de elementos representados por apenas uma letra, esta deve ser maiúscula e de imprensa. Exemplo: o símbolo do nitrogênio deve ser representado por N, e não por 𝒩. Quando os elementos são representados por duas letras, a primeira é maiúscula, a segunda é minúscula, e ambas são de imprensa. Por exemplo: o símbolo do sódio é Na, e não 𝒩a.
>
> A representação incorreta pode levar a substâncias completamente diferentes. A fórmula do cobalto, por exemplo, é Co. Caso seja representada como CO, a referência passa a ser ao monóxido de carbono, uma substância composta cujos agregados atômicos são constituídos de átomos dos elementos carbono (C) e oxigênio (O). Enquanto o cobalto, em condições ambientes, é um sólido metálico, o monóxido de carbono é um gás tóxico.

Interaja com **balanceamento de equações químicas**.

REGRAS PRÁTICAS PARA EFETUAR O BALANCEAMENTO DAS EQUAÇÕES QUÍMICAS

Ao escrevermos uma equação química, indicamos as fórmulas dos reagentes à esquerda de uma seta, e as dos produtos, à direita. As fórmulas químicas de reagentes e de produtos são separadas pelo sinal de soma (+). Em seguida, verificamos se há conservação de átomos, ou seja, se o número de átomos de cada um dos elementos químicos é igual nos dois lados da equação. Caso não seja, é necessário fazer ajustes, ou seja, balancear a equação.

Para balancear uma equação química, devemos colocar números inteiros diante das fórmulas dos reagentes e dos produtos, de modo a garantir a conservação de átomos. O método mais comumente utilizado para balancear equações é o de tentativas, que segue alguns passos fundamentais.

- **1º passo** – Escrever a equação química representando as fórmulas dos reagentes e dos produtos.
- **2º passo** – Registrar a quantidade de átomos de cada um dos elementos envolvidos no processo, nos sistemas inicial (reagentes) e final (produtos).
- **3º passo** – Iniciar o acerto de coeficientes escolhendo um elemento por vez.

Exemplo 1: Equação não balanceada que representa a síntese da amônia (NH_3) a partir dos gases nitrogênio (N_2) e hidrogênio (H_2).

$$N_2 + H_2 \rightarrow NH_3$$

1º PASSO

Representação de reagentes e produtos.

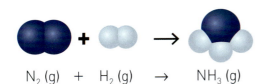

2º PASSO

Reagentes:
2 átomos de N;
2 átomos de H.

Produtos:
1 átomo de N;
3 átomos de H.

3º PASSO

Iniciar o balanceamento pelo N, utilizando o coeficiente 2 para NH_3. Acertar o número de átomos de hidrogênio nos sistemas inicial e final, considerando o envolvimento de três agregados de H_2 entre os reagentes, o que corresponde a seis átomos de H.

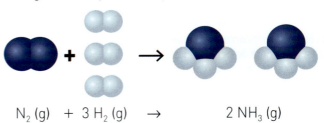

N_2 (g) + 3 H_2 (g) → 2 NH_3 (g)

Exemplo 2: Equação não balanceada que representa a decomposição da água (H_2O), gerando os gases hidrogênio (H_2) e oxigênio (O_2).

$$H_2O\ (\ell) \rightarrow H_2\ (g) + O_2\ (g)$$

1º PASSO

Representação de reagentes e produtos.

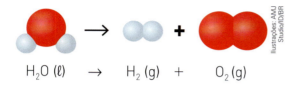

$H_2O\ (\ell) \rightarrow H_2\ (g) + O_2\ (g)$

2º PASSO

Reagentes:
2 átomos de H;
1 átomo de O.

Produtos:
2 átomos de H;
2 átomos de O.

$H_2O\ (\ell) \rightarrow H_2\ (g) + O_2\ (g)$

3º PASSO

Para igualar o número de O, podemos utilizar o coeficiente 2 para a água.

Com esse ajuste, os átomos de oxigênio ficam balanceados; porém o coeficiente 2 multiplica todo o agregado de água, o que faz com que haja quatro átomos de hidrogênio do lado dos reagentes e dois do lado dos produtos. O problema pode ser resolvido multiplicando o H_2 por 2.

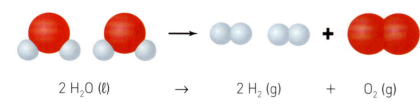

$2\ H_2O\ (\ell) \rightarrow 2\ H_2\ (g) + O_2\ (g)$

Observe que, ao efetuarmos o balanceamento, não alteramos a fórmula das substâncias para o acerto da quantidade de átomos dos sistemas inicial e final, apenas utilizamos coeficientes.

A fórmula é determinada experimentalmente e caracteriza a substância, não podendo, portanto, ser alterada quando o balanceamento é realizado.

> **PARA EXPLORAR**
>
> *Balanceamento de equações químicas*. PhET Interactive Simulations, University of Colorado Boulder. Disponível em: https://phet.colorado.edu/pt_BR/simulations/balancing-chemical-equations. Acesso em: 12 jun. 2023.
>
> Nesse simulador, é possível realizar o balanceamento químico de diversas reações.

ATIVIDADES

Retomar e compreender

1. Em fórmulas químicas de substâncias simples, como o gás oxigênio (O_2), e de substâncias compostas, como a água (H_2O), o que representam os algarismos subscritos?

2. Pesquise, em meios digitais ou impressos, sobre as substâncias listadas abaixo. Depois, escreva suas fórmulas químicas e classifique-as em substâncias simples ou compostas.
   a) Ácido fosfórico (formado por agregados que contêm 3 átomos de hidrogênio, 1 átomo de fósforo e 4 átomos de oxigênio).
   b) Ozônio (formado por agregados que contêm 3 átomos de oxigênio).
   c) Etanol (formado por agregados que contêm 2 átomos de carbono, 6 átomos de hidrogênio e 1 átomo de oxigênio).
   d) Gás neônio (formado por átomos isolados de neônio).
   e) Carbonato de sódio (formado por agregados constituídos de 2 átomos de sódio, 1 átomo de carbono e 3 átomos de oxigênio).

3. Observe a representação desta equação química no nível atômico-molecular e faça o que se pede.

   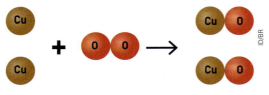

   a) Classifique as substâncias representadas em simples ou compostas.
   b) Escreva a equação química balanceada que representa o fenômeno.

4. Analise as equações químicas, indique quais não estão balanceadas e efetue o balanceamento quando necessário.
   a) $Mg + C\ell_2 \rightarrow MgC\ell_2$
   b) $Na + C\ell_2 \rightarrow NaC\ell$
   c) $Fe + O_2 \rightarrow Fe_2O_3$
   d) $Na + O_2 \rightarrow Na_2O$
   e) $CaCO_3 \rightarrow CaO + CO_2$
   f) $Mg + HC\ell \rightarrow MgC\ell_2 + H_2$
   g) $A\ell_2O_3 + HC\ell \rightarrow A\ell C\ell_3 + H_2O$

Aplicar

5. Considere as representações de átomos de elementos hipotéticos R, B, W, Y e G e de agregados atômicos a seguir.

   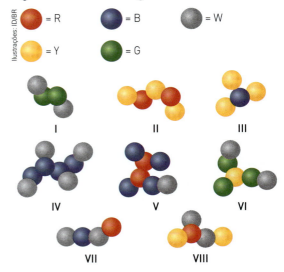

   a) Proponha fórmulas químicas dos agregados atômicos representados em **I** a **VIII**.
   b) Represente as estruturas e explique as diferenças entre B_3W_6 e $3\ BW_2$.

6. A água oxigenada comercializada em farmácias é, na verdade, uma solução aquosa de peróxido de hidrogênio (H_2O_2). Os frascos com água oxigenada devem ser armazenados ao abrigo da luz, pois o aumento de temperatura acelera o processo de decomposição do peróxido de hidrogênio, levando à formação de água e de gás oxigênio (O_2).

   Utilize a representação a seguir e faça o que se pede.

   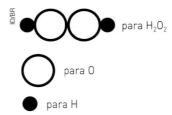

   a) Represente com símbolos, segundo o modelo atômico de Dalton, a reação balanceada de decomposição do peróxido de hidrogênio.
   b) Escreva a equação química balanceada que representa a decomposição do peróxido de hidrogênio.

> **Acompanhamento da aprendizagem**

7. Na tabela a seguir, estão listadas as massas dos reagentes **A** e **B** e dos produtos **C** e **D** utilizados em três experimentos, nos quais ocorreu uma transformação química com consumo total dos reagentes. Copie a tabela no caderno e complete-a adequadamente.

Experimento	A	B	C	D
1	10 g		30 g	40 g
2	30 g	180 g	90 g	
3		30 g		20 g

8. Para estudar a lei da conservação das massas, em uma aula de Ciências, estudantes do 9º ano realizaram as etapas a seguir.
   - Sobre uma balança, colocaram dois frascos erlenmeyer: o frasco 1, com solução aquosa de ácido nítrico (HNO$_3$), e o frasco 2, com carbonato de potássio (K$_2$CO$_3$), um sólido branco.
   - Registraram a massa inicial do sistema indicada na balança: 1 000 g.
   - Adicionaram o sólido contido no frasco 2 ao conteúdo do frasco 1.
   - Imediatamente após a mistura dos materiais, observaram intenso borbulhamento do conteúdo do frasco 1, que persistiu por algum tempo.
   - Cessado o borbulhamento, registraram a massa final do sistema final: 995 g.

O esquema abaixo ilustra o procedimento seguido pelos estudantes.

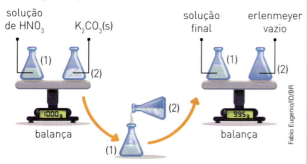

Em um dos grupos de trabalho, um estudante afirmou: "A massa não devia ter diminuído. A balança está com algum problema ou nós fizemos algo errado. Vamos registrar que a massa final é 1 000 g!"

a) Nesse experimento, a massa do sistema final deveria ser igual à massa do sistema inicial? Explique.

b) O que você responderia ao estudante se você estivesse no mesmo grupo de trabalho? A hipótese dele acerca da variação nula da massa do sistema é coerente?

9. O ácido acetilsalicílico é o analgésico mais consumido no mundo. Trata-se do primeiro fármaco sintético empregado em terapias, cujo processo de produção é atribuído ao químico alemão Felix Hoffmann (1868-1946). A produção do fármaco envolve o ácido salicílico (**A**) e o anidrido acético (**B**) como reagentes, e o ácido acetilsalicílico e ácido acético (**C**) como produtos.

Sabe-se que:
- o ácido salicílico é formado por moléculas contendo sete átomos de carbono, seis átomos de hidrogênio e três átomos de oxigênio;
- o anidrido acético é formado por moléculas contendo quatro átomos de carbono, seis átomos de hidrogênio e três átomos de oxigênio;
- o ácido acetilsalicílico é formado por moléculas contendo nove átomos de carbono, oito átomos de hidrogênio e quatro átomos de oxigênio;
- o ácido acético é formado por moléculas contendo dois átomos de carbono, quatro átomos de hidrogênio e dois átomos de oxigênio.

a) Escreva a fórmula química de cada substância.

b) Escreva a equação química balanceada descrita no texto.

c) A tabela a seguir reproduz as massas dos reagentes e dos produtos envolvidos em diferentes experimentos para a obtenção do ácido acetilsalicílico.

	ácido salicílico (A)	anidrido acético (B)	ácido acetilsalicílico	ácido acético (C)	não reagiu
1	98 g	68 g	120 g	a	6 g de **A**
2	b	55 g	c	30 g	d
3	e	f	60 g	20 g	10 g de **B**

- Determine os valores de **a**, **b**, **c**, **d**, **e** e **f**.

CIÊNCIA DINÂMICA

As reações químicas ao longo do tempo

O conceito de reação ou transformação química é considerado fundamental para o estudo da ciência química. Entender a maneira como os materiais interagem mudou a forma de pensar e de fazer Química ao longo da história.

Nos textos a seguir, é possível perceber como a transformação da matéria era entendida pelos filósofos da Grécia Antiga e, posteriormente, pelos químicos do século XIX em diante.

A química dos quatro elementos

Na Antiguidade[,] o conceito de afinidade ou não entre duas espécies químicas era quase um conceito intuitivo, [e] foram os antigos gregos que formularam as primeiras especulações sobre a origem e a composição da matéria.

As primeiras especulações gregas acerca da natureza da matéria surgiram em torno do século X a.C.[,] no fim do período arcaico. O período arcaico foi um período da Grécia Antiga caracterizado pelo desenvolvimento cultural, político e econômico da Grécia. [...]

Por meio de proposições racionais e de base contemplativa[,] o homem grego passou a propor explicações para a constituição dos materiais [...] [;] os principais representantes do período foram os filósofos pré-socráticos. Para os pré-socráticos era necessário entender como as transformações ocorriam e para isso era preciso saber as causas da "afinidade" entre umas e a "aversão" entre outras espécies. Havia na época uma teoria do elemento originante que postulava que os materiais eram formados por água, fogo, terra e ar de maneira excludente. Com base nesta proposta, Empédocles (495/490-435/430 a.C.) formulou a teoria dos quatro elementos: água, fogo, terra e ar [...] que, para ele, formavam todas as substâncias sob ação de duas forças onipresentes: o amor e o ódio. A partir destas forças todas as coisas eram formadas, transformadas e destruídas. [...]

Com o fim da Antiguidade, marcado pelas invasões bárbaras gerando a queda do Império Romano do Ocidente e início da Idade Média no final do século V, o pensamento grego ainda continuou a se difundir pela Europa.

▲ Durante a Idade Média, a afinidade explicava as interações entre as substâncias, mas não esclarecia as causas das reações químicas entre os materiais, que eram justificadas como consequência da ação de forças ocultas.

Lilian Moreira dos Santos e outros. O uso de aspectos históricos das reações químicas como base para proposição de estratégias didáticas. Em: *X Encontro Nacional de Pesquisa em Educação em Ciências* (Enpec), 2015, Águas de Lindoia. Anais [...]. Águas de Lindoia: Abrapec, 2015. Disponível em: https://www.abrapec.com/enpec/x-enpec/anais2015/resumos/R0344-1.PDF. Acesso em: 12 jun. 2023.

Na Idade Média, o pensamento grego era o mais aceito e difundido. Somente na transição da Idade Média para a Idade Moderna é que se notam transformações no modo de produzir as coisas, inclusive o conhecimento. A partir desse período, os modelos propostos por filósofos começam a se basear em observações e em análise de experimentos.

Os átomos e as reações químicas

As bases para a compreensão contemporânea das reações químicas foram decorrentes de um longo processo histórico de acumulações e rupturas de conhecimento que foram consolidadas no século XIX. O século XIX foi importante fundamentalmente devido à consolidação da Revolução Industrial iniciada no século XVIII.

Antes da primeira Revolução Industrial, a ciência não estava diretamente ligada às atividades produtivas. Ao contrário, o conhecimento prático/técnico alimentava a nova ciência emergente. Mais tarde, com o desenvolvimento das relações capitalistas de produção, novos problemas apareceram, tornando-se necessário o uso da ciência para resolvê-los e proporcionando uma promissora união entre conhecimento científico e técnica associada à produção. Com a Revolução Industrial avançou-se no estudo das reações químicas com relação aos seus aspectos energéticos.

Hoje entendemos que as reações químicas são processos que macroscopicamente podem ser caracterizados por evidências empíricas, tais como: mudança de cor, formação de precipitado, formação de bolhas [...]. Entretanto, por si só, a observação de uma evidência não garante a ocorrência de uma reação química, sendo necessário testar as propriedades físicas como densidade, solubilidade, temperatura de fusão e de ebulição dos possíveis materiais formados, obtidos no processo de transformação; sendo às vezes necessário determinar também suas estruturas e [sua] reatividade. Já do ponto de vista microscópico, as reações químicas diferem dos processos físicos pela alteração dos constituintes da matéria.

Nas reações químicas[,] substâncias de partida, denominadas reagentes, ao entrarem em contato[,] recombinam seus átomos a fim de formarem novas substâncias[,] chamadas produtos. Para que a reação ocorra, as ligações químicas presentes nos reagentes devem ser rompidas (por meio da absorção de energia), enquanto as ligações químicas características dos produtos são formadas (por meio da liberação de energia). Assim, as reações químicas na atualidade podem ser compreendidas como um rearranjo das partículas (átomos, íons ou moléculas) dos seus constituintes, envolvendo, sempre, um balanço de massa e energia entre reagentes e produtos.

Lilian Moreira dos Santos e outros. O uso de aspectos históricos das reações químicas como base para proposição de estratégias didáticas. Em: *X Encontro Nacional de Pesquisa em Educação em Ciências* (Enpec), 2015, Águas de Lindoia. Anais [...]. Águas de Lindoia: Abrapec, 2015. Disponível em: https://www.abrapec.com/enpec/x-enpec/anais2015/resumos/R0344-1.PDF. Acesso em: 12 jun. 2023.

Em discussão

1. De acordo com o texto, qual era a proposta de Empédocles para a composição dos materiais? Como esses materiais reagiriam entre si?

2. A teoria dos quatro elementos não era unânime entre os filósofos da Grécia Antiga. Pensadores como Leucipo, Demócrito e Epicuro defendiam a hipótese atômica. Eles acreditavam que a formação de todas as espécies materiais era proveniente de átomos.

   Baseando-se em seus estudos sobre a teoria atômica, responda:

   - Em sua opinião, por que a teoria de Leucipo, Demócrito e Epicuro não foi considerada na época? Quando os estudos sobre a teoria atômica foram retomados? Por quem?

3. Analise o contexto da época apresentada em cada texto e discuta com os colegas como a sociedade influencia a produção de conhecimento.

ATIVIDADES INTEGRADAS

Retomar e compreender

1. A figura abaixo pode ser utilizada para ilustrar o modelo de uma equação química não balanceada:

a) Dê as fórmulas químicas dos reagentes e dos produtos da equação química ilustrada.
b) Como é possível perceber que a equação química ilustrada não está balanceada?
c) Como a figura do enunciado poderia ser reformulada de modo a ilustrar a equação química balanceada? Escreva essa equação balanceada e represente o modelo.

2. Observe a imagem a seguir e faça o que se pede.

▲ Iodo sendo aquecido.

a) Que processo está representado nessa imagem?

b) Explique o que ocorre com os agregados atômicos durante esse processo.

3. Verifique se as equações químicas a seguir estão balanceadas. Caso não estejam, faça o balanceamento necessário.
a) CH_4 (g) + O_2 (g) → CO_2 (g) + H_2O (g)
b) NaOH (aq) + HCℓ (aq) → NaCℓ (aq) + H_2O (ℓ)
c) KOH (aq) + H_3PO_4 (aq) → K_3PO_4 (aq) + H_2O (aq)

4. Copie o esquema a seguir e complete-o corretamente com os nomes das mudanças de estado físico.

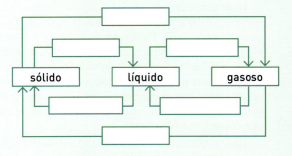

5. Leia o texto a seguir e faça o que se pede.

Um pesquisador estava analisando a reatividade de algumas substâncias simples, como o flúor (F_2), o cloro ($Cℓ_2$) e o sódio (Na). Os dados obtidos na análise indicaram que a fórmula do produto da reação entre o sódio e o flúor é NaF e que os elementos flúor e cloro pertencem ao mesmo grupo da Tabela Periódica.

- Escreva a fórmula química do produto da reação entre o sódio e o cloro.

Aplicar

6. O ar atmosférico é uma mistura gasosa, cujos principais componentes são os gases nitrogênio (N_2) e oxigênio (O_2). Outros gases ainda estão presentes nessa mistura, como o dióxido de carbono (CO_2), cujo aumento na atmosfera é associado ao aquecimento global.
a) Explique o significado das fórmulas químicas apresentadas no texto.
b) Que tipo de ligação química ocorre entre os átomos em cada um dos gases citados?

7. A tabela a seguir mostra as massas dos reagentes e dos produtos observadas em diferentes experimentos realizados com uma mesma reação.

Acompanhamento da aprendizagem

Experimento	Reação 2 H$_2$ + O$_2$ → 2 H$_2$O
I	4 g + 32 g → 36 g
II	**A** + 64 g → **B**
III	2 g + **C** → **D**
IV	10 g + **E** → 72 g + 2g H$_2$

- Complete a tabela com os valores de **A**, **B**, **C**, **D** e **E** e justifique como você chegou a esses resultados.

8. A equação química a seguir representa o processo de obtenção da amônia (NH$_3$) a partir de gás hidrogênio (H$_2$) e gás nitrogênio (N$_2$).

$$N_2 + 3\,H_2 \longrightarrow 2\,NH_3$$

- Em um reator, adicionaram-se 200 g de gás nitrogênio e 30 g de gás hidrogênio. Sabendo-se que restaram 60 g de N$_2$ no reator, qual foi a quantidade máxima de amônia produzida?

Analisar e verificar

9. A figura a seguir ilustra um modelo utilizado para representar a combustão completa do metano (CH$_4$), principal constituinte do gás natural. No processo, metano e gás oxigênio (O$_2$) reagem produzindo dióxido de carbono (CO$_2$) e água.

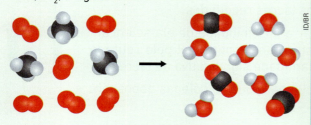

a) Analise a representação e indique que cor está identificando os átomos de carbono, os de hidrogênio e os de oxigênio.

b) Essa representação é coerente com os pressupostos de qual dos modelos atômicos estudados: Dalton, Thomson ou Rutherford-Bohr? Justifique.

c) Como o modelo explica a conservação de massa?

10. A seguir, estão representados modelos para as fórmulas estruturais de dois compostos. Analise-os e, depois, responda às questões.

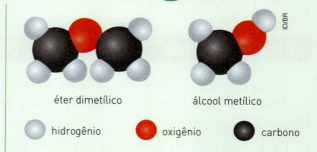

éter dimetílico　　　　álcool metílico

○ hidrogênio　● oxigênio　● carbono

a) Qual é a quantidade de átomos que compõem a molécula do éter dimetílico?

b) Qual é a fórmula molecular do álcool metílico?

11. Os pratos de uma balança foram equilibrados com um pedaço de papel em cada prato e efetuou-se a queima do material contido em um dos pratos. Esse procedimento foi repetido com palha de aço em lugar de papel.

- Em que posição se espera que os pratos da balança fiquem após cada procedimento? Elabore uma justificativa para as hipóteses levantadas.

Criar

12. Observe a imagem a seguir.

Apesar da aparência idêntica, os três copos apresentam conteúdos distintos: um copo contém apenas água destilada, outro contém uma mistura de água com cloreto de sódio (NaCℓ), e o terceiro contém uma mistura de água e sacarose (C$_6$H$_{12}$O$_6$).

- Sugira um procedimento que permita identificar cada uma das soluções disponíveis. **Atenção**: não é possível provar as soluções.

CIDADANIA GLOBAL
UNIDADE 2

12 CONSUMO E PRODUÇÃO RESPONSÁVEIS

Retomando o tema

Nesta unidade, você estudou o tema da reciclagem do alumínio.

Agora, verifique seus conhecimentos sobre esse tema respondendo às questões a seguir.

1. Faça uma lista de vantagens econômicas e ambientais que a reciclagem do alumínio proporciona.
2. **SABER SER** Qual é a importância do trabalho dos catadores de materiais recicláveis?
3. Quais são os problemas causados pelo manejo inadequado dos rejeitos produzidos durante a produção do alumínio a partir de seu minério?
4. Considerando aspectos ambientais, sociais e econômicos, escreva um texto breve comentando o papel da população, das indústrias e do poder público para minimizar os impactos causados pela produção e utilização do alumínio.

Geração da mudança

Você provavelmente já ouviu falar de instituições que recolhem os lacres das latas de alumínio e direcionam o valor obtido da venda desses materiais para causas sociais, como a compra de cadeiras de rodas para pessoas com dificuldade de locomoção. Procure saber se existe alguma instituição que faz esse trabalho no município onde você vive e promova na escola uma campanha de coleta de lacres.

Leia a seguir algumas orientações para executar esse trabalho.

- Pedir autorização à direção da escola para a implementação do processo de coleta e a criação de um local para guardar os lacres recolhidos.
- Entrar em contato com a instituição e verificar a possibilidade de ela se encarregar da retirada dos lacres na escola. A instituição responsável pela retirada deverá ser avisada quando se obtiver uma quantidade significativa de lacres.
- Colocar uma garrafa PET em cada sala de aula, para que os colegas depositem nela os lacres recolhidos no dia a dia.

Autoavaliação

APLICAÇÕES DAS REAÇÕES QUÍMICAS

UNIDADE 3

PRIMEIRAS IDEIAS

1. Você já deve ter ouvido ou utilizado o termo "ácido" para classificar determinado material. Em sua opinião, o que significa dizer que um material é ácido?

2. Muitos produtos que consumimos diariamente são obtidos por meio de transformações químicas. Na indústria, os reagentes de uma transformação são chamados de matéria-prima. O trigo, por exemplo, é matéria-prima para a obtenção do pão. Cite matérias-primas utilizadas na produção de itens presentes em seu cotidiano.

3. É possível acelerar ou retardar a rapidez de uma transformação da matéria? Explique sua resposta.

Conhecimentos prévios

Nesta unidade, eu vou...

CAPÍTULO 1 — Classificação das substâncias

- Identificar o que pode ser levado em conta para classificar substâncias.
- Compreender as definições de ácidos, bases, sais e óxidos.
- Classificar o caráter de soluções aquosas como ácido, básico ou neutro, com base em dados experimentais.
- Analisar o fenômeno da chuva ácida.
- Conhecer a produção de corantes realizada por diferentes povos indígenas e valorizar seus diversos saberes.

CAPÍTULO 2 — A química das reações

- Reconhecer a importância das transformações químicas no estudo da Química.
- Examinar algumas formas de classificar as reações químicas.

CAPÍTULO 3 — Cinética química

- Saber que as reações químicas podem apresentar diferentes taxas ou rapidez.
- Utilizar o modelo de colisões de partículas para explicar as reações químicas.
- Verificar alguns fatores que alteram a rapidez de uma reação química.

CIDADANIA GLOBAL

- Reconhecer a importância da legislação para a proteção e a preservação de povos e culturas tradicionais, de suas culturas e seus saberes.
- Compreender como a preservação do patrimônio cultural possibilita a transmissão de saberes para as gerações futuras.

LEITURA DA IMAGEM

1. O que está retratado nessa foto?
2. Em sua opinião, que materiais foram usados para criar as pinturas corporais das pessoas da foto?
3. Para os indígenas, a pintura corporal é uma forma de expressão cultural. Você já viu outras pinturas como essa mostrada na foto? Onde?

CIDADANIA GLOBAL

16 PAZ, JUSTIÇA E INSTITUIÇÕES EFICAZES

O Decreto n. 6040/2007 instituiu a Política Nacional de Desenvolvimento Sustentável dos Povos e Comunidades Tradicionais, garantindo a esses povos e comunidades os territórios em que habitam e o acesso aos recursos naturais que utilizam. Esse decreto define os povos e as comunidades tradicionais como

> grupos culturalmente diferenciados e que se reconhecem como tais, que possuem formas próprias de organização social, que ocupam e usam territórios e recursos naturais como condição para sua reprodução cultural, social, religiosa, ancestral e econômica, utilizando conhecimentos, inovações e práticas gerados e transmitidos pela tradição.

BRASIL. *Decreto n. 6 040, de 7 de fevereiro de 2007*. Brasília: Presidência da República, 2007. Disponível em: http://www.planalto.gov.br/ccivil_03/_ato2007-2010/2007/decreto/d6040.htm. Acesso em: 9 jun. 2023.

Os indígenas estão entre os vários povos tradicionais do Brasil.

- Qual é o papel da sociedade e do poder público na promoção e no cumprimento de leis e políticas de proteção aos povos tradicionais? Cite aspectos que devem ser tratados nessas leis e políticas.

Veja **corantes naturais** e liste quais são os materiais usados pelos indígenas para a produção dos corantes usados nas pinturas corporais.

Indígenas da etnia Kalapalo, da aldeia Aiha, usam pinturas corporais para realizar a dança Tawarawanã. Parque Indígena do Xingu, município de Querência (MT). Foto de 2022.

CAPÍTULO 1
CLASSIFICAÇÃO DAS SUBSTÂNCIAS

PARA COMEÇAR

Para especificar a estrutura dos materiais e, consequentemente, desenvolver métodos eficientes de produção, os cientistas classificam as substâncias segundo diferentes critérios. Se você tivesse de classificar as substâncias, quais critérios utilizaria?

ORGANIZANDO E CLASSIFICANDO OS MATERIAIS

O termo **substância** refere-se a uma porção de matéria com propriedades bem definidas que as caracterizam, como a temperatura de fusão, a solubilidade e a densidade.

São considerados **puros** os materiais compostos de uma única substância. A maioria dos materiais, porém, é constituída de uma mistura de substâncias.

Tendo em vista a grande variedade de materiais existentes, é preciso classificá-los. Para isso, são usados diferentes critérios.

Você pode não se dar conta disso, mas todos nós também classificamos e organizamos objetos em nosso dia a dia, como roupas, sapatos, material escolar, entre tantos outros. Assim, fica mais fácil encontrá-los. Na ciência, não poderia ser diferente: os sistemas de classificação também facilitam o trabalho dos cientistas, como é o caso da classificação dos elementos químicos. Neste capítulo, você vai estudar como as substâncias podem ser classificadas.

▼ Nas bibliotecas, os livros são organizados em prateleiras seguindo critérios de classificação. Biblioteca Nacional, Rio de Janeiro (RJ). Foto de 2017.

ALGUMAS FORMAS DE CLASSIFICAÇÃO DE SUBSTÂNCIAS

Existem inúmeros métodos de classificação das substâncias. Elas podem ser classificadas, por exemplo, de acordo com sua composição, em metálicas e não metálicas, e, conforme o tipo de ligação química, em iônicas, moleculares ou metálicas.

Tais classificações foram desenvolvidas ao longo da história à medida que novos materiais eram descobertos e suas propriedades, investigadas.

No final do século XVIII, por exemplo, as substâncias já eram classificadas em orgânicas ou inorgânicas. Essa classificação se baseava nas origens dos materiais. Substâncias provenientes de rochas, como óxido de alumínio (Al_2O_3, presente na bauxita) e carbonato de cálcio ($CaCO_3$, presente no mármore e nas rochas calcárias) eram classificadas como inorgânicas – classificação que perdura até hoje. Já as substâncias orgânicas são as presentes em tecidos animais ou vegetais, ou seja, de seres vivos, ou provenientes desses tecidos.

O químico francês Antoine Lavoisier (1743-1794), em seus experimentos sobre combustão, observou que as substâncias presentes na matéria viva apresentavam em sua composição os elementos carbono, oxigênio, nitrogênio e fósforo.

Alguns estudiosos do século XVIII defendiam uma teoria denominada teoria da "força vital" ou "vitalismo". Segundo essa teoria, substâncias orgânicas só poderiam ser obtidas quando a força vital agisse sobre a matéria viva. Essa força vital era concebida como um conteúdo não material, próprio das células vivas. Dessa forma, esses estudiosos acreditavam que não era possível obter substâncias orgânicas em laboratório.

No início do século XIX, os experimentos de alguns cientistas, como o químico alemão Friedrich Wöhler (1800-1882), demonstraram a possibilidade de sintetizar essas substâncias em laboratório na ausência de matéria viva. Wöhler sintetizou ureia, produto da excreta animal, com o aquecimento de cianato de amônio, uma substância inorgânica.

Embora tenha sofrido alguns questionamentos na época, o feito de Wöhler ajudou a enfraquecer a influência da teoria da força vital na comunidade científica.

Atualmente, são classificadas como orgânicas as substâncias que contêm carbono em sua composição. Essas substâncias não provêm necessariamente da matéria viva.

Lavoisier, em seu laboratório de pesquisa, investigou a composição do ar e o papel do gás oxigênio nas reações de combustão. Seus experimentos eram registrados, em ilustrações como esta, por sua esposa, Marie-Anne Pierrette Paulze (1758-1836), que colaborou muito com o trabalho científico do marido. Detalhe de ilustração feita no século XVIII, atualmente em exposição no Museu de Artes e Ofícios de Paris, França.

Selo impresso na República Federal da Alemanha em 1984, por ocasião do centenário de morte de Friedrich Wöhler.
Nele, observa-se a representação do modelo atômico da ureia.

Veja **ácido e base em solução aquosa** e identifique os íons formados.

ÁCIDOS

Quando experimentamos o sumo do limão, sentimos um gosto azedo. Essa percepção acontece devido a um dos componentes presentes nessa fruta: o ácido cítrico. Essa substância também é encontrada em outras frutas cítricas e é utilizada industrialmente como conservante natural de alimentos e de bebidas.

Além do ácido cítrico, outras substâncias classificadas como ácidas fazem parte do cotidiano das pessoas, como o ácido acético (encontrado no vinagre) e o ácido clorídrico (que compõe o suco gástrico do nosso estômago).

Uma das propriedades das substâncias ácidas é o gosto azedo. Lembre-se, no entanto, de que não devemos utilizar o paladar para identificar ou classificar substâncias, pois elas podem ser tóxicas ou corrosivas.

Os ácidos são substâncias moleculares, ou seja, seus átomos se ligam pelo compartilhamento de elétrons. Quando estão puros, não conduzem corrente elétrica. No entanto, suas soluções aquosas são capazes de conduzir eletricidade. Observe o exemplo a seguir.

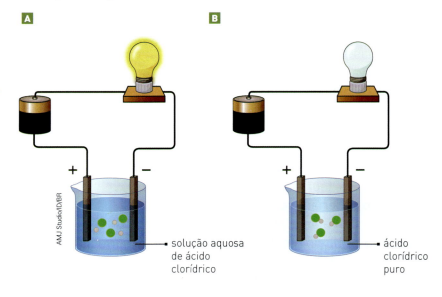

(A) Em solução aquosa, os íons com carga negativa (ânion) e com carga positiva (cátion) fecham o circuito, conduzindo corrente elétrica. **(B)** No ácido clorídrico puro, não há íons; portanto, não há carga elétrica, logo não há condução de corrente elétrica. (Representações sem proporção de tamanho e em cores-fantasia.)

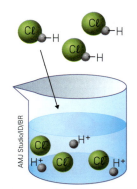

▲ Em solução aquosa, a substância se ioniza, ou seja, forma íons. Nessa solução, o ácido clorídrico se ioniza nos íons Cl^- e hidrônio H^+. (Representação sem proporção de tamanho e em cores-fantasia.)

O modelo que explica a condutibilidade elétrica de soluções aquosas ácidas é o da ionização, ou seja, a formação de íons resultante da interação entre a água e o ácido.

A definição de ácidos está baseada nesse modelo. **Substâncias ácidas** são aquelas que, ao serem adicionadas à água, sofrem ionização, gerando como único cátion o íon H^+.

Esse processo é representado pela equação química a seguir.

$$HCl \xrightarrow{\text{água}} H^+ (aq) + Cl^- (aq)$$

ácido clorídrico

BASES

Entre as substâncias classificadas como **básicas**, podemos citar o leite de magnésia e alguns produtos de limpeza, como o sabão em pedra e a soda cáustica, cujo principal componente é o hidróxido de sódio. Substâncias básicas provocam mudança na coloração de materiais classificados como indicadores ácido-base. Ao interagir com a água, essas substâncias formam como único ânion o íon OH⁻ em solução.

Observe a equação química que representa o que ocorre quando NaOH é adicionado à água. Esse processo é denominado **dissociação iônica**.

> **PARA EXPLORAR**
>
> **Competição do sopro mágico**
> Nesse vídeo, um indicador ácido-base é utilizado em uma divertida competição de sopro.
> Disponível em: https://www.youtube.com/watch?v=3yRllED5iS8. Acesso em: 15 mar. 2023.

$$NaOH(s) \xrightarrow{\text{água}} Na^+(aq) + OH^-(aq)$$

hidróxido de sódio

Em solução aquosa, uma base iônica se dissocia e libera íons. Nesse esquema, o hidróxido de sódio se dissocia nos íons sódio (Na⁺) e hidroxila (OH⁻). (Representação sem proporção de tamanho e em cores-fantasia.)

INDICADORES ÁCIDO-BASE

Para determinar a acidez ou a basicidade de uma solução aquosa, utiliza-se uma medida denominada **potencial hidrogeniônico**, o **pH**. Esse potencial refere-se à concentração de íons H⁺ em solução aquosa.

Soluções a 25 °C e com valor de pH menor que 7 são classificadas como ácidas. Quanto menor esse valor, mais ácida a solução.

Se, nessa mesma temperatura, uma solução apresentar um valor de pH maior que 7, ela é classificada como básica ou alcalina. Quanto maior esse valor, mais alcalina a solução.

Se o pH da solução a 25 °C for igual a 7, ela é classificada como **neutra**, ou seja, apresenta concentrações iguais de íons H⁺ e OH⁻.

A determinação do pH de uma solução pode ser realizada por equipamentos denominados peagâmetros. Indicadores ácido-base também podem ser utilizados para determinar o pH, porém são menos precisos. Tais materiais apresentam determinadas cores de acordo com a acidez ou a basicidade da solução. Alguns alimentos, como o repolho-roxo, a uva e o açaí, contêm substâncias que podem ser extraídas e utilizadas como indicadores ácido-base.

Muito utilizado em laboratórios, o **indicador universal** é uma mistura de indicadores ácido-base que possibilita analisar uma faixa maior de pH.

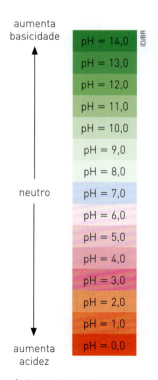

▲ Cores de pH do indicador universal.

SAIS

Os **sais** são substâncias iônicas que, adicionadas à água, sofrem dissociação iônica formando, pelo menos, um cátion diferente de H^+ e um ânion diferente de OH^-.

Quando ouvimos a palavra sal, imediatamente a associamos ao sal de cozinha, utilizado para realçar o sabor dos alimentos. Em ciências, no entanto, esse termo pode se referir a um grupo de substâncias em que o cloreto de sódio – principal componente do sal de cozinha – está incluído.

O hidrogenocarbonato de sódio ($NaHCO_3$) – utilizado como fermento químico de bolos e pães –, o carbonato de cálcio ($CaCO_3$) – presente em rochas calcárias, matéria-prima para a produção da cal – e o sulfato de cálcio ($CaSO_4$) – empregado na fabricação do gesso – são alguns exemplos de sais utilizados no cotidiano.

Uma das formas de obter sais é por meio da reação entre ácidos e bases. Observe a equação que representa a formação do $NaCl$, o principal componente do sal de cozinha.

$$HCl\,(aq) + NaOH\,(aq) \rightarrow NaCl\,(aq) + H_2O\,(l)$$
ácido clorídrico — hidróxido de sódio — cloreto de sódio — água

Os sais são compostos iônicos. Isso significa que, à temperatura ambiente, encontram-se no estado sólido, apresentando altas temperaturas de fusão e de ebulição. No estado sólido, como não há mobilidade de carga, não há condução de corrente elétrica. Porém, quando estão no estado líquido ou em solução aquosa, cátions e ânions ganham movimento, e o sistema se torna condutor de eletricidade.

▲ O hidrogenocarbonato de sódio, também conhecido como bicarbonato de sódio, é um sal muito utilizado como ingrediente (fermento) na fabricação de pães, tortas e bolos.

PARA EXPLORAR

Os botões de Napoleão: as 17 moléculas que mudaram a história, de Penny Le Couteur e Jay Burreson. Rio de Janeiro: Zahar, 2006.
O capítulo 15 desse livro apresenta um pouco da história do sal de cozinha.

O mar Morto, localizado no Oriente Médio, entre Israel e Jordânia, é um grande lago com elevada concentração de sais dissolvidos. Devido a essa característica, indústrias químicas e mineradoras instalaram-se na região para captar essa água e dela extrair os sais de potássio. Foto de 2022.

ÓXIDOS

Diferentemente dos ácidos e das bases, que são classificados de acordo com seu comportamento em água, a classificação de uma substância como óxido está relacionada com sua composição. **Óxidos** são substâncias formadas por dois elementos químicos distintos: um deles é o oxigênio, e o outro, qualquer elemento químico da Tabela Periódica, com exceção do flúor.

Os óxidos podem ser encontrados no ar, na água e na crosta terrestre. O dióxido de carbono (CO_2), conhecido na forma gasosa como gás carbônico, é um dos produtos da respiração de seres aeróbios. O dióxido de silício (SiO_2), também chamado sílica, é um dos componentes da areia, utilizado como matéria-prima na fabricação de vidros.

◀ Um dos principais componentes da bauxita (A) é o óxido de alumínio (Al_2O_3); esse óxido é extraído da bauxita e transformado no metal alumínio. A hematita (B), principal fonte de ferro, tem em sua composição o óxido de ferro (III) (Fe_2O_3), que é retirado dela e transformado em metal. A cal virgem (C), utilizada em construções e na produção de argamassa, também é constituída de um óxido – o óxido de cálcio (CaO).

Os óxidos podem ser classificados em iônicos ou moleculares, de acordo com as ligações químicas estabelecidas entre os átomos que o constituem. O óxido de alumínio, por exemplo, é iônico, enquanto o dióxido de carbono é molecular.

Outra classificação utilizada se refere ao comportamento dos óxidos em água. Alguns óxidos reagem com água, formando ácidos. Por isso, são chamados de **óxidos ácidos**.

Observe as equações a seguir:

$$CO_2 \text{ (dióxido de carbono)} + H_2O \text{ (água)} \rightarrow H_2CO_3 \text{ (aq) (ácido carbônico)}$$

$$SO_3 \text{ (trióxido de enxofre)} + H_2O \text{ (água)} \rightarrow H_2SO_4 \text{ (aq) (ácido sulfúrico)}$$

Outros óxidos, ao se dissolverem em água, reagem formando bases. Por isso, eles são chamados de **óxidos básicos**. Veja os exemplos a seguir.

$$Na_2O \text{ (óxido de sódio)} + H_2O \text{ (água)} \rightarrow 2\,NaOH \text{ (aq) (hidróxido de sódio)}$$

$$CaO \text{ (óxido de cálcio)} + H_2O \text{ (água)} \rightarrow Ca(OH)_2 \text{ (aq) (hidróxido de cálcio)}$$

Óxidos neutros não apresentam o mesmo comportamento, ou seja, não geram íons H^+ ou OH^- em água. É o caso do monóxido de carbono (CO) e do monóxido de nitrogênio (NO).

REAÇÕES QUÍMICAS ENTRE ÁCIDOS E BASES

As transformações químicas pelas quais passam as substâncias são chamadas de **reações químicas**. Nessas transformações, novas substâncias são formadas.

A reação química que acontece quando soluções aquosas ácidas são colocadas em contato com soluções aquosas básicas é denominada **reação de neutralização**. Nessa reação, os íons H⁺ e OH⁻ se combinam, formando água. Observe o modelo utilizado para representar a reação entre o ácido clorídrico e o hidróxido de sódio.

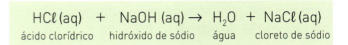

$$HCl\,(aq) + NaOH\,(aq) \rightarrow H_2O + NaCl\,(aq)$$
ácido clorídrico   hidróxido de sódio   água   cloreto de sódio

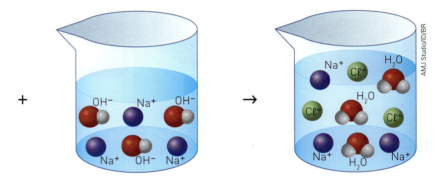

▲ Esquema da reação de neutralização do ácido clorídrico com hidróxido de sódio. (Representações sem proporção de tamanho e em cores-fantasia.)

O caráter ácido ou básico dos materiais pode influenciar suas aplicações. Um desses casos é o controle da acidez do solo, que afeta a absorção dos nutrientes pelas raízes das plantas. Por isso, é importante que o agricultor acompanhe esse nível de acidez constantemente. Dessa forma, ele pode escolher o procedimento mais adequado para melhorar a fertilidade do solo e, consequentemente, sua produção agrícola.

Uma das técnicas mais simples e utilizadas na agricultura é a **calagem**, que consiste na adição de calcário ou cal virgem (óxido de cálcio – CaO) ao solo com o intuito de diminuir sua acidez.

Além do calcário e da cal, outros materiais podem ser utilizados para esse fim. Conhecidos como **corretivos de acidez do solo**, esses materiais são constituídos de uma ou mais substâncias que reagem com os íons H⁺, responsáveis pela acidez do solo, além de fornecer nutrientes como cálcio e magnésio.

O uso desses materiais, no entanto, deve ser feito com cuidado. Se aplicados em excesso, tanto o calcário quanto os outros corretivos podem prejudicar a fertilidade e, consequentemente, a produtividade do solo ao torná-lo básico (ou alcalino).

O princípio de funcionamento dos corretivos de acidez de solo está baseado em uma transformação química.

▲ Agricultores de Portelândia (GO) despejam calcário no solo, técnica conhecida como calagem. Foto de 2021.

PRÁTICAS DE CIÊNCIAS

Uso de indicador ácido-base para classificar soluções

Você seria capaz de classificar uma solução aquosa em ácida, básica ou neutra? Nesta atividade, você vai realizar um **teste** e fazer essa classificação.

Material

- 8 copos pequenos ou béqueres de 100 mL rotulados
- vinagre branco ou de álcool
- suco de limão
- refrigerante incolor
- detergente
- solução aquosa de cloreto de sódio (sal de cozinha)
- sabão neutro dissolvido em água
- solução diluída de leite de magnésia
- 7 tubos de ensaio (ou pequenos frascos de vidro)
- 8 conta-gotas
- indicador ácido-base de extrato de repolho-roxo
- estante para tubos de ensaio

Como fazer

1. Copie a tabela no caderno.
2. Coloque 20 mL (cerca de 2 dedos de altura) de vinagre em um tubo de ensaio com o auxílio do conta-gotas.
3. Proceda da mesma forma com todos os materiais listados na tabela. **Atenção**: não misture os conta-gotas.
4. Com o último conta-gotas, adicione, em cada tubo de ensaio, 5 gotas de indicador de repolho-roxo.
5. Registre, na tabela, a coloração adquirida pela solução em cada tubo.

Material	Coloração
Vinagre	
Suco de limão	
Refrigerante incolor	
Detergente	
Solução aquosa de cloreto de sódio	
Sabão dissolvido em água	
Solução diluída de leite de magnésia	

Escala de pH do indicador de repolho-roxo: pH 1, pH 3, pH 5, pH 6, pH 7, pH 9, pH 11, pH 12.

Para concluir

1. De acordo com a escala de pH do indicador de repolho-roxo, quais são os valores de pH obtidos para cada solução testada? Quais materiais têm caráter ácido? E caráter básico? E neutro?
2. Compare os dados de sua tabela com os dos colegas e anote as semelhanças e as diferenças entre os resultados obtidos. Algum dos resultados foi diferente do que você esperava? Por quê?

PRÁTICAS DE CIÊNCIAS

A chuva ácida

Um tema recorrente na mídia é a chuva ácida. Nesta atividade, você vai estudar esse fenômeno realizando um **experimento**.

Material

ATENÇÃO !
Apenas o professor deve realizar este experimento. Evite acidentes!

- 1 frasco de vidro de boca larga com tampa (pode ser de azeitona)
- tiras de papel de tornassol azul
- caneta esferográfica
- flor vermelha (hibisco ou azaleia)
- espátula
- 2 fios de cobre de 20 cm de comprimento
- fósforo (ou isqueiro)
- enxofre em pó
- copo de 250 mL

Como fazer

Este experimento será realizado pelo professor. Fique atento a todos os passos e, depois, responda às questões.

1. Destaque uma pétala da flor, perfure-a com um fio de cobre e posicione-a na ponta desse fio. Na metade do fio, prenda um pedaço de papel de tornassol azul.
2. Utilize a ponta da caneta esferográfica como molde para a construção de um cone de 1 cm de altura em uma das extremidades do outro fio, conforme indicado na figura **1**.
3. Prenda os dois fios de cobre na borda do frasco, conforme mostrado na figura **2**.
4. Remova o cone e encha-o com enxofre em pó. Acenda o isqueiro embaixo do cone para iniciar a queima do enxofre.
5. Assim que a queima for iniciada, leve o cone rapidamente para dentro do frasco e tampe-o.
6. Passados dez minutos, retire o cone do frasco e observe o aspecto do papel e da pétala de flor.
7. Adicione 250 mL de água (um copo) ao frasco e tampe-o rapidamente. Agite-o bem e observe o aspecto dos materiais (papel de tornassol e pétala).

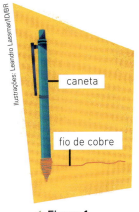

▲ Figura 1.

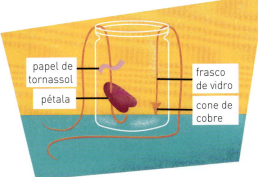

▲ Figura 2.

Fonte de pesquisa: Grupo de Pesquisa em Educação Química (Gepeq)/IQUSP. *Interações e transformações*. São Paulo: Edusp, 1993. p. 21-25.

Para concluir

1. O que aconteceu no interior do pote? Como podemos explicar as colorações apresentadas pelo papel de tornassol?
2. De que maneira o enxofre está associado ao que aconteceu no interior do pote?
3. Considerando suas observações sobre a pétala de flor, que efeitos você imagina que a chuva ácida deve causar na vegetação?
4. Discuta com os colegas se os resultados seriam os mesmos caso o frasco ficasse destampado.

ATIVIDADES

Acompanhamento da aprendizagem

Retomar e compreender

1. Por que não se deve provar, cheirar ou tocar substâncias desconhecidas?

2. As equações a seguir ilustram o que acontece quando ácido nítrico (HNO₃), sulfato de sódio (Na₂SO₄) e hidróxido de bário (Ba(OH)₂) são adicionados à água.

   a) $HNO_3 \text{ (aq)} \xrightarrow{H_2O} H^+ \text{ (aq)} + NO_3^- \text{ (aq)}$

   b) $Na_2SO_4 \text{ (aq)} \xrightarrow{H_2O} 2\ Na^+ \text{ (aq)} + SO_4^{2-} \text{ (aq)}$

   c) $Ba(OH)_2 \text{ (aq)} \xrightarrow{H_2O} Ba^{2+} \text{ (aq)} + 2\ OH^- \text{ (aq)}$

   - Analise as equações e classifique o caráter dessas substâncias em ácido, básico ou neutro. Justifique sua resposta.

3. Leia o texto e, depois, responda às questões.

   A cal é um material utilizado na construção civil e também na agricultura. Ela é obtida da queima de rochas calcárias e constituída predominantemente de óxido de cálcio (CaO). Este último reage com água, formando hidróxido de cálcio (Ca(OH)₂), de acordo com a equação:
   $CaO \text{ (s)} + H_2O \text{ (ℓ)} \rightarrow Ca(OH)_2 \text{ (aq)}$

   a) O óxido de cálcio é um exemplo de óxido. Utilizando como critério sua interação com a água, como esse óxido pode ser classificado?

   b) Na agricultura, em que situação recomenda-se o uso de cal?

Aplicar

4. O leite de magnésia contém hidróxido de magnésio (Mg(OH)₂) em sua composição e é indicado para atenuar o mal-estar estomacal decorrente do aumento da concentração de ácido clorídrico (HCℓ) no suco gástrico.

   a) Que íons são formados quando se adiciona Mg(OH)₂ à água? Qual deles é característico das bases?

   b) Que íons estão presentes em uma solução aquosa de HCℓ?

   c) Explique por que o leite de magnésia é indicado contra o mal-estar estomacal.

5. Em um laboratório escolar, um professor mostrou aos estudantes dois frascos sem rótulo e informou que um deles continha uma solução aquosa de ácido clorídrico e o outro, uma solução aquosa de hidróxido de sódio.

   - Proponha uma forma de determinar o conteúdo de cada frasco.

6. Leia o texto a seguir e faça o que se pede.

   Em uma aula prática de Ciências, um estudante transferiu, para um tubo de ensaio **A**, aproximadamente dois mililitros (2 mL) de solução aquosa de ácido clorídrico (HCℓ). Ele então pingou sobre o líquido duas gotas do indicador ácido-base azul de bromotimol. A adição do indicador tornou amarela a solução no tubo de ensaio.

   Em um tubo de ensaio **B**, ele dissolveu uma pequena porção cloreto de sódio – NaCℓ (sal de cozinha) – em outro tubo com água. Ao adicionar azul de bromotimol sobre o sistema, observou a coloração verde.

   Em um tubo de ensaio **C**, o estudante executou o mesmo procedimento, desta vez substituindo a solução de ácido clorídrico por outra de hidróxido de sódio (NaOH). Nesse caso, a coloração observada foi azul.

   A foto a seguir mostra as colorações observadas pelo estudante.

   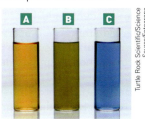

   Turtle Rock Scientific/Science Source/Fotoarena

   a) Qual é a coloração do azul de bromotimol em meios ácido, básico e neutro?

   b) O que seria observado se o estudante adicionasse, gota a gota, solução aquosa de hidróxido de sódio sobre uma solução aquosa de ácido clorídrico, contendo gotas de azul de bromotimol?

7. Na Pré-História, os seres humanos, mesmo sem conhecer conceitos de acidez e basicidade, identificavam o estágio de amadurecimento de algumas frutas pelo sabor. A intensidade de acidez (sabor azedo) ou de basicidade (sabor adstringente ou amargo) indica se uma fruta podia ser consumida ou se seria preciso deixá-la amadurecer mais.

   - Pesquise quais foram as primeiras ideias a respeito dos conceitos de ácido e base e o surgimento do termo pH e seu significado.

79

CONTEXTO
CIÊNCIA, TECNOLOGIA E SOCIEDADE

Os conhecimentos tradicionais e a produção de corantes

Assista a **pinturas pataxós**. Qual é o uso mostrado para as pinturas corporais? Compare esse costume pataxó com os costumes de outros povos.

Pigmentos e corantes são substâncias que, ao serem aplicadas aos materiais, conferem cor a eles. Os saberes e os costumes de diferentes culturas relacionados a essas substâncias são muito diversos. Acredita-se que, no período entre 30 000 a.C. e 8 000 a.C., tintas feitas de pigmentos já eram utilizadas para tingir as paredes das cavernas. Evidências arqueológicas sugerem que os egípcios usavam hena, carmim e outros corantes na pele e para tingir os cabelos.

No século XVI, os colonizadores europeus que chegaram ao Brasil se interessaram pelo conhecimento que os indígenas tinham sobre corantes, para a exploração e a comercialização de produtos dos quais era possível extrair corantes fortes, como o pau-brasil. Conheça, nos textos a seguir, alguns exemplos do conhecimento dos povos indígenas sobre corantes e alguns dos usos que eles fazem dessas substâncias.

Ticuna

A variedade e riqueza da produção artística dos Ticuna expressam uma inegável capacidade de resistência e afirmação de sua identidade. [...]

Um aspecto que merece atenção é o acervo de tintas e corantes. Cerca de quinze espécies de plantas tintórias são empregadas no tingimento de fios para tecer bolsas e redes ou pintar entrecascas, esculturas, cestos, peneiras, instrumentos musicais, remos, cuias e o próprio corpo. Há ainda os pigmentos de origem mineral, que servem para decorar a cerâmica e a "cabeça" de determinadas máscaras cerimoniais.

[...]
A pintura da face, por sua vez, pode ser realizada por ambos os sexos e é empregada hoje em dia apenas durante os rituais, por todos os participantes, inclusive crianças. Essa pintura, feita com jenipapo, já no primeiro dia da festa, tem a função social de identificar o clã ou nação, como dizem os Ticuna, de cada pessoa. [...] Além da função social de especificação do clã, pintar-se na festa é um ato obrigatório. A decoração corporal das jovens e crianças pintadas, por sua vez, é realizada segundo normas rigidamente estabelecidas.

Ticuna. Povos Indígenas no Brasil. Instituto Socioambiental (ISA). Disponível em: https://pib.socioambiental.org/pt/Povo:Ticuna. Acesso em: 1º jun. 2023.

▲ As sementes do urucum (ou urucu) são usadas para preparar tintas de cor vermelha.

Nawa

Alguns recursos naturais são usados para os adornos corporais e artesanato em geral. As sementes do urucum costumam ser machucadas junto com água até virar uma massa, sendo a tinta resultante utilizada para a pintura corporal e como corante de alimentos. O jenipapo é cortado ao meio e colocado na água aquecida, até adquirir a coloração azul. O cipó-titica é usado para confeccionar cestaria e diversos adornos, os quais são pintados com urucum e jenipapo. A cinza da casca do caripé é utilizada na fabricação de cerâmicas para dar liga ao barro, com o qual fazem diversos objetos.

Nawa. Povos Indígenas no Brasil. Instituto Socioambiental (ISA). Disponível em: https://pib.socioambiental.org/pt/povo/nawa/821. Acesso em: 1º jun. 2023.

Kadiwéu

Os finos desenhos corporais realizados pelos Kadiwéu constituem-se em uma forma notável da expressão de sua arte. Hábeis desenhistas estampam rostos com desenhos minuciosos e simétricos, traçados com a tinta obtida da mistura de suco de jenipapo com pó de carvão, aplicada com uma fina lasca de madeira ou taquara. No passado, a pintura corporal marcava a diferença entre nobres, guerreiros e cativos.

Kadiwéu. Povos Indígenas no Brasil. Instituto Socioambiental (ISA). Disponível em: https://pib.socioambiental.org/pt/povo/kadiweu/266. Acesso em: 1º jun. 2023.

Nambiquara

[...] Os índios do Alto Xingu pintam a pele do corpo com desenhos de animais, pássaros e peixes. Estes desenhos, além de servirem para identificar o grupo social ao qual pertencem, são uma maneira de uni-los aos espíritos, aos quais creditam sua felicidade.

A tinta usada por esses índios é preparada com sementes de urucu, que se colhe nos meses de maio e junho. As sementes são raladas em peneiras finas e fervidas em água para formar uma pasta. Com esta pasta são feitas bolas que são envolvidas em folhas, e guardadas durante o ano todo para as cerimônias de tatuagem. A tinta extraída do urucu também é usada para tingir os cabelos e na confecção de máscaras faciais. [...]

Corantes naturais e culturas indígenas. Disponível em: https://www.yumpu.com/pt/document/view/12750724/corantes-naturais-e-culturas-indignas-sociedade-brasileira-de. Acesso em: 1º jun. 2023.

Para compreender

1. A pintura de paredes e objetos, assim como as pinturas corporais, costumam ser feitas com materiais corantes que resultam da extração de pigmentos de bases naturais.

   a) Identifique, nos textos apresentados, exemplos de costumes e tradições indígenas relacionados ao uso de corantes.

   b) Qual é a origem dos corantes mencionados nos textos?

2. Os frutos do jenipapo contêm uma substância corante, solúvel na água e no álcool, que se torna preta em contato com o ar. Para obtê-la, é comum ralar ou cortar a polpa do jenipapo em pequenos pedaços, misturá-los com água e levar a mistura ao fogo até que ela mude de cor. Para torná-la mais escura, algumas comunidades acrescentam carvão a essa mistura.

   a) Identifique um reagente utilizado no processo de obtenção do corante.

   b) Por que podemos afirmar que ocorrem transformações químicas durante esse processo?

3. O domínio global da ciência moderna como referência de conhecimento pode acarretar a desvalorização de muitas formas de saber, especialmente aquelas próprias dos povos que passaram pelo processo de colonização ocidental.

   a) Em sua opinião, as práticas e os conhecimentos dos povos indígenas são respeitados da mesma forma que os conhecimentos das sociedades ocidentais? Comente.

   b) As pesquisas científicas sobre substâncias corantes permitiram o desenvolvimento de corantes sintéticos (obtidos de derivados de petróleo e de carvão mineral), os quais, sabe-se hoje, causam muitos prejuízos ao ambiente e à saúde e tendem a ser novamente substituídos por corantes naturais. De que maneira a cultura indígena pode ser valorizada nesse contexto?

CAPÍTULO 2
A QUÍMICA DAS REAÇÕES

PARA COMEÇAR
As reações químicas envolvem transformações nas estruturas dos materiais. Você poderia citar alguma reação química presente em seu dia a dia?

A IMPORTÂNCIA DAS REAÇÕES QUÍMICAS

As reações químicas são processos nos quais ocorre a transformação dos reagentes em produtos. No nível microscópico, uma reação química é explicada como um processo resultante da quebra de ligações químicas nos agregados atômicos das substâncias reagentes e da formação de novas ligações nos produtos. Esse fenômeno ocorre o tempo todo dentro do nosso organismo e ao nosso redor, e muitas vezes nem percebemos.

Saber como as reações químicas ocorrem contribui não só para o desenvolvimento de novos materiais, como medicamentos, vacinas, combustíveis, eletrônicos, etc., mas também para a percepção do impacto causado por determinadas indústrias ao meio ambiente. Esse entendimento permite que a sociedade cobre um posicionamento dessas indústrias e também soluções para os problemas gerados por elas.

▼ Em um laboratório de pesquisa, profissionais observam e executam experimentos e registram suas observações. O uso de equipamentos de segurança nesses espaços é indispensável.

REAÇÕES QUÍMICAS NA INDÚSTRIA

As reações químicas têm um papel relevante na história humana. A seguir, você vai conhecer algumas reações químicas relacionadas a processos industriais dos últimos dois séculos.

A PRODUÇÃO DA AMÔNIA

A **síntese da amônia**, também chamada de síntese de **Haber-Bosch**, refere-se a um processo que consiste na reação química entre os gases nitrogênio (N_2) e hidrogênio (H_2), de acordo com o modelo e a equação representados, respectivamente, a seguir.

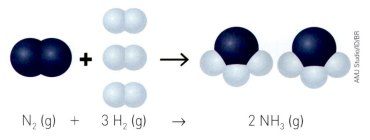

N_2 (g) + 3 H_2 (g) → 2 NH_3 (g)

Esse processo foi desenvolvido em escala laboratorial pelo químico alemão Fritz Haber (1868-1934) e aprimorado industrialmente pelo químico industrial alemão Carl Bosch (1874-1940).

A representação das esferas segue os pressupostos do modelo atômico de Dalton. Analisando as estruturas de reagentes e produtos, é possível perceber o rearranjo de átomos. Para que esse rearranjo ocorra, as ligações químicas entre os átomos que formam os reagentes são quebradas e novas ligações são formadas nos produtos.

Observe ainda que, durante a transformação, há conservação de átomos, portanto, a massa do sistema também se conserva.

Como a amônia é matéria-prima para a obtenção de fertilizantes, sua síntese está associada à produção de alimentos em quantidade suficiente para alimentar a população global. Contudo, durante a Primeira Guerra Mundial (1914-1918), a amônia também foi utilizada na produção de explosivos.

PROCESSOS DE OBTENÇÃO DE ALGUNS METAIS

Para obter o ferro e outros metais, é necessário, inicialmente, separar da rocha apenas o mineral em que o elemento metálico está presente. Esse processo reduz o volume de material que será transportado e facilita a extração do metal.

Obtenção do ferro

A matéria-prima para obtenção do ferro é o minério de ferro. O ferro está presente no minério de ferro de diferentes formas. No processo de produção do metal, o minério passa por uma série de reações químicas em altas temperaturas.

No caso da extração industrial do ferro a partir da hematita, minério rico em Fe_2O_3, as **reações químicas em altas temperaturas** ocorrem em um forno industrial (alto-forno). De forma simplificada, o carvão (C) reage com o gás oxigênio do ar (O_2) em um processo denominado combustão incompleta, formando monóxido de carbono (CO). Este último reage com o óxido de ferro (III) (Fe_2O_3), presente no minério, levando à formação de ferro metálico (Fe) e de dióxido de carbono (CO_2). As equações a seguir mostram essas duas reações.

$$2\ C\ (s) + O_2\ (g) \rightarrow 2\ CO\ (g)$$

$$3\ CO\ (g) + Fe_2O_3\ (s) \rightarrow 3\ CO_2\ (g) + 2\ Fe\ (s)$$

Como os minerais apresentam outras substâncias em sua constituição, durante o processo é comum ocorrer a formação de resíduos, que são chamados de **escória**. A escória de ferro, depois de tratada, pode ser transformada em cimento ou em fertilizantes.

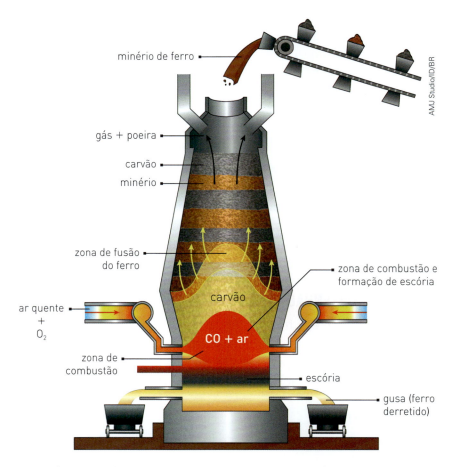

▲ A ilustração representa um alto-forno para produção de ferro-gusa, uma liga de ferro e carbono. (Representação sem proporção de tamanho e em cores-fantasia.)

Obtenção do cobre

O cobre, assim como o ouro, pode ser encontrado na natureza em sua forma nativa, isto é, na forma de metal (Cu) não combinado com átomos de outros elementos químicos. No entanto, ele é encontrado principalmente na forma de minérios. A obtenção do metal cobre a partir do minério envolve reações denominadas reações de ustulação.

A **reação de ustulação** é aquela cujos reagentes obrigatórios são o gás oxigênio (O_2) e um sulfeto qualquer. Essa reação ocorre no interior de um forno especial, que faz passar uma corrente de ar quente na mistura. O sulfeto, nesse caso, está presente no próprio minério de interesse, a calcosita, cujo principal componente é o sulfeto de cobre (I), Cu_2S. Observe a reação que representa esse processo.

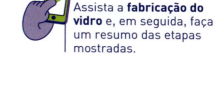
Assista a **fabricação do vidro** e, em seguida, faça um resumo das etapas mostradas.

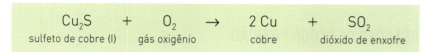

$$Cu_2S \;+\; O_2 \;\rightarrow\; 2\,Cu \;+\; SO_2$$
sulfeto de cobre (I) — gás oxigênio — cobre — dióxido de enxofre

Após a reação de ustulação, o cobre ainda tem de passar por um processo de refino até atingir 99,9% de pureza.

O cobre é amplamente utilizado em sua forma pura, principalmente em equipamentos elétricos. Além disso, ele costuma ser usado na composição de ligas metálicas bastante empregadas pelo ser humano.

Obtenção do alumínio

O alumínio pode ser obtido do mineral bauxita, do qual se extrai o óxido de alumínio, chamado **alumina**. A alumina é transformada em alumínio metálico por meio de um processo denominado eletrólise. Depois, o alumínio metálico é purificado. O processo de produção do metal pode ser explicado pelo esquema ao lado.

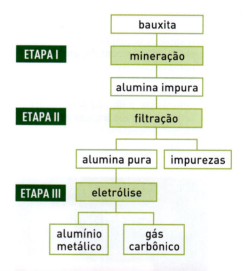

🌐 CIDADANIA GLOBAL

A IMPORTÂNCIA DAS LEIS QUE PROTEGEM OS POVOS TRADICIONAIS

O Decreto n. 6 040/2007, que instituiu a Política Nacional de Desenvolvimento Sustentável dos Povos e Comunidades Tradicionais, estipula vários objetivos específicos relacionados aos direitos desses povos e comunidades. Entre esses objetivos, estão:

- implantar infra-estrutura adequada às realidades socioculturais e demandas dos povos e comunidades tradicionais;
- criar e implementar [...] uma política pública de saúde voltada aos povos e comunidades tradicionais;
- garantir aos povos e comunidades tradicionais seus territórios e o acesso aos recursos naturais que tradicionalmente utilizam para sua reprodução física, cultural e econômica;
- reconhecer, proteger e promover os direitos dos povos e comunidades tradicionais sobre os seus conhecimentos, [as suas] práticas e [os seus] usos tradicionais.

BRASIL. *Decreto n. 6 040, de 7 de fevereiro de 2007*. Brasília: Presidência da República, 2007. Disponível em: http://www.planalto.gov.br/ccivil_03/_ato2007-2010/2007/decreto/d6040.htm. Acesso em: 9 jun. 2023.

Cabe ao poder público, em seus três poderes constituídos, garantir o cumprimento desses objetivos. A sociedade tem o papel de fiscalizar esse cumprimento.

- Converse com os colegas sobre os objetivos citados e argumente sobre a importância da existência e do cumprimento de leis como essa.

CLASSIFICAÇÃO DAS REAÇÕES

Para facilitar o estudo das reações químicas, os cientistas agruparam-nas utilizando diferentes critérios. Um desses critérios diz respeito à produção (síntese) ou à decomposição dos materiais.

REAÇÕES DE SÍNTESE

Nas **reações de síntese**, duas ou mais substâncias reagem produzindo uma única substância. Observe os exemplos a seguir.

$$2\ H_2\ (g)\ +\ O_2\ (g)\ \rightarrow\ 2\ H_2O\ (g)$$
gás hidrogênio — gás oxigênio — vapor de água

$$Fe\ (s)\ +\ S\ (g)\ \rightarrow\ FeS\ (s)$$
ferro — enxofre — sulfeto de ferro

REAÇÕES DE DECOMPOSIÇÃO

Nas **reações de decomposição**, uma substância se decompõe formando duas ou mais substâncias. Observe os exemplos.

$$2\ H_2O_2\ (g)\ \rightarrow\ 2\ H_2O\ (\ell)\ +\ O_2\ (g)$$
peróxido de hidrogênio — água — gás oxigênio

$$2\ NaC\ell\ (\ell)\ \rightarrow\ 2\ Na\ (s)\ +\ C\ell_2\ (g)$$
cloreto de sódio — sódio — cloro

▲ A água oxigenada comercializada em farmácias contém, em sua composição, o peróxido de hidrogênio (H_2O_2). Para evitar ou reduzir a decomposição dessa substância, o líquido geralmente é armazenado em frascos escuros ou que dificultem a passagem de luz.

Dependendo do aspecto a ser enfatizado, as transformações podem receber outros nomes. Uma reação que ocorre pela ação da luz, como a decomposição do peróxido de hidrogênio, por exemplo, pode ser chamada de fotólise. Já a decomposição da água, que necessita de energia elétrica para ocorrer, é frequentemente conhecida como eletrólise da água.

A eletrólise da água

A água pode ser decomposta pela passagem de uma corrente elétrica através do sistema. Esse processo é chamado eletrólise. A imagem ao lado ilustra a aparelhagem utilizada para realizar esse processo. Perceba que, para ocorrer a eletrólise da água, é necessário uma fonte de energia elétrica – no caso, a bateria.

Durante o processo, há formação dos gases oxigênio, em menor volume, e hidrogênio, em maior volume. A formação desses gases é evidenciada pelo surgimento de bolhas. A decomposição da água e a formação de hidrogênio e oxigênio são representadas pela equação química a seguir.

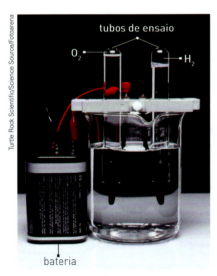

▲ Antes da eletrólise, os tubos de ensaio estão completamente cheios de água. Quando a bateria é conectada aos fios, ocorre a passagem de corrente elétrica pelo sistema, e a energia fornecida pela bateria promove a decomposição da água nos gases oxigênio (à esquerda) e hidrogênio (à direita).

$$2\ H_2O\ (\ell)\ \rightarrow\ 2\ H_2\ (g)\ +\ O_2\ (g)$$
água — gás hidrogênio — gás oxigênio

REAÇÕES EXOTÉRMICAS E ENDOTÉRMICAS

Certas classificações de reações químicas consideram a energia térmica absorvida ou liberada. Nesse caso, as transformações químicas podem ser classificadas em dois grupos: as reações que liberam energia, chamadas de **exotérmicas**, e as que absorvem energia, denominadas **endotérmicas**.

◂ A queima de madeira (A) é um exemplo de reação exotérmica, enquanto o cozimento de alimentos (B) é um exemplo de reação endotérmica.

REAÇÕES DE PRECIPITAÇÃO

Quando duas substâncias reagem formando um **precipitado**, ou seja, uma substância insolúvel em solvente, dizemos que ocorreu uma **reação de precipitação**.

A reação entre o cloreto de sódio e o nitrato de prata forma um sólido branco insolúvel em água, o cloreto de prata (AgCℓ).

$$NaCℓ\,(aq) + AgNO_3\,(aq) \rightarrow AgCℓ\,(s) + NaNO_3\,(aq)$$
cloreto de sódio — nitrato de prata — cloreto de prata — nitrato de sódio

As reações de precipitação apresentam muitas aplicações industriais, como no tratamento de efluentes. O sólido gerado pode ser coletado utilizando algum método de separação de misturas, como a filtração, a decantação ou a centrifugação.

REAÇÕES DE OXIRREDUÇÃO

As **reações de oxirredução**, também chamadas de redox, envolvem transferência de elétrons do átomo que sofre **oxidação** para aquele que sofre **redução**, ou seja, a substância que ganhou elétrons passou por uma reação de redução, e a substância que cedeu os elétrons passou por uma reação de oxidação.

Essas reações estão envolvidas em uma grande variedade de processos importantes, incluindo a respiração dos animais, a ação de alvejantes e a corrosão e a produção de metais.

Em qualquer reação de oxirredução, tanto a redução quanto a oxidação devem ocorrer simultaneamente.

A transferência de elétrons que ocorre durante as reações redox pode ser utilizada para produzir energia na forma de eletricidade.

▴ A bateria de níquel-cádmio utiliza esses dois reagentes para gerar eletricidade. Essa foi uma das primeiras baterias recarregáveis a serem desenvolvidas para os celulares. Atualmente, utiliza-se a bateria de íon-lítio.

ATIVIDADES

Retomar e compreender

1. Como as reações podem ser classificadas?

2. Escreva as equações químicas balanceadas que representam os fenômenos descritos a seguir e classifique-as em reação de síntese ou de decomposição.
   a) Oxidação da prata (Ag), provocada pela reação do metal com o gás oxigênio do ar (O_2), levando à formação do óxido de prata (Ag_2O).
   b) Aquecimento do clorato de potássio ($KClO_3$), levando à formação do cloreto de potássio (KCl) e do gás oxigênio (O_2).
   c) Formação de água a partir da reação entre os gases hidrogênio e oxigênio.
   d) Aquecimento do carbonato de cálcio ($CaCO_3$), levando à formação do óxido de cálcio (CaO) e do dióxido de carbono (CO_2).

3. A sequência de fotos a seguir retrata o que ocorre quando soluções aquosas de iodeto de potássio (KI) e de nitrato de chumbo (II) ($Pb(NO_3)_2$) são colocadas em contato.

   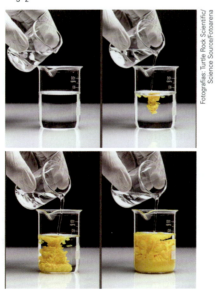

   a) Como os sistemas inicial e final dessa transformação podem ser descritos?
   b) Como essa transformação pode ser classificada?

4. A seguir, são apresentadas as etapas do processo de obtenção de um metal. Ordene-as no caderno.

   I. Dissolução em solventes apropriados.
   II. Reações químicas a altas temperaturas.
   III. Isolamento da substância que contém o metal de interesse.
   IV. Separação do mineral contido nas rochas.

5. Por ser o metal mais utilizado no mundo, o ferro também é o mais reciclado. Sua reciclagem é feita com o derretimento das sucatas de ferro, que são transformadas em barras ou chapas utilizadas para diversas finalidades.
   - Explique por que a reciclagem do ferro é um processo que influi menos no aquecimento global do que a produção desse metal a partir do seu minério.

6. Leia a descrição de uma transformação química e faça o que se pede.

   Quando uma solução aquosa de ácido clorídrico (HCl) é adicionada a outra contendo hidróxido de sódio (NaOH), não são observados indicativos da ocorrência de transformação química no sistema, apesar de ocorrer a formação de cloreto de sódio (NaCl) e de água como produtos.

   Contudo, se um termômetro for mergulhado no sistema, é possível observar alteração na temperatura do sistema durante a transformação.

   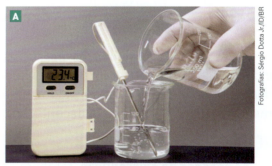

   ▲ (A) Temperatura no início da reação, após adição do reagente. (B) Temperatura depois de transcorrido certo tempo de reação.

a) Que tipo de mudança ocorre com a temperatura do sistema durante o processo?

b) Escreva a equação química que ocorre entre o ácido clorídrico e o hidróxido de sódio.

c) Classifique o processo em endotérmico ou exotérmico. Justifique.

d) O que você imagina que deve ocorrer com a temperatura do sistema algum tempo depois do final da reação? Explique.

7. Leia o texto a seguir e faça o que se pede.

Quando uma tira de magnésio metálico é aproximada de uma chama acesa, é possível observar, quase instantaneamente, um brilho intenso sendo liberado do sistema.

Trata-se da combustão do magnésio (Mg), transformação em que o metal reage com o gás oxigênio (O_2), formando óxido de magnésio (MgO). Durante o processo, além de energia luminosa, ocorre liberação de grande quantidade de calor, o que resulta na elevação da temperatura do sistema.

a) Escreva a equação química balanceada que representa a combustão do magnésio.

b) Classifique a transformação em endotérmica ou exotérmica.

Aplicar

8. A sequência de fotos a seguir mostra o que ocorre quando o sulfato de cobre penta-hidratado (um sal cuja fórmula é representada por $CuSO_4 \cdot 5\ H_2O$) é aquecido.

O fenômeno é representado pela seguinte equação química:

$CuSO_4 \cdot 5\ H_2O\ (s) \rightarrow CuSO_4\ (s) + 5\ H_2O\ (\ell)$

No entanto, quando se adiciona água ao sólido branco obtido, este adquire novamente a coloração azul. E, se colocarmos o sistema onde a reação está ocorrendo em contato com a palma de nossas mãos, detectaremos a elevação da temperatura.

a) Elabore uma legenda para cada imagem apresentada anteriormente.

b) Classifique o processo de aquecimento do sulfato de cobre penta-hidratado em endotérmico ou exotérmico.

c) Escreva a equação química que representa o que ocorre quando água é adicionada ao produto do aquecimento.

d) O processo de adição de água ao sólido branco é classificado em endotérmico ou exotérmico? Justifique.

CAPÍTULO 3
CINÉTICA QUÍMICA

PARA COMEÇAR
Algumas transformações ocorrem muito rapidamente, outras podem levar séculos para ocorrer. Qual é a importância de investigar o tempo que os reagentes levam para que se convertam em produtos?

COMO OCORREM AS REAÇÕES

Compreender como uma reação química ocorre é um importante campo de estudo das ciências e pode ter desdobramentos e aplicações práticas no cotidiano.

As transformações químicas, que acontecem a todo momento ao nosso redor, ocorrem em intervalos de tempo variados. Algumas são muito rápidas, como as reações de neutralização; outras, mais lentas, como a formação de ferrugem sobre a superfície de objetos metálicos ou, até mesmo, a formação do petróleo.

Com base no estudo da rapidez das reações, é possível compreender o que ocorre entre os estados inicial e final em uma transformação química. Para entender melhor o fenômeno, é preciso investigar os fatores que alteram a velocidade de determinada reação.

A **cinética química** é a área do conhecimento da Química que investiga a rapidez com que as transformações se processam. Nessa investigação, observa-se um processo químico, discute-se por que ele ocorre tão rápido ou tão devagar, elaboram-se experimentos e realizam-se medições. O objetivo é elaborar modelos que possam explicar as taxas com que reagentes são convertidos em produtos sob determinadas condições.

▼ O amadurecimento de frutos, como os do café, mostrados na foto, é um conjunto de reações químicas que pode ser observado em determinado intervalo de tempo. A rapidez com que cada amadurecimento ocorre pode ser alterada e influenciada por diferentes fatores.

A RAPIDEZ DAS REAÇÕES QUÍMICAS

Ao longo da história, o ser humano, ainda que intuitivamente, tem executado procedimentos para intervir na rapidez das transformações químicas. Desde a Antiguidade, por exemplo, já se fazia uso de substâncias para preservar os alimentos: adicionavam-se sal à carne e vinagre a pepinos e a outros vegetais.

O desenvolvimento científico e tecnológico possibilitou a produção e a comercialização de inúmeros outros aditivos alimentares – substâncias adicionadas aos alimentos com o objetivo de preservá-los e de melhorar sua qualidade. Aqueles destinados à preservação são utilizados com o objetivo de retardar as transformações químicas que levam à deterioração dos alimentos.

Para poder interferir na rapidez das transformações, seja para acelerá-las, seja para retardá-las, é preciso investigar como as reações se processam, ou seja, o que ocorre entre o estado inicial e o estado final de uma transformação. As transformações pelas quais nosso organismo passa até chegar ao envelhecimento decorrem de reações químicas. Além dos exemplos já citados, a compreensão de diversos processos tem ajudado o ser humano a retardar o aparecimento de doenças associadas ao envelhecimento, aumentando, assim, a qualidade de vida da população.

Nesta coleção, adotou-se a expressão **rapidez de reação** para indicar a quantidade de reagente consumido ou de produto formado em determinado intervalo de tempo.

REAÇÕES EXPLOSIVAS

Uma explosão é provocada por uma reação química que ocorre com grande rapidez. Em geral, as reações explosivas liberam grande quantidade de energia e dão origem a produtos gasosos. A rápida expansão de gases e o calor liberado na reação são responsáveis pela explosão.

As reações explosivas são utilizadas, por exemplo, na construção civil para implodir prédios.

comprimento (fruto): 1,5 cm

FATORES QUE ALTERAM A RAPIDEZ DAS REAÇÕES QUÍMICAS

Para investigar a rapidez das reações, utiliza-se um modelo denominado **teoria das colisões**, cujo princípio básico, como o próprio nome diz, é o de que as partículas precisam colidir umas com as outras para que uma reação química ocorra.

Porém, para que os reagentes sejam convertidos em produtos, é necessário que haja quebras de ligações nos reagentes e a formação de novas ligações nos produtos. Isso significa que não basta a simples colisão entre as partículas; é preciso que ocorra a colisão efetiva, ou seja, a colisão que leva à formação de produtos.

Então, podemos concluir que, quanto maior o número de colisões efetivas, maior a rapidez de determinada reação química.

Acompanhe, a seguir, os fatores que podem aumentar o número de colisões efetivas e, consequentemente, a rapidez das transformações da matéria.

CIDADANIA GLOBAL

PATRIMÔNIO CULTURAL

O patrimônio cultural de uma comunidade é constituído dos bens pertencentes a ela, que podem ser materiais, como prédios, monumentos, objetos, ou imateriais, como a língua, as crenças, os costumes e os saberes.

O trabalho de restauração de objetos antigos revela dados importantes para a compreensão de como vivia certa comunidade em determinada época. Por meio dele, é possível também obter informações sobre os processos relacionados à confecção desses objetos, o que pode evidenciar a cultura, os hábitos e o modo de vida das pessoas que os utilizavam.

- Qual é a importância da preservação e da conservação do patrimônio cultural dos povos tradicionais?

FATORES QUE AFETAM A RAPIDEZ DAS TRANSFORMAÇÕES
- superfície de contato
- concentração dos reagentes
- temperatura
- catalisadores

Superfície de contato

Quando modificamos o formato de um material, alteramos sua **superfície de contato**. Quanto maior for a superfície de contato, mais átomos ou moléculas estarão disponíveis para reagir, o que resultará em um aumento na rapidez da reação. Esse fenômeno é bastante comum no dia a dia e acontece, por exemplo, quando uma pessoa faz churrasco em casa: os grandes pedaços de carvão são quebrados para que a reação de combustão ocorra mais rapidamente. Outro exemplo é o do sabão utilizado em máquinas de lavar, vendido na forma de pequenos grãos, o que possibilita maior eficiência na limpeza das roupas em relação ao sabão vendido em formato de barra.

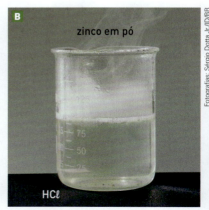

Placa de zinco (**A**) e zinco em pó (**B**) adicionados, ao mesmo tempo, a uma solução aquosa de ácido clorídrico de mesma concentração. Note que a produção de gás e o consumo do metal são mais intensos na reação em que foi adicionado zinco em pó (**B**) do que naquela em que ele está em forma de placa.

Fotografias: Sérgio Dotta Jr./ID/BR

Concentração dos reagentes

O termo **concentração** expressa a razão entre as quantidades de soluto e de solução.

Se adicionarmos duas peças de ferro a duas soluções aquosas de ácido clorídrico (HCl) de mesmo volume, porém com diferentes quantidades de ácido, observaremos que a reação ocorrerá mais rapidamente na solução que contiver maior quantidade de ácido, já que, em geral, quanto maior a concentração dos reagentes, maior a rapidez das transformações.

Segundo a teoria das colisões, o aumento da quantidade de reagentes, mantendo-se constante o volume de solução, deve contribuir para um maior número de colisões efetivas e, consequentemente, reduzir o tempo de reação.

Observe o experimento a seguir.

sulfato de cobre (II) mais concentrado   sulfato de cobre (II) menos concentrado

▲ Dois pregos são mergulhados, ao mesmo tempo, em soluções de sulfato de cobre (II) (fotos **A** e **C**). Após algum tempo, eles são retirados, também ao mesmo tempo. Observe a formação de cobre metálico na superfície dos pregos (fotos **B** e **D**). Perceba que o prego da solução mais concentrada apresenta uma quantidade maior de cobre metálico formado.

Apesar de as duas soluções de sulfato de cobre (II) terem praticamente o mesmo volume, na solução com menos sulfato de cobre (II) por volume de solução, ou seja, na solução mais diluída, há uma quantidade menor de partículas que constituem um dos reagentes da reação. Como a reação depende da interação entre as partículas reagentes, quanto menor a concentração da solução de sulfato de cobre (II), mais lentamente a reação ocorrerá.

Em geral, o aumento da concentração de um dos reagentes propicia maior rapidez da reação química. No entanto, existem situações em que a rapidez de uma reação não depende da concentração dos reagentes.

Temperatura

O processo de cozinhar um alimento ocorre mais rapidamente na panela de pressão porque a água utilizada para cozinhar o alimento atinge temperatura superior à de uma panela convencional. Isso demonstra que a temperatura influencia na rapidez de uma reação, uma vez que o aumento da temperatura causa um aumento na agitação das partículas, permitindo maior número de colisões entre elas.

Para reduzir a velocidade de uma reação – por exemplo, nas reações envolvidas na decomposição de alimentos –, pode-se diminuir a temperatura colocando o alimento na geladeira ou no *freezer*.

▲ Para prolongar ao máximo a conservação de alimentos, é recomendável acondicioná-los no *freezer* ou, então, na prateleira mais alta da geladeira, onde a temperatura é mais baixa. Para frutas e verduras, porém, as prateleiras inferiores são as mais indicadas, pois nelas a temperatura é mais elevada, o que ajuda a preservar as propriedades naturais desses alimentos.

Catalisadores

A água oxigenada comercializada em farmácias é uma solução aquosa de peróxido de hidrogênio, H_2O_2. Na ausência de luz e de impurezas, o H_2O_2 decompõe-se lentamente, segundo a equação:

$$2\ H_2O_2\ (aq) \rightarrow 2\ H_2O\ (\ell) + O_2\ (g)$$

Contudo, se adicionarmos iodeto de potássio ao sistema, a decomposição ocorrerá com maior rapidez, evidenciada pela formação de bolhas. Ao final do processo, é possível recuperar o iodeto de potássio adicionado.

Substâncias com atuação semelhante à do iodeto de potássio, que alteram a rapidez de uma reação e podem ser recuperadas ao final do processo, são denominadas **catalisadores**, e o processo que envolve um catalisador recebe o nome de **catálise**.

Como o catalisador é recuperado ao final do processo, parece que ele não participa da reação, o que não é verdade, uma vez que ele altera a rapidez da reação. Na realidade, os catalisadores sofrem transformações, mas são regenerados ao final do processo.

▲ Modelo de conversor catalítico de aço inoxidável utilizado em automóveis. O conversor contém os catalisadores que promovem a transformação de gases nocivos em outros gases.

> **CATALISADOR DE AUTOMÓVEIS UNE TECNOLOGIA E PREOCUPAÇÃO AMBIENTAL**
>
> [...] [o catalisador automotivo] pode reduzir a emissão de gases poluentes em cerca de 95% a 98%.
>
> [...]
>
> Sem o uso dos catalisadores, a população estará exposta a uma enorme quantidade de gases poluentes, como o monóxido de carbono (CO), e terá uma incidência maior de problemas de saúde, principalmente relacionados ao sistema respiratório. [...]
>
> "[...] Ao atravessar o catalisador automotivo instalado no escapamento do veículo, esses gases tóxicos são convertidos em vapores não tóxicos: nitrogênio (N_2), dióxido de carbono (CO_2) e vapor d'água" – explica Miguel Zoca, gerente sênior [...].
>
> Stephanie Manchado. Catalisador de automóveis une tecnologia e preocupação ambiental. Revista *Meio Filtrante*, n. 100, set./out. 2019. Disponível em: https://www.meiofiltrante.com.br/Artigo/1744/catalisador-de-automoveis-une-tecnologia-e-preocupacao-ambiental. Acesso em: 15 mar. 2023.

ATIVIDADES

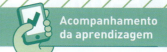

Retomar e compreender

1. Quais são os fatores que alteram a velocidade de uma reação química?

2. Explique por que os alimentos armazenados no *freezer* ou no congelador apresentam validade maior do que aqueles armazenados na geladeira.

3. Nas imagens a seguir, as lenhas estão dispostas de forma a produzirem duas fogueiras, lado a lado. Cada fogueira tem a mesma quantidade e o mesmo tipo de lenha.

- Em qual delas a rapidez da combustão da lenha será maior? Justifique sua resposta.

4. Ao nível do mar, a água ferve a 100 °C. Nessas condições, um ovo é cozido em aproximadamente 5 minutos. No pico do monte Everest (8 848 m), a água ferve a 70 °C.
   - Em qual situação o tempo de cozimento do mesmo ovo será maior, considerando que a quantidade de calor fornecida é a mesma? Explique seu raciocínio.

5. Leia o texto a seguir e faça o que se pede.

   Para evitar a deterioração dos alimentos, muitas embalagens são hermeticamente fechadas sob nitrogênio ou uma quantidade de ar muito pequena. Além disso, nos rótulos de diversos produtos alimentícios embalados dessa forma encontramos, frequentemente, as seguintes informações:
   - Validade – 30 dias a contar da data de fabricação, se não for aberto.
   - Após aberto, deve ser guardado em geladeira e consumido em até 5 dias.
   - Contém antioxidante.

   Pode-se dizer que o antioxidante é uma substância, colocada no produto alimentício, que reage "rapidamente" com o oxigênio.

   a) Explique a utilização de antioxidantes nesses alimentos.
   b) Por que o prazo de validade diminui tanto após a abertura da embalagem?
   c) Por que se recomenda guardar o alimento em geladeira depois de aberto?

Aplicar

6. A foto a seguir mostra a parte interna dos catalisadores automotivos.

   - Explique por que a parte interna desse dispositivo apresenta um grande número de canais estreitos por onde passam os gases que saem do motor.

7. Leia o texto e, depois, faça o que se pede.

   Um estudante dividiu um pedaço de palha de aço em três partes iguais e colocou-as em três tubos de ensaio distintos: 1, 2 e 3. Em seguida, adicionou:
   - 20 mL de solução aquosa de ácido clorídrico no tubo 1;
   - 10 mL de solução aquosa de ácido clorídrico e 10 mL de água no tubo 2;
   - 5 mL de solução aquosa de ácido clorídrico e 15 mL de água no tubo 3.

   Em todos os casos, ele acompanhou a reação pela formação de bolhas no sistema, decorrente da liberação de gás hidrogênio (H_2), e pelo aparecimento de coloração esverdeada na mistura reacional, indicativo da formação de cloreto de ferro (II) ($FeCl_2$).

   a) Sabendo que a palha de aço é constituída principalmente de ferro (Fe), escreva a equação química processada.
   b) Que observações o estudante deve ter registrado após esses experimentos? Qual é a explicação para tais observações?
   c) Sugira dois procedimentos que possam resultar no aumento da rapidez da reação no tubo 3.

ATIVIDADES INTEGRADAS

Retomar e compreender

1. Copie o esquema no caderno e classifique as reações químicas.

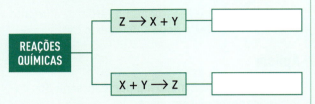

2. O que determina que uma substância seja classificada como um óxido básico?

3. Ao analisar uma solução, um estudante constatou que ela apresentava uma quantidade considerável de íons H⁺ e Cℓ⁻.
   - Nessa condição, a solução é classificada como ácida, básica ou neutra? Justifique sua resposta.

4. Uma solução que contém uma quantidade considerável de íons OH⁻ e Na⁺ pode ser classificada como ácida, básica ou neutra? Justifique sua resposta.

5. Descreva com suas palavras como ocorre o processo de obtenção do ferro.

Aplicar

6. As equações I e II a seguir representam processos distintos.

   I. 2 H₂O (ℓ) → 2 H₂ (g) + O₂ (g)

   II. H₂O (ℓ) → H₂O (g)

   a) Explique os processos representados.
   b) Em qual dos processos ocorre quebra de ligações químicas e rearranjo de átomos?
   c) Classifique os processos em endotérmicos ou exotérmicos.

7. Cloreto de sódio (NaCℓ) pode ser obtido a partir da reação entre sódio metálico (Na) e gás cloro (Cℓ₂), em um processo que ocorre com a liberação de energia térmica e pode ser representado como:

   2 Na (s) + Cℓ₂ (g) → 2 NaCℓ (s)

   a) Classifique as substâncias envolvidas no processo em simples ou compostas.
   b) Como essa reação pode ser classificada?
   c) Para a obtenção de 117 g de cloreto de sódio, são necessários 46 g de sódio e 71 g de gás cloro. Determine a massa de cloreto de sódio que pode ser obtida da reação entre 114 g de sódio e 213 g de cloro.

Analisar e verificar

8. Observe a ilustração e faça o que se pede.

   a) Classifique o processo representado em endotérmico ou exotérmico.
   b) Sabendo que, além dos gases ilustrados no esquema, ao final do processo restará no tubo de ensaio óxido de ferro (III) (Fe₂O₃), escreva a equação química que representa o fenômeno.
   c) A massa de sólido no tubo de ensaio deve variar ou permanecer constante durante a transformação? Justifique.

9. Observe a charge a seguir.

   a) A charge se refere a um fenômeno ambiental resultante de uma situação de intensa poluição atmosférica. Que fenômeno é esse?

b) Quais são as principais causas do fenômeno? Em sua explicação, cite pelo menos duas substâncias responsáveis e sua classificação.

c) Cite as principais consequências decorrentes desse fenômeno.

10. As flores de algumas plantas apresentam colorações distintas, de acordo com o pH do solo em que são cultivadas. As hortênsias (*Hydrangea macrophylla*) apresentam flores em tons de rosa em solos alcalinos, e azuis em solos ácidos.

altura (planta): 1,5 m

a) Um jardineiro adicionou cal virgem (óxido de cálcio) ao canteiro de um jardim. Que coloração as hortênsias cultivadas nesse jardim devem apresentar? Justifique sua resposta.

b) Uma pessoa transferiu hortênsias em tons de rosa de um vaso para o canteiro de sua casa. Observou, após algumas semanas, que as flores haviam se tornado azuis. Como explicar esse fenômeno?

11. Leia o texto a seguir e responda à questão.

Atualmente, existe muita pesquisa para utilizar troncos de árvore como matéria-prima na produção de plásticos e de outros compostos que são, geralmente, provenientes do petróleo.

Para isso, a madeira é cozida em uma mistura de água e álcool a elevadas temperatura e pressão, até que seja quebrada em seus componentes primários, lignina e celulose.

A lignina fica dissolvida no caldo e é extraída em momento posterior, enquanto a celulose permanece sólida. Depois, cada um desses materiais é destinado a outras finalidades, gerando produtos diversos.

- Qual é o método utilizado para separar a lignina da celulose?

12. Leia o texto a seguir e responda à questão.

Emissão de poluentes no ar diminuiu 7% por causa de pandemia

Em 2020 o mundo deu um tempo. Viagens foram canceladas, o *home office* se tornou uma rotina e o isolamento social, uma realidade. O momento introspectivo acabou dando um respiro para quem há muito tempo precisava de ar: o planeta. Segundo levantamento do Projeto Carbono Global, organizado pelas Nações Unidas, a emissão de dióxido de carbono diminuiu 7% mundialmente. Essa foi a maior queda já registrada.

[...]

Por mais que a medida tenha sido benéfica, os cientistas alertam que o isolamento social não é [a] resposta correta para erradicar os danos ao meio ambiente. Eles acreditam que novas formas de trabalho, como as vídeo-chamadas e o *home office*, podem evitar reuniões desnecessárias e viagens que podem ser feitas virtualmente. Segundo as recomendações, a flexibilização do trabalho em casa pode ser uma alternativa viável [para] a redução de poluição.

Juliana Faddul. Emissão de poluentes no ar diminuiu 7% por causa de pandemia. *CNN Brasil*, 11 dez. 2020. Disponível em: https://www.cnnbrasil.com.br/internacional/emissao-de-poluentes-no-ar-diminuiu-7-por-causa-de-pandemia/. Acesso em: 13 mar. 2023.

a) A menor concentração, na atmosfera, do gás citado no texto contribui para a diminuição de um grave problema ambiental. Que problema é esse?

b) A diminuição da circulação de veículos também leva à redução da emissão de dióxido de enxofre (SO_2). Que problema ambiental pode ser atenuado com a redução da produção desse gás?

Criar

13. Represente com desenhos os três fatores que influenciam a rapidez das reações químicas.

97

CIDADANIA GLOBAL
UNIDADE 3

Retomando o tema

Nesta unidade, você estudou a importância de leis que garantem a preservação dos povos tradicionais e da sua cultura, como os povos indígenas brasileiros.

Agora, verifique seus conhecimentos sobre o tema respondendo às questões a seguir.

1. **SABER SER** Elabore argumentos que afirmem a importância da proteção dos povos tradicionais, seus saberes e culturas.

2. Por que podemos afirmar que a preservação do patrimônio cultural vai além da preservação de prédios e artefatos históricos?

3. Qual é o papel da sociedade e do poder público na promoção e no cumprimento de leis e políticas de proteção dos povos tradicionais? Liste aspectos sobre os quais essas leis e políticas devem atuar.

Geração da mudança

Com base nas informações obtidas nesta unidade e na discussão realizada nesta seção, reúnam-se em grupos para fazer uma pesquisa sobre órgãos e instituições relacionadas à preservação das comunidades tradicionais e dos ambientes em que vivem, como a Fundação Nacional dos Povos Indígenas (Funai) e o Instituto Brasileiro do Meio Ambiente e dos Recursos Naturais Renováveis (Ibama).

Concluída a pesquisa, elaborem uma lista de atribuições que são de responsabilidade desses órgãos para a preservação e a proteção dos povos indígenas e das áreas em que eles vivem.

Autoavaliação

ONDAS

UNIDADE 4

PRIMEIRAS IDEIAS

1. Você sabe o que é uma onda? Explique.
2. De que maneira você imagina que o som se propaga?
3. Que fenômenos ópticos podem ocorrer quando a luz atinge um objeto?
4. Como são formadas as diferentes cores que vemos?

Conhecimentos prévios

Nesta unidade, eu vou...

CAPÍTULO 1 — Introdução ao estudo das ondas

- Entender o conceito de onda e perceber a propagação de energia como sua principal característica.
- Compreender algumas propriedades das ondas.
- Analisar o espectro eletromagnético, percebendo as diferentes aplicações das ondas eletromagnéticas.
- Relacionar ondas mecânicas com o transporte de energia mecânica.

CAPÍTULO 2 — Som

- Entender que a onda sonora é uma onda mecânica.
- Diferenciar ultrassom de infrassom.
- Compreender o que é intensidade, timbre e altura de uma onda sonora.
- Perceber que a poluição sonora pode causar problemas de saúde.
- Estudar as características das ondas sonoras por meio de experimento.

CAPÍTULO 3 — Luz

- Reconhecer a luz como uma onda eletromagnética.
- Identificar os princípios de propagação da luz.
- Analisar fenômenos ópticos cotidianos: reflexão, refração, dispersão e absorção.
- Relacionar luz e cor.
- Reconhecer o desenvolvimento científico como um processo contínuo em que diversas pessoas colaboram.

CIDADANIA GLOBAL

- Compreender a importância da inclusão e da acessibilidade das pessoas com deficiência.
- Compreender a importância das leis que garantem a acessibilidade para pessoas com deficiência.
- Identificar tecnologias que promovem a acessibilidade para pessoas com deficiência.

LEITURA DA IMAGEM

1. O que mais chamou sua atenção nesta foto?
2. Você já viu algum símbolo parecido com o que aparece na foto? Onde?
3. Qual é a relação que esse símbolo pode ter com ondas visíveis?

CIDADANIA GLOBAL

11 CIDADES E COMUNIDADES SUSTENTÁVEIS

Ao ser escaneado com o celular, o símbolo colorido mostrado na foto inicia a reprodução de um áudio no aparelho com informações sobre o local para pessoas cegas ou com baixa visão. No caso desta foto, o áudio informará à pessoa que ela se encontra em uma estação de metrô.

- Qual é a importância de haver espaços públicos adequados para receber todos os cidadãos, incluindo pessoas com deficiência visual ou auditiva?

Veja **inovação em inclusão** e cite quais são as novas tecnologias que auxiliam a inclusão de pessoas com deficiência.

Alexandros Michailidis/Shutterstock.com/ID/BR

Código NaviLens em uma estação do metrô em Barcelona, Espanha. Foto de 2021.

101

CAPÍTULO 1
INTRODUÇÃO AO ESTUDO DAS ONDAS

PARA COMEÇAR

Quando pensamos em ondas, uma das primeiras imagens que nos vem à mente são as ondas do mar. Você conhece outros tipos de onda?

ONDAS

A energia pode ser transportada e armazenada de diversos modos. A energia química, por exemplo, fica armazenada nos alimentos, nos combustíveis ou nas pilhas e baterias e pode ser transferida para outros corpos.

E no caso da energia solar? Como ela atravessa o espaço e chega à Terra? A energia do Sol é levada de um ponto a outro do espaço sem que seja transportada pela matéria e sem transportar matéria entre esses dois pontos. Esse transporte de energia é realizado por ondas.

Uma **onda** é uma perturbação realizada em um ponto qualquer do espaço e que se propaga para outro local transportando energia sem, no entanto, transportar matéria.

As ondas estão muito presentes em nosso cotidiano. Ouvimos música por meio das ondas sonoras; enxergamos os objetos por causa das ondas luminosas; podemos aquecer alimentos e nos comunicar por celular utilizando micro-ondas; assistimos à TV graças às ondas de rádio.

perturbação: nesse caso, ato ou efeito de provocar uma alteração nas características de um meio físico.

▼ Cada gota que cai na superfície da água gera uma onda. Essa onda resulta de uma perturbação na superfície, que se propaga na forma de uma circunferência cada vez maior, até se tornar imperceptível aos nossos olhos.

PULSO DE ONDA E ONDA PERIÓDICA

O princípio da conservação de energia diz que a energia não pode ser criada nem destruída, apenas transformada. Assim, poderíamos perguntar: De onde vem, então, a energia que a onda transporta? Em outras palavras, qual é a fonte de energia de uma onda?

Uma pedra ou uma gota de chuva que cai em um lago perturba a superfície da água e funciona como fonte de energia, transferindo energia mecânica (proveniente dessa queda) para a água e produzindo um pulso. É essa energia adquirida pela água que será transportada pela onda. Dessa forma, um **pulso de onda** é uma perturbação de curta duração.

A **onda periódica** é uma sucessão de pulsos regulares resultantes da ação de uma fonte que oscila em intervalos de tempo iguais.

PARA EXPLORAR

Museu da Ciência (PB)
O Museu da Ciência apresenta diversos laboratórios, como os de Astronomia, Física e Química. Mostras com experimentos científicos são encontradas em um espaço interativo.
Informações: ebcartes@joaopessoa.pb.gov.br
Localização: Rua Diógenes Chianca, 1777 – Água Fria – João Pessoa (PB).

◀ **(A)** Se a extremidade de uma corda que tem a outra extremidade presa a um ponto fixo – uma parede, por exemplo – é balançada para cima e para baixo, forma-se um pulso. O movimento da mão produz o pulso e fornece energia para a onda, que, por sua vez, se propaga ao longo da corda. **(B)** Se a mão movimentar várias vezes a corda, de modo regular, haverá a formação de uma onda periódica. (Representações sem proporção de tamanho e distância entre os elementos e em cores-fantasia.)

ONDAS TRANSVERSAIS E LONGITUDINAIS

Quando uma onda vibra na direção perpendicular de sua propagação, ela é denominada **onda transversal**. São exemplos as ondas produzidas em uma corda, as ondas na superfície da água e as ondas luminosas.

Quando uma onda vibra na mesma direção de sua propagação, ela recebe o nome de **onda longitudinal**. São exemplos as ondas sonoras e as ondas sísmicas primárias (provocadas por terremotos).

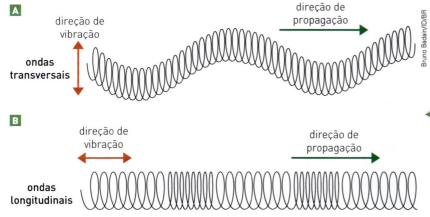

◀ As ondas produzidas em uma mola esticada (como mostram as figuras) podem vibrar perpendicularmente à direção de sua propagação **(A)** ou na mesma direção dela **(B)**. (Representações sem proporção de tamanho e distância e em cores-fantasia.)

CARACTERÍSTICAS DE UMA ONDA

Duas características comuns a todo tipo de onda são sua amplitude e sua velocidade de propagação.

AMPLITUDE

A **amplitude** (**A**) é a medida da altura da onda em relação à sua posição de equilíbrio (antes de sua passagem). Ela é determinada pelo movimento da fonte que a produz.

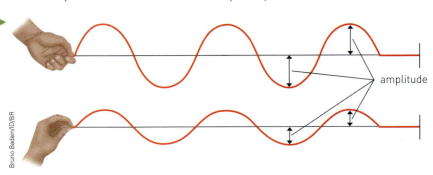

Quanto maior a amplitude, maior a energia transportada pela onda. (Representações sem proporção de tamanho e em cores-fantasia.)

Em uma onda existem pontos em que a amplitude é máxima. Esses pontos podem estar acima ou abaixo da posição de equilíbrio (aquela anterior à passagem da onda). Os pontos mais altos da onda são denominados **cristas**, e os pontos mais baixos da onda (também de amplitude máxima) são chamados **vales**.

▲ Representação de crista e vale em uma onda. (Representação sem proporção de tamanho e distância entre os elementos e em cores-fantasia.)

Nas ondas mecânicas a amplitude está relacionada com a quantidade de energia transportada pela onda: quanto maior a amplitude, maior a energia transportada.

VELOCIDADE DE PROPAGAÇÃO

A **velocidade de propagação** de uma onda coincide com a velocidade de propagação de um de seus pulsos. Para defini-la, divide-se o deslocamento escalar (Δs) do pulso pelo intervalo de tempo (Δt) gasto para o pulso percorrer o trajeto. Isso pode ser representado pela seguinte equação:

$$v = \frac{\Delta s}{\Delta t}$$

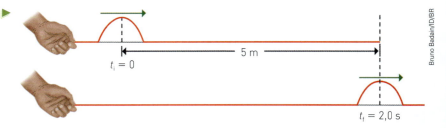

A velocidade de uma onda pode ser calculada com base em um pulso qualquer. No caso mostrado na figura, a velocidade da onda é 2,5 m/s. (Representações sem proporção de tamanho e distância entre os elementos e em cores-fantasia.)

vácuo: região do espaço que, por convenção, não contém matéria (o vácuo absoluto não existe; é, na realidade, uma região de gás muito rarefeito e de baixíssima pressão).

A velocidade de propagação de uma onda depende de vários fatores, em especial das características do meio material no qual ela se propaga. No vácuo, todas as ondas eletromagnéticas se propagam à velocidade constante de, aproximadamente, 300 000 km/s.

CARACTERÍSTICAS DA ONDA PERIÓDICA

Além da amplitude e da velocidade de propagação, as ondas periódicas também podem ser caracterizadas pela frequência, pelo período e pelo comprimento de onda.

FREQUÊNCIA E PERÍODO

A frequência é estabelecida pelo número de vezes que um fenômeno ocorre em determinado intervalo de tempo. A frequência cardíaca, por exemplo, é determinada pelo número de vezes que o coração bate em certo intervalo de tempo (geralmente usa-se o minuto para essa medida). O intervalo de tempo necessário para um único batimento do coração é denominado período do batimento cardíaco.

No caso das ondas periódicas, a **frequência (f)** de uma onda é a medida do número de pulsos produzidos pela fonte por intervalo de tempo, o que corresponde ao número de cristas ou vales que passam por determinado ponto por segundo. O **período (T)** de uma onda é definido como o intervalo de tempo entre a passagem de duas cristas ou dois vales consecutivos pelo mesmo ponto do espaço.

Tanto a frequência como o período de uma onda periódica são os mesmos da fonte que a produz. No Sistema Internacional de Unidades (SI), o período é medido em segundos (s), e sua frequência, em ciclos por segundo ou, simplesmente, hertz (Hz). Podemos representar o período (T) como o inverso da frequência (f) por meio da equação:

$$T = \frac{1}{f}$$

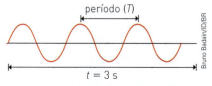

▲ Nesse exemplo, a frequência (f) é de 1 pulso por segundo. O período (T) é o intervalo de tempo entre duas cristas. (Representação sem proporção de tamanho e distância entre os elementos e em cores-fantasia.)

Assim, se a frequência de uma onda de rádio é 500 kHz (500 000 Hz), então seu período será:

$$T = \frac{1}{500\,000}$$

Ou seja, 0,000002 segundo (2 milésimos do milésimo de 1 segundo).

COMPRIMENTO DE ONDA

O **comprimento de onda**, representado pela letra grega λ (lambda), pode ser obtido medindo-se a distância entre duas cristas ou entre dois vales consecutivos de uma mesma onda.

Com base no comprimento de onda (λ) e no período (T) ou na frequência (f), é possível calcular a velocidade de propagação (v) da onda periódica:

$$v = \frac{\lambda}{T} \text{ ou } v = \lambda \cdot f$$

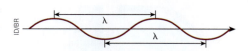

▲ O comprimento de onda pode ser compreendido como a distância entre dois pontos consecutivos de amplitude máxima de uma onda periódica. (Representação sem proporção de tamanho e distância entre os elementos e em cores-fantasia.)

Ondas eletromagnéticas

As **ondas eletromagnéticas** se formam quando um elétron, ou qualquer outra partícula carregada eletricamente, realiza um movimento oscilatório, produzindo, assim, uma onda periódica. Elas se propagam tanto em meios materiais quanto no vácuo.

O conjunto formado pelos tipos de onda eletromagnética é chamado de **espectro eletromagnético**.

Quanto maior o comprimento de onda, menor a frequência e menor a energia que a onda transporta e vice-versa. Isso é o que determina as características e as aplicações de uma onda eletromagnética. Enquanto as ondas de rádio podem ter dezenas de metros de comprimento ou mais (como a largura de um grande edifício), os raios gama têm comprimento menor que o de um átomo!

Micro-ondas

São as ondas usadas na telefonia celular e na transferência dos dados de internet móvel. Radares e fornos de micro-ondas também usam ondas dessa faixa do espectro.

As ondas de um forno de micro-ondas vibram na mesma frequência das moléculas de água. O efeito vibratório nas moléculas de água provoca o atrito entre elas, gerando calor e esquentando o alimento.

Ondas de rádio — Micro-ondas — Raios infravermelhos

10^3 Edifício 10^2 10^1 Compasso 10^0 10^{-1} 10^{-2} Fio de cabelo (fragmento ampliado) 10^{-3}

O gráfico mostra o comprimento de onda (em centímetro) em cada faixa do espectro eletromagnético.

Ondas de rádio

Os programas de rádio ou de TV são transportados por ondas desse tipo. As ondas de rádio apresentam os maiores comprimentos de onda do espectro, podendo chegar a milhares de quilômetros.

Raios infravermelhos

Devido às suas propriedades térmicas, são utilizados em tratamentos fisioterápicos, que visam relaxar a musculatura pelo calor. Esse tipo de onda é também muito utilizado em sistemas eletrônicos, como internet sem fio, controles remotos e sensores de segurança e presença em portas automáticas.

Todo corpo com temperatura acima de zero Kelvin é um emissor de ondas infravermelhas. A imagem da menina bebendo água mostra as diferenças de emissão de raios infravermelhos: as áreas mais quentes estão em branco e em tons de vermelho e amarelo; as áreas mais frias, em tons de verde e azul.

Uma onda de rádio FM tem, aproximadamente, 3 metros de comprimento.

Interaja com o **espectro eletromagnético**.

Luz visível
A luz visível corresponde a um pequeno trecho do espectro eletromagnético que inclui as ondas com comprimento entre 380 e 780 nanômetros*.

* 1 nanômetro é a bilionésima parte de 1 metro.

Cada cor que percebemos corresponde a um comprimento de onda do espectro eletromagnético.

Os raios gama são as ondas do espectro que carregam a maior quantidade de energia. Em geral, eles provêm de reações nucleares, como aquelas que ocorrem durante a explosão de uma estrela.

Raios gama
Transportam grande quantidade de energia (10 mil vezes mais que a luz, por exemplo). Por isso, podem causar danos às células dos seres vivos. De forma controlada, são úteis no tratamento de tumores (radioterapia) e na esterilização de frutas e de outros alimentos.

| Luz visível | Raios ultravioleta | Raios X | Raios gama |

10^{-4} Vírus da herpes 10^{-5} 10^{-6} 10^{-7} 10^{-8} Átomo 10^{-9} 10^{-10}

Raios ultravioleta
Constituem parte das ondas eletromagnéticas emitidas pelo Sol. Devido às altas quantidades de energia que transportam, os raios ultravioleta (UV) são utilizados, por exemplo, para eliminar microrganismos que podem estragar frutos.

A atmosfera absorve apenas uma parte dos raios UV, que podem provocar queimaduras e até a formação de tumores. Recomenda-se o uso de protetor solar e de óculos com proteção UV.

Raios X
São ondas curtas com energia suficiente para atravessar vários tipos de material, como os tecidos do corpo humano, sendo, contudo, absorvidas por outros materiais, como os ossos. Por isso, as ondas de raios X são muito utilizadas na medicina para produzir imagens do interior do corpo.

◀ Representações sem proporção de tamanho e em cores-fantasia.

Fontes de pesquisa: Rebecca Warren (ed.). *Smithsonian knowledge encyclopedia* (tradução nossa: Enciclopédia do conhecimento Smithsonian). New York: Dorling Kindersley/Smithsonian Institution, 2013. p. 222-223; Universidade de Rochester. The electromagnetic spectrum (tradução nossa: O espectro eletromagnético). Disponível em: http://www.pas.rochester.edu/~blackman/ast104/spectrum.html. Acesso em: 10 maio 2023.

ONDAS MECÂNICAS

As **ondas mecânicas** transportam principalmente energia mecânica. Elas precisam de um meio material para se propagar, portanto, não se propagam no vácuo.

Muitos fenômenos naturais e situações do cotidiano têm relação com ondas mecânicas. Um terremoto ocorre quando ondas mecânicas, chamadas de **ondas sísmicas**, se propagam na crosta terrestre.

Os instrumentos musicais geram ondas mecânicas graças a vibração de alguma de suas partes. Em um violão, por exemplo, quando vibramos suas cordas, produzimos ondas mecânicas no ar conhecidas como **ondas sonoras**, que chegam a nossas orelhas e nos permitem identificar as melodias que estão sendo tocadas.

▲ Os sons produzidos pelas cordas de um violão são exemplos de ondas mecânicas.

As ondas formadas na superfície de um lago por gotas de chuva e as ondas do mar também são ondas mecânicas. As ondas do mar, no entanto, deixam de ser consideradas ondas quando quebram, pois, nesse momento, passam também a transportar massa (a água que se desloca).

▲ As ondas mecânicas transportam apenas energia. Por isso, na arrebentação usada por um surfista, a onda do mar não é considerada uma onda mecânica.

CIDADANIA GLOBAL

TECNOLOGIA EM PROL DA URBANIZAÇÃO INCLUSIVA

Para muitas pessoas cegas ou com baixa visão, a simples ação de atravessar uma rua pode ser considerada um desafio. Com o intuito de garantir uma travessia segura para essas pessoas, a cidade de Blumenau (SC), pela Lei Municipal n. 5552/2000, tornou obrigatória, desde o ano 2000, a instalação de sonorizadores para orientação junto aos semáforos onde estejam localizadas faixas de segurança para a travessia de pedestres nas vias públicas municipais.

1. Qual é o papel do Estado na implementação de ações que garantam a acessibilidade e a mobilidade das pessoas com deficiência?

2. Pesquise na internet como funciona esse tipo de sinalização sonora para a travessia de pessoas cegas ou com baixa visão. Busque outros dispositivos que auxiliem a inclusão de pessoas com deficiência em espaços públicos.

108

ATIVIDADES

Acompanhamento da aprendizagem

Retomar e compreender

1. O esquema a seguir representa o espectro eletromagnético. Analise-o e faça o que se pede.

   a) Indique a frequência e o tamanho aproximado do comprimento de onda utilizado no funcionamento de telefones celulares.

   b) Como as ondas de rádio e as ondas de luz visível podem ser diferenciadas?

Aplicar

2. As ondas de rádio transmitem o sinal de uma estação transmissora até os aparelhos de rádio, que captam seu sinal e produzem o som que podemos ouvir. Essas ondas de rádio são ondas sonoras?

3. A figura a seguir mostra uma onda em dado momento. Sabendo que ela se desloca com velocidade de 2 cm/s e que o lado de cada quadrado corresponde a 1 cm, responda ao que se pede.

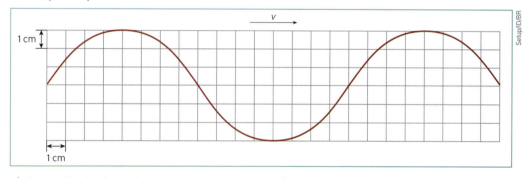

   a) A amplitude da onda.
   b) O comprimento da onda.
   c) O período e a frequência da onda.

Analisar e verificar

4. No início da pandemia de covid-19, em 2020, alguns estabelecimentos passaram a medir a temperatura das pessoas, para barrar a entrada daquelas que apresentassem estado febril (acima de 37,5 °C). Para essa medição, utilizava-se um termômetro digital infravermelho, que é capaz de indicar a temperatura sem a necessidade de contato físico e de forma imediata ao ser apontado para a testa da pessoa. Mas, em seguida, começaram a ser divulgadas notícias, especialmente em redes sociais e aplicativos de mensagem, de que esse procedimento faria mal à saúde, causando câncer no cérebro.

   - Pesquise na internet como funciona esse tipo de termômetro. Em seguida, realize outra busca em *sites* confiáveis e explique, com argumentos científicos, que as notícias que relacionam o uso desse tipo de termômetro ao aparecimento de câncer no cérebro são *fake news*.

109

CAPÍTULO 2
SOM

PARA COMEÇAR

As ondas mecânicas, como as ondas do mar, precisam de um meio material para se propagar. Em que tipo de meio as ondas sonoras se propagam?

ENERGIA SONORA

Conversas, músicas e ruídos, em geral, são fontes de um tipo bastante familiar de energia: a **energia sonora** ou **som**. A influência dos sons na vida moderna é muito grande. Muitas pessoas se informam ouvindo noticiários. Milhões frequentam espetáculos de música a cada ano. E a maior parte das formas de comunicação a distância entre pessoas, como falar ao telefone ou por videochamadas, envolve som.

Embora a maioria das pessoas já nasça com a capacidade de ouvir, o desenvolvimento da percepção e do reconhecimento do som é um processo biológico e cultural lento e contínuo. À medida que envelhecemos, nossa capacidade de produzir e ouvir sons diminui, dificultando a fala e a audição.

O som também está relacionado a um dos problemas das grandes cidades: a poluição sonora, resultante do excesso de ruído. Por não deixar resíduos visíveis, esse tipo de poluição costuma ser negligenciado, mas a exposição repetida ao excesso de ruído pode prejudicar a saúde das pessoas.

▼ O uso de britadeiras é uma das fontes de poluição sonora em ambientes urbanos.

INFRASSOM E ULTRASSOM

O som audível pelo ser humano é uma onda mecânica cuja frequência varia entre 20 Hz (limiar inferior) e 20 000 Hz (limiar superior).

As ondas mecânicas e longitudinais com frequências inferiores a 20 Hz são chamadas de **infrassons** (ou ondas infrassônicas). As ondas que apresentam frequência superior a 20 000 Hz são denominadas **ultrassons** (ou ondas ultrassônicas). Essas ondas não são audíveis pelos seres humanos.

As ondas infrassônicas são produzidas, por exemplo, por um abalo sísmico ou pelos ventos. Morcegos, baleias e golfinhos são exemplos de animais que conseguem produzir e perceber as ondas ultrassônicas.

Várias aplicações tecnológicas vêm sendo desenvolvidas para o ultrassom, como os sistemas de localização de embarcações, a detecção de defeitos em peças de máquinas, a aceleração de reações químicas, entre outras.

> **SOM NO ESPAÇO**
>
> Embora o som não se propague no vácuo, é possível conversar com os astronautas no espaço porque as ondas de rádio, utilizadas na comunicação, são eletromagnéticas (propagam-se no vácuo).
>
> Assim, os astronautas comunicam-se com a Terra de forma semelhante à nossa comunicação com uma estação de rádio: por meio de ondas eletromagnéticas, microfones e alto-falantes conectados entre si.

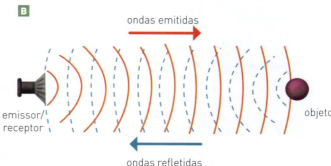

Na medicina, utiliza-se o ultrassom para realizar imagens do interior do corpo por meio de exames de ultrassonografia, muito empregados, por exemplo, para acompanhar o desenvolvimento de fetos.

▲ **(A)** O ultrassom é utilizado nos sonares de navios e submarinos para detectar obstáculos e outras embarcações (o cone laranja é uma representação do ultrassom, pois ele não é visível na realidade). **(B)** Esquema simplificado de funcionamento de um sonar: a onda emitida reflete no fundo do oceano ou em obstáculos e retorna ao barco; com isso, é possível saber a que distância do barco eles estão. (Representações sem proporção de tamanho e distância e em cores-fantasia.)

◀ Imagem de feto humano em útero, obtida por meio de ultrassom em 3-D (três dimensões). Um aparelho emite ondas ultrassônicas, e as ondas refletidas retornam ao equipamento, onde são gravadas e usadas para a obtenção da imagem do feto no útero. (Imagem colorizada.)

VELOCIDADE DO SOM EM DIFERENTES MEIOS	
Meio	Velocidade (m/s)
Água (ℓ)	1 450
Alumínio (s)	5 100
Ar	340
Cobre (s)	3 560
Ferro (s)	5 130
Granito	6 000
Hidrogênio (g)	1 286

Fonte de pesquisa: Robert Resnick; David Halliday. *Física*. 4. ed. Rio de Janeiro: LTC, 1984. v. 2. p. 142.

VELOCIDADE DO SOM

A **velocidade do som** varia de um meio (sólido, líquido ou gasoso) para outro. Ela também pode sofrer alteração em um mesmo meio, dependendo de fatores como temperatura, pressão e densidade.

Em geral, o som se propaga mais rapidamente nos meios mais densos e mais lentamente nos meios menos densos. Nos sólidos, as moléculas estão mais próximas entre si que nos líquidos e, nestes, mais próximas que nos gases, o que favorece a troca de energia cinética entre as moléculas. Por isso, a velocidade do som costuma ser maior nos sólidos que nos líquidos e maior nos líquidos que nos gases.

A tabela mostra a velocidade de propagação do som em diferentes meios.

VELOCIDADE *MACH*

A velocidade de propagação do som no ar se tornou um padrão de velocidade chamado *mach* (um *mach* = uma vez a velocidade de propagação do som no ar = 340 m/s). O primeiro voo a ultrapassar a velocidade do som no ar ocorreu na década de 1950. Atualmente, o carro mais rápido do mundo pode desenvolver pouco mais de *mach* 1, e um avião supersônico pode voar a *mach* 2,5 (850 m/s).

ECO

O **eco** é um som que pode ser ouvido, por reflexão, após a produção do som original. A orelha humana só percebe dois sons idênticos distintamente se o intervalo de tempo entre a recepção desses sons for de, no mínimo, 1 décimo de segundo (0,1 s). Assim, o eco só acontece se a distância entre a origem do som e o obstáculo em que ele reflete for de, no mínimo, 17 metros.

Alguns animais, como morcegos, utilizam o eco para se localizar no ambiente e detectar obstáculos, presas e predadores.

▲ Avião supersônico quebrando a barreira do som. A nuvem que observamos é formada pela queda na pressão do ar na região, o que provoca a condensação do vapor de água.

SOM E LOCALIZAÇÃO

As orelhas situam-se em posições opostas na cabeça. Quando alguém nos chama, o som alcança a orelha mais próxima da fonte sonora um pouco antes e com intensidade levemente maior. O cérebro, então, localiza a origem do som ao reconhecer as pequenas diferenças de duração e de intensidade sonora entre as orelhas. Essas diferenças são traduzidas pelo cérebro, permitindo o reconhecimento da direção do som.

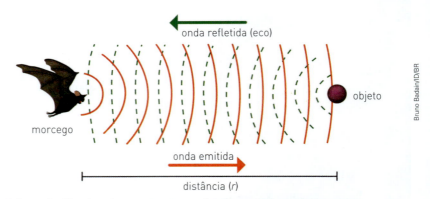

▲ O eco é utilizado pelos morcegos para localizar objetos próximo a eles. (Representação sem proporção de tamanho e distância entre os elementos e em cores-fantasia.)

CARACTERÍSTICAS DA ONDA SONORA

Os sons podem ser caracterizados por sua intensidade, seu timbre e sua altura.

A **intensidade** do som permite distinguir sons fortes de sons fracos. A **altura** do som determina se ele é grave, agudo ou médio. O **timbre** é o que permite identificar a natureza específica da fonte sonora, ou seja, se o som está sendo emitido por uma determinada pessoa, por um dado animal, por um objeto (piano ou violão), etc.

LIMIAR DA AUDIÇÃO E LIMITE DA DOR

É necessária uma energia mínima, denominada limiar da audição, para que o aparelho auditivo seja sensibilizado e vibre. Ele também suporta uma energia máxima, chamada limite da dor. Acima desse limite, passamos a sentir sensações desconfortáveis.

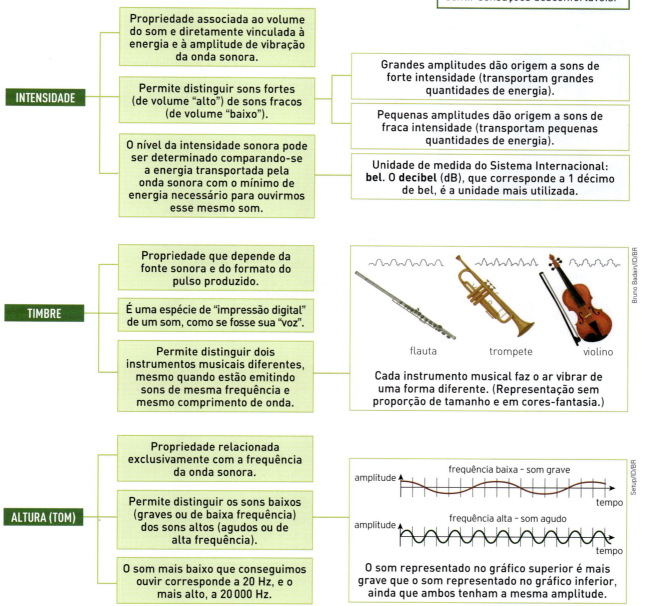

INTENSIDADE
- Propriedade associada ao volume do som e diretamente vinculada à energia e à amplitude de vibração da onda sonora.
- Permite distinguir sons fortes (de volume "alto") de sons fracos (de volume "baixo").
- O nível da intensidade sonora pode ser determinado comparando-se a energia transportada pela onda sonora com o mínimo de energia necessário para ouvirmos esse mesmo som.
  - Grandes amplitudes dão origem a sons de forte intensidade (transportam grandes quantidades de energia).
  - Pequenas amplitudes dão origem a sons de fraca intensidade (transportam pequenas quantidades de energia).
  - Unidade de medida do Sistema Internacional: **bel**. O **decibel** (dB), que corresponde a 1 décimo de bel, é a unidade mais utilizada.

TIMBRE
- Propriedade que depende da fonte sonora e do formato do pulso produzido.
- É uma espécie de "impressão digital" de um som, como se fosse sua "voz".
- Permite distinguir dois instrumentos musicais diferentes, mesmo quando estão emitindo sons de mesma frequência e mesmo comprimento de onda.

flauta trompete violino

Cada instrumento musical faz o ar vibrar de uma forma diferente. (Representação sem proporção de tamanho e em cores-fantasia.)

ALTURA (TOM)
- Propriedade relacionada exclusivamente com a frequência da onda sonora.
- Permite distinguir os sons baixos (graves ou de baixa frequência) dos sons altos (agudos ou de alta frequência).
- O som mais baixo que conseguimos ouvir corresponde a 20 Hz, e o mais alto, a 20 000 Hz.

O som representado no gráfico superior é mais grave que o som representado no gráfico inferior, ainda que ambos tenham a mesma amplitude.

VARIAÇÃO DA ENERGIA SONORA

A energia sonora varia em função da distância da fonte. À medida que a onda sonora se afasta da fonte, sua energia se dispersa no espaço, o que diminui a amplitude da onda. Por isso, escutamos melhor quanto mais perto estivermos da fonte.

FALA E AUDIÇÃO

A **fala** é um processo complexo que envolve a movimentação de músculos da mandíbula, lábios, língua e laringe.

Inicialmente, os pulmões se enchem de ar. Depois, esse ar é forçado a subir pela traqueia até chegar à laringe, onde passa pelas pregas vocais. O fluxo de ar que passa por essas pregas faz com que elas vibrem e produzam sons. A boca, os lábios, a língua e os dentes completam o aparelho sonoro, modificando o timbre e amplificando os sons. A cavidade nasal contribui para amplificar os sons vindos diretamente da laringe.

Na **audição**, as ondas sonoras entram pela orelha, chegam ao canal auditivo e fazem vibrar a membrana timpânica; as vibrações emitidas por essa membrana são transformadas, na orelha interna, em impulsos nervosos, que são enviados para o cérebro.

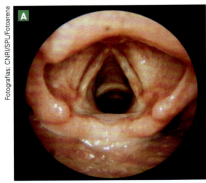
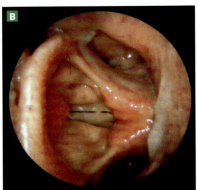

▲ **(A)** Pregas vocais abertas; **(B)** pregas vocais fechadas.

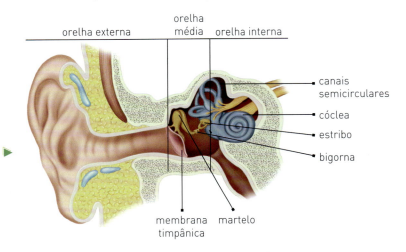

Estrutura da orelha humana em corte. (Representação sem proporção de tamanho e em cores-fantasia.)

Fonte de pesquisa: Gerard J. Tortora; Sandra R. Grabowski. *Corpo humano*: fundamentos de anatomia e fisiologia. 8. ed. Porto Alegre: Artmed, 2012. p. 315.

Assista a **música para surdos** e avalie a importância de as pessoas surdas poderem aprender música.

CIDADANIA GLOBAL

SERVIÇO PÚBLICO PRECISA TER INTÉRPRETE EM LIBRAS

Repartições públicas, empresas concessionárias de serviços públicos e instituições financeiras precisam oferecer atendimento especializado a quem se comunica pela língua brasileira de sinais (Libras). É o que estabelece o PLS [Projeto de Lei do Senado] 155/2017, confirmado em turno suplementar [...] pela Comissão de Direitos Humanos e Legislação Participativa (CDH). A proposta segue para votação da Câmara, se não houver recurso para análise em Plenário.

[...] a oferta de Libras nos órgãos públicos reduz as barreiras na comunicação que impedem as interações sociais das pessoas com deficiência e as privam de exercer direitos perante órgãos públicos e outras instituições.

[...]

Serviço público precisa ter intérprete em Libras, determina projeto aprovado na CDH. *Senado Notícias*, 26 set. 2019. Disponível em: https://www12.senado.leg.br/noticias/materias/2019/09/26/servico-publico-precisa-ter-interprete-em-libras-diz-projeto-aprovado-na-cdh. Acesso em: 11 maio 2023.

▪ Qual é a importância de leis que garantam o acesso de pessoas com deficiência a órgãos e departamentos públicos e a outras instituições?

PRÁTICAS DE CIÊNCIAS

Investigando as ondas sonoras em uma garrafa

Você viu que as ondas sonoras têm diversas características. Algumas delas podem ser estudadas na realização deste **experimento**.

Material

- 1 garrafa PET (de paredes lisas)
- 1 tampa de qualquer recipiente, com diâmetro adequado para encaixá-la na parte interna da garrafa
- prego e martelo
- 1 pedaço de madeira com cerca de 10 cm de comprimento (será usado como cabo)
- tesoura com pontas arredondadas
- fita adesiva (se necessário)

ATENÇÃO
Cuidado ao manipular o material, a fim de evitar lesões.

Como fazer

Montando o experimento

1. Com o auxílio do professor, corte o fundo da garrafa. Cuidado para não se ferir com as bordas.
2. O professor vai pregar o pedaço de madeira na parte central e interna da tampa, como se fosse um cabo. Se for preciso manipular o prego, faça-o com cuidado, para evitar ferimentos.
3. Verifique se a tampa tem bom encaixe na parte interna da garrafa – o encaixe ideal é aquele que não permite a passagem de ar.
4. Encaixe a tampa com o cabo de madeira na parte interna da garrafa. Caso a tampa fique frouxa, cole fita adesiva ao redor dela até atingir o ajuste adequado, mas sem fixá-la à parede da garrafa.

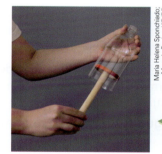

◀ Exemplo de experimento montado.

Executando o experimento

1. Assopre perpendicularmente na boca da garrafa até atingir um som claro e nítido.
2. Usando o cabo de madeira, varie a posição da tampa dentro da garrafa (para cima e para baixo) enquanto você assopra.
3. Compare os sons produzidos com essas variações.

Para concluir

1. Ao assoprar dentro da garrafa, o que acontece com o som à medida que você sobe a tampa? E quando você desce a tampa?
2. Elabore uma hipótese que explique por que isso acontece.
3. Quais características das ondas sonoras você pôde estudar neste experimento?

ATIVIDADES

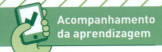

Retomar e compreender

1. Qual é a menor frequência que pode ser ouvida pelos seres humanos?

2. Qual é a diferença entre ultrassom e infrassom?

3. Lembrando das características das ondas mecânicas, relacione adequadamente os itens **A**, **B** e **C** aos itens listados por algarismos romanos.

   A) intensidade
   B) timbre
   C) altura

   I. formato do pulso
   II. frequência
   III. amplitude
   IV. volume
   V. grave/agudo

4. Qual é a diferença entre altura e intensidade do som?

5. Uma motocicleta com o escapamento furado produz um ruído mais forte que outra com o escapamento bem conservado.
   - Qual é a característica do som envolvida nessa diferença? Explique sua resposta.

6. O gráfico a seguir mostra a variação do volume de determinada massa de água em função da temperatura.

   ■ **Volume de água em função da temperatura**

   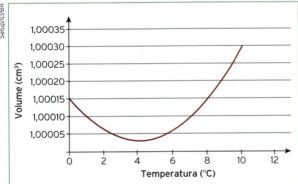

   Fonte de pesquisa: David R. Lide. *CRC Handbook of Chemistry and Physics* (tradução nossa: Manual de Química e Física CRC). 87. ed. Boca Raton: CRC Press, 2007.

   - Em qual temperatura indicada no gráfico o som vai se propagar mais rápido? Por quê?

7. Imagine um grande obstáculo à sua frente, como um paredão ou uma encosta rochosa. Você dá um grito e ouve o eco dele em um intervalo de tempo 0,5 s após ter emitido o som.
   - A que distância você está do obstáculo?

Aplicar

8. Faça uma relação dos diferentes sons que você pode ouvir neste momento. Faça também uma lista de ultrassons que você sabe que estão sendo emitidos, mas não consegue ouvir.

9. Qual som apresenta frequência mais alta: o que se propaga no ar com comprimento de onda de 17 m ou de 170 m? Justifique sua resposta.

10. Na imagem, a jovem fala de duas qualidades do som (altura e volume) como se fossem uma só. Porém, ambas estão associadas a características diferentes do som.

    - Responda: É possível ter um som alto com volume baixo?

11. O gráfico a seguir indica algumas faixas de frequência dos sons emitidos e dos sons audíveis por alguns animais.

    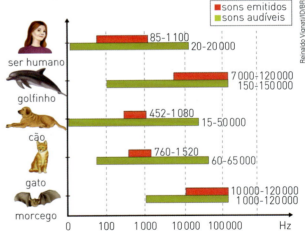

    Fonte de pesquisa: José E. R. Durán. *Biofísica*: fundamentos e aplicações. São Paulo: Pearson Prentice Hall, 2003.

    Com base no gráfico, responda:

    a) Quais desses animais emitem sons que são audíveis pelo ser humano? Justifique.

    b) Considerando que o som se propaga no ar com velocidade de 340 m/s, determine o maior e o menor comprimento de onda audível pelo ser humano.

116

CAPÍTULO 3
LUZ

PARA COMEÇAR
Podemos ver os objetos que nos rodeiam porque a luz que eles refletem sensibiliza nossos olhos. Mas como é possível visualizar corpos muito distantes, como galáxias e estrelas?

LUZ, UMA ONDA ELETROMAGNÉTICA

A **luz** é um tipo de onda eletromagnética essencial para toda a vida na Terra. Para os seres humanos, ela é especialmente importante por causa do sentido da visão.

O olho humano reconhece ondas eletromagnéticas específicas em uma faixa do espectro eletromagnético que se situa entre o infravermelho e o ultravioleta. Comparando o espectro luminoso com o espectro sonoro que conseguimos captar, podemos relacionar a cor violeta (cor de maior frequência) aos sons agudos, e a cor vermelha (cor de menor frequência) aos sons mais graves. A frequência da luz, entretanto, é muito maior que a do som, e seu comprimento de onda, muito menor. Além disso, diferentemente do som, a luz se propaga no vácuo e apresenta propriedades tanto de onda como de partícula.

Nem todos os objetos que podemos ver são capazes de produzir luz, mas, ainda assim, conseguimos enxergá-los em ambientes claros porque refletem a luz que incide sobre eles. Dividimos, então, os objetos visíveis em dois grupos: os que produzem luz, chamados de **fontes primárias** de luz, e os que não a produzem, denominados **fontes secundárias** de luz.

▼ A chama de uma vela é uma fonte primária de luz. Os objetos que enxergamos próximo a ela apenas refletem essa luz, ou seja, são fontes luminosas secundárias. Detalhe da obra *Negação de São Pedro*, de Gerard van Honthorst. Óleo sobre tela, cerca de 1620.

117

PRINCÍPIOS DA PROPAGAÇÃO DA LUZ

Há três princípios relacionados à propagação da luz: o princípio da propagação retilínea da luz, o princípio da independência dos raios luminosos e o princípio da reversibilidade dos raios luminosos.

PRINCÍPIO DA PROPAGAÇÃO RETILÍNEA DA LUZ

De acordo com o **princípio da propagação retilínea da luz**, a luz se propaga em linha reta quando o meio que ela atravessa é transparente e não apresenta alterações, mantendo sua densidade e demais características físicas constantes em todas as direções do espaço. Meios com essas características são chamados de homogêneos e isotrópicos.

Se a luz se propagar em um meio heterogêneo, como um meio líquido com bolhas de gases, ela apresentará desvios na trajetória.

▲ Em situações como a registrada nessa foto, é possível visualizar os raios de luz em propagação retilínea. Basílica de São Pedro, Vaticano, Itália. Foto de 2016.

PRINCÍPIO DA INDEPENDÊNCIA DOS RAIOS LUMINOSOS

Um conjunto de raios de luz é chamado de feixe de luz. Quando dois ou mais feixes se interceptam, um feixe não interfere na trajetória do outro. Isso ocorre porque os raios luminosos são independentes entre si. Essa propriedade é conhecida como **princípio da independência dos raios luminosos**.

▲ Quando os feixes de luz dos refletores se interceptam, a trajetória deles não se altera.

PRINCÍPIO DA REVERSIBILIDADE DOS RAIOS LUMINOSOS

O **princípio da reversibilidade dos raios luminosos** define que a trajetória dos raios de luz independe do sentido em que a luz está se propagando. Quando o sentido de propagação dos raios luminosos se inverte, sua trajetória não se altera, ou seja, eles mantêm a trajetória até chegar ao destino. Assim, a trajetória de um raio de luz é a mesma quando este troca o sentido do percurso.

◀ A reversibilidade dos raios de luz garante que, se o motorista pode ver pelo retrovisor os olhos das pessoas que estão no banco de trás, estas também conseguem ver os olhos do motorista.

FENÔMENOS ÓPTICOS

Quando a luz atinge um objeto, podem ocorrer quatro fenômenos: a reflexão, a refração, a dispersão e a absorção.

REFLEXÃO

A **reflexão** é um dos fenômenos mais comuns que envolvem a propagação da luz. Ela ocorre quando a luz incide sobre a superfície de separação entre dois meios e não atravessa essa superfície, retornando ao meio de onde veio.

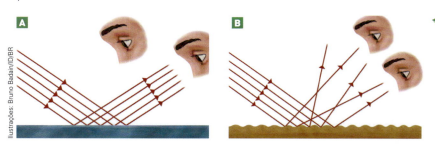

Se a superfície na qual a luz incide é lisa **(A)**, ocorre a **reflexão regular**, em que os raios refletidos mantêm a forma do feixe incidente. Se a superfície apresenta irregularidades **(B)**, ocorre a **reflexão difusa** ou **difusão**, em que os raios são refletidos de forma desordenada em relação ao formato do feixe incidente. Essa difusão da luz é muito importante no processo de visão, pois permite que um objeto seja visto de ângulos diferentes. (Representações sem proporção de tamanho e distância e em cores-fantasia.)

Espelhos

Espelhos são superfícies lisas ou polidas nas quais ocorre a reflexão regular da luz, gerando imagens nítidas. Dependendo da forma geométrica de sua superfície, os espelhos podem ser planos ou esféricos (côncavos ou convexos).

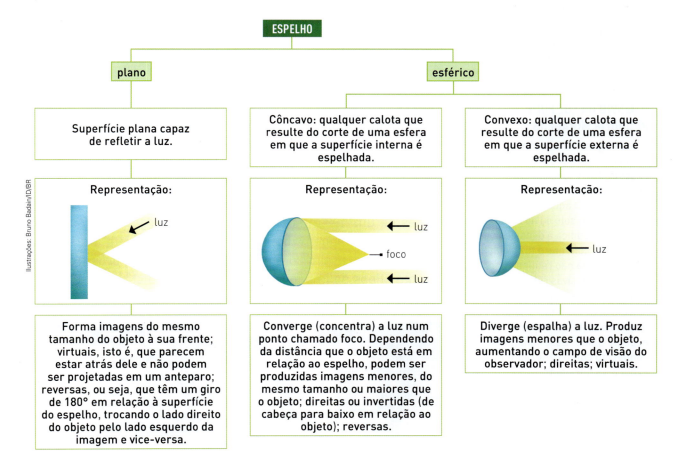

▲ A aparência de quebrado do canudo mergulhado no copo com líquido é causada pela refração.

REFRAÇÃO

A **refração** é o fenômeno óptico que ocorre quando a luz passa de um meio de propagação para outro com propriedades físicas distintas. O uso de lentes e vidros foscos são exemplos de aplicações ou fenômenos associados à refração.

Em geral, com a refração há mudança na direção da luz e ocorre mudança em sua velocidade de propagação. Em sua trajetória até nossos olhos, a luz muitas vezes atravessa outros meios além do ar, como lentes de óculos ou lentes de contato, a água, o vidro das telas de TV, dos celulares, dos relógios, entre outros. Cada vez que a luz passa de um meio para outro, dizemos que ela sofreu uma refração.

A capacidade de um meio de permitir, ou não, a passagem da luz é medida por uma grandeza denominada **índice de refração** (n). Quanto maior for o índice de refração do meio, menor será a velocidade da luz nesse meio e maior será o ângulo de desvio.

A velocidade da luz no ar é praticamente igual à velocidade da luz no vácuo, ou seja, 300 000 km/s. Em materiais como água, vidro e diamante, a luz desloca-se em velocidades inferiores a 300 000 km/s.

▶ Quando a luz passa de um meio para outro, sua direção de propagação pode mudar. Essa mudança na direção de propagação da luz depende dos pares de materiais que ela atravessa. Na água, a velocidade da luz é 226 000 km/s, no vidro, é 200 000 km/s, e no diamante, 125 000 km/s.

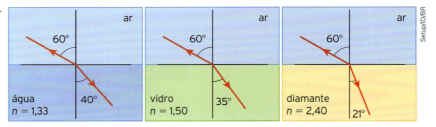

O DESVIO DA LUZ PODE PRODUZIR MIRAGENS

A miragem é um fenômeno muito comum em dias ensolarados, especialmente em paisagens desérticas ou em rodovias. O aquecimento do ar próximo ao solo ou ao chão asfaltado modifica a densidade do ar, fazendo com que a luz execute uma trajetória não retilínea por meio de sucessivas refrações.

Algumas vezes, o desvio sofrido pela luz é tão grande, que ela é refletida como em um espelho plano. Esse fenômeno, conhecido como reflexão total, explica as miragens.

Lentes

As **lentes ópticas** são objetos de material transparente, limitados por duas superfícies, com pelo menos uma delas esférica, e servem para desviar a luz por refração. Óculos, telescópios e máquinas fotográficas são exemplos de aparelhos com lentes.

Conforme seu formato, as lentes produzem imagens diferentes de um mesmo objeto. As **lentes divergentes** produzem sempre uma imagem direita e menor que o objeto. As **lentes convergentes**, assim como os espelhos côncavos, produzem diferentes tipos de imagem, de acordo com a distância do objeto em relação à lente.

▶ (A) O olho mágico é um exemplo de lente divergente. (B) As lentes convergentes concentram os raios de luz em seu foco.

DISPERSÃO

A luz do sol ou das lâmpadas que iluminam nosso ambiente pode ser decomposta em diferentes cores, que, quando recompostas, formam a luz branca. Quando essa luz branca atravessa alguns meios, como prismas, cristais ou superfícies oleosas, ela pode se separar em sete cores facilmente perceptíveis. Esse fenômeno óptico recebe o nome de **dispersão da luz**.

O arco-íris é um exemplo de dispersão da luz. Mais precisamente, é o resultado da combinação entre dispersão, reflexão e refração da luz nas gotas de água em suspensão na atmosfera. A luz incidente na gota sofre dispersão e reflexão interna antes de refratar-se no ar.

> **PARA EXPLORAR**
>
> **CienTec**
> Faça um passeio virtual pelo parque CienTec, da USP, que traz muitas atrações ligadas à natureza e à tecnologia. Nesse passeio, são apresentadas algumas delas.
> Disponível em: https://parquecientec.usp.br/passeio-virtual. Acesso em: 11 maio 2023.

Gotículas de água suspensas no ar favorecem a formação do arco-íris.

A frequência das cores

A decomposição das cores do espectro de luz se deve à diferença entre as frequências das ondas. Cada cor do espectro está associada a uma frequência e, portanto, a certa energia.

Quanto maior a frequência, maior a energia luminosa transportada pela onda e maior seu desvio em uma refração. É por isso que ocorre a dispersão da luz. Por exemplo, a cor vermelha, de menor frequência, transporta menos energia que a cor azul, de alta frequência, e, portanto, sofre menor desvio que a cor azul.

ABSORÇÃO

A **absorção** da luz é um fenômeno fundamental para a manutenção da vida na Terra. As plantas absorvem luz e a transformam, por fotossíntese, em energia química. A água também absorve a luz e a transforma em energia térmica, ajudando a controlar a temperatura do planeta.

Diferentemente da reflexão e da refração, realizadas em condições ideais, nas quais a luz incidente continua como luz após refletir-se ou refratar-se, a absorção da luz envolve sua transformação em outras formas de energia, como a química, a elétrica ou a térmica.

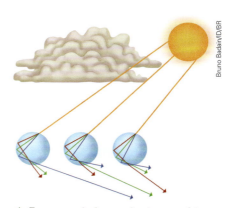

Esquema da formação do arco-íris. Dentro das gotículas de água ocorre a dispersão da luz. (Representação sem proporção de tamanho e distância entre os elementos e em cores-fantasia.)

121

PRÁTICAS DE CIÊNCIAS

A composição das cores

Você viu que a luz é uma parcela do espectro eletromagnético. Cada cor de luz tem uma frequência e um comprimento associados. Com qual cor será visto um objeto branco se o iluminarmos com luz vermelha? E se o iluminarmos com luz verde? A cor de um objeto é invariável ou depende da cor da luz que o ilumina? Para responder a essas perguntas, você e os colegas, em grupo, realizarão dois **experimentos**.

Material

- 3 lanternas
- papel-celofane azul
- papel-celofane vermelho
- papel-celofane verde
- 1 cartolina branca
- 1 cartolina azul
- 1 cartolina vermelha
- fita adesiva

Como fazer

Experimento I

1. Para cada cor de papel-celofane, recortem um pedaço suficiente para envolver a parte da lanterna que emite luz, como mostra a ilustração.

2. Envolvam cada lanterna com uma cor de papel-celofane, fixando-o com a fita adesiva. Certifiquem-se de que não há luz branca passando. Se necessário, coloquem mais de uma camada de papel-celofane.

3. Escureçam a sala e iluminem as cartolinas branca, azul e vermelha com a lanterna envolvida com papel-celofane azul. Copiem no caderno o modelo de tabela a seguir e anotem a cor que vocês observam em cada cartolina.

4 Repitam o procedimento com as lanternas envolvidas nas cores vermelha e verde.

	Cartolina branca	Cartolina azul	Cartolina vermelha
Luz azul			
Luz vermelha			
Luz verde			

Experimento II

No experimento anterior, vocês projetaram feixes de luz das cores azul, vermelha e verde sobre as cartolinas. Essas são as chamadas cores primárias. Agora, imaginem que feixes de luz de cores primárias sejam sobrepostos. O que vocês imaginam que deve ocorrer?

1 Com as lanternas montadas anteriormente, pensem em maneiras de verificar suas hipóteses. Reflitam como realizar os testes de modo a chegar a conclusões seguras. Determinem os materiais necessários e organizem o experimento.

2 Lembrem-se também de registrar, de forma organizada, os resultados observados, para que compreendam a informação ao reler o que escreveram.

Veja **sensoriamento remoto** e responda: Como é possível distinguir os objetos pela interpretação das imagens?

Para concluir

1. O que vocês observaram ao iluminar as cartolinas com diferentes cores de luz?
2. Que resultados vocês observaram nos experimentos elaborados para verificar o que acontece com a mistura de luzes de cores diferentes?
3. De acordo com os resultados observados nesses experimentos, como vocês explicam as cores dos objetos? Faça um esquema ilustrando sua explicação.

123

LUZ E SOMBRA

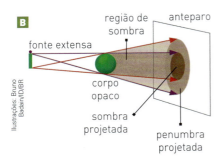

A **sombra** é uma região escura formada atrás de um objeto opaco posicionado na trajetória da luz. A formação da sombra é uma consequência da propagação retilínea da luz.

Se a fonte luminosa for pontual ou puntiforme (muito pequena em relação ao objeto iluminado), só haverá formação de sombra. Se a fonte for extensa, além da sombra, será formada uma região de pouca luz, denominada **penumbra**.

O tamanho das sombras pode ser aplicado para determinar a altura de objetos. Se colocarmos uma haste de altura h em posição vertical próximo a um prédio de altura H, poderemos comparar o tamanho da sombra da haste (s) com a do prédio (S). Aplicando a semelhança de triângulos, teremos a seguinte fórmula:

$$\frac{H}{h} = \frac{S}{s}$$

▲ **(A)** Representação da sombra projetada de um corpo opaco iluminado por fonte luminosa pontual. **(B)** Representação da sombra e da penumbra projetadas por uma fonte luminosa extensa.

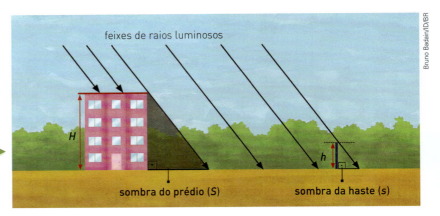

▶ A projeção da sombra de um prédio permite o cálculo de sua altura. (Representação sem proporção de tamanho e distância entre os elementos e em cores-fantasia.)

CÂMARA ESCURA DE ORIFÍCIO

A **câmara escura de orifício** é uma caixa quase totalmente fechada, com apenas um pequeno orifício em uma das faces. A luz passa por esse orifício e projeta, na parte interna da face oposta, uma imagem invertida de qualquer objeto que esteja no exterior da caixa e diante do orifício.

A invenção da câmara escura permitiu o surgimento das câmaras de projeção cinematográfica e das máquinas fotográficas.

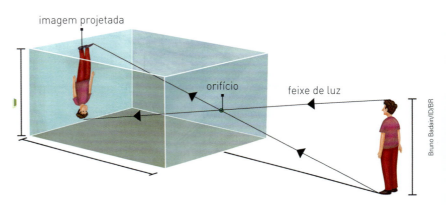

Esquema de uma câmara escura. Como a propagação da luz é retilínea, a imagem projetada na face interna da caixa é proporcional e invertida em relação ao objeto. (Representação sem proporção de tamanho e distância entre os elementos e em cores-fantasia.)

ATIVIDADES

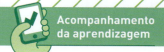
Acompanhamento da aprendizagem

Retomar e compreender

1. Cite dois fenômenos ópticos associados à propagação retilínea da luz.

2. Conta-se que o filósofo e astrônomo grego Tales de Mileto (c. 624 a.C.-c. 548 a.C.) teria utilizado seus conhecimentos de geometria e ótica para determinar a altura da pirâmide de Quéops no Egito Antigo. Para isso, utilizou uma haste de um metro de comprimento e uma trena. Num dia ensolarado, ele teria medido a sombra da pirâmide projetada no solo e também a sombra da haste, colocada perpendicularmente no solo, como mostra a figura.

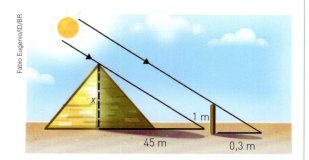

- Qual a altura da pirâmide medida por Thales?

3. Quando um feixe de luz incide na superfície do mar, que fenômenos ópticos podem ocorrer?

4. Para responder às questões, observe a tabela a seguir, que mostra a velocidade da luz em diferentes meios.

Meio	Velocidade (km/s)
Água	226 000
Vidro	200 000
Diamante	125 000

Supondo que a luz se deslocando no ar refrate em cada um desses materiais, responda:

a) Em qual dos meios o ângulo de refração será maior?

b) Em qual deles o ângulo de refração será menor?

c) Se um feixe de luz passar do vidro para a água, o que acontecerá com o ângulo de refração? E o que acontecerá com esse ângulo se o feixe passar da água para o vidro?

Aplicar

5. Leia o texto e, depois, faça o que se pede.

Odontologistas utilizam com frequência espelhos côncavos para obter imagens maiores dos dentes dos pacientes. Essas imagens ampliadas permitem visualizar melhor os dentes para a detecção de cáries.

Os telescópios, utilizados para observar objetos muito distantes, como os corpos celestes, também fazem uso de espelhos côncavos.

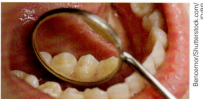

- É correto afirmar que, no telescópio, a função dos espelhos também é criar imagens maiores dos corpos observados?

6. Ao desenhar uma menina em frente a um espelho plano, o cartunista cometeu alguns erros.

- Identifique na figura três erros relacionados às propriedades das imagens produzidas por espelhos planos. Em seguida, escreva esses erros no caderno e justifique sua resposta.

7. Espelhos esféricos convexos são muito utilizados nas portas de garagem e de elevadores e em estabelecimentos comerciais.

- Que características desse tipo de espelho favorecem seu uso nessas situações?

125

CIÊNCIA DINÂMICA

A natureza da luz

Há muito tempo, o ser humano tem buscado compreender a natureza da luz e interpretar os fenômenos relacionados a ela. Do ponto de vista da história da ciência, as explicações apresentadas têm sido fonte de incessantes experimentos e controvérsias.

Os primeiros relatos documentados datam do período Clássico grego (entre os séculos V a.C. e IV a.C). Naquela época, considerava-se que a luz solar ou luz branca fosse pura, ou seja, não se imaginava que ela fosse composta de uma mistura de raios de diferentes cores. Quando a luz branca atravessava um prisma, por exemplo, a decomposição da luz era explicada como um exemplo de transformação, ou seja, considerava-se que o prisma transformava essa luz em uma série de cores.

Os trabalhos do físico, matemático e astrônomo inglês Isaac Newton (1643-1727) resultaram em outra forma de explicar alguns fenômenos ópticos e a natureza da luz. O texto a seguir trata desse assunto.

Experimentos ópticos de Isaac Newton

[...] Em 1666, Newton começou a estudar o [...] fenômeno das cores usando, para isso, um prisma de vidro que havia comprado na feira de Sturbridge, por volta de 1665. Trancado em seu quarto escuro, Newton fez um pequeno orifício na veneziana da janela e colocou o prisma para receber a luz solar que por ele passava. Ele percebeu que essa luz branca era decomposta nos raios (cores) do arco-íris (fenômeno esse mais tarde conhecido como **dispersão da luz**). Além disso, observou que essas cores apresentavam uma forma oblonga, em vez de ser circular, como se esperava em virtude da lei da refração conhecida [...].

oblongo: alongado.

Convencido de que essas cores estavam presentes na própria luz solar branca e que as mesmas não foram criadas no prisma, como se acreditava nessa época, Newton realizou um outro tipo de experiência na qual fez passar essas cores do arco-íris por um segundo prisma invertido em relação ao primeiro, reproduzindo, dessa forma, e em uma tela, a luz branca original. Na continuação dessas experiências, Newton observou que, se apenas uma cor do arco-íris atravessasse o prisma, não haveria mais a decomposição cromática, já que o feixe de luz que emergia do prisma apenas alargava-se ou estreitava-se dependendo do ângulo de incidência inicial, permanecendo, assim, da mesma cor. Em vista dessas experiências, Newton formulou a hipótese de que a luz branca nada mais era do que uma mistura das cores do arco-íris. Para confirmar essa hipótese, Newton fez uma outra experiência na qual usou um disco colorido – o famoso **disco de Newton** – que, ao ser girado, [...] aparecia branco. [...]

▲ Gravura do século XIX representando, com algumas imprecisões, o experimento de Newton.

José Maria Bassalo. A primeira controvérsia epistolar: Newton e Hooke. *Seara da Ciência*. Disponível em: https://seara.ufc.br/wp-content/uploads/2019/03/folclore227.pdf. Acesso em: 12 maio 2023.

Nem toda a comunidade científica concordava com os resultados obtidos e as explicações propostas por Newton. Para ele, a luz era formada de pequenas partículas, chamadas de corpúsculos, o que explicava a propagação retilínea da luz.

Leia o texto a seguir, que trata de outra concepção para a natureza da luz.

Trabalhos de Robert Hooke e Christiaan Huygens

Em 1665, Robert Hooke, outro defensor de uma teoria ondulatória mecânica, publica sua *Micrographia*, em que descreve observações ao microscópio das "cores de lâminas delgadas", explicadas hoje como um fenômeno [ondulatório] [...]. Para Hooke, a luz seria constituída por pulsos de pequena amplitude, propagando-se em um meio contínuo, e possuiria apenas duas cores básicas, [a] vermelha e [a] azul. As demais cores seriam geradas a partir dessas duas. As demais cores seriam geradas a partir dessas duas durante as refrações.

Em 1672, Newton publica seus dois primeiros artigos, coincidentemente sobre óptica. [...] O primeiro trabalho de Newton foi severamente criticado por Flamsteed, Huygens e, sobretudo, por Hooke, que acusava Newton de conceber a luz como uma substância material, ou seja, corpuscular. Talvez por isso [Newton] tenha postergado a publicação de sua *Óptica* até 1704, após a morte de Hooke, ocorrida em 1703.

[...]

O *Tratado da luz* de Huygens [de 1690] é dividido em 6 capítulos.

[...]

Com respeito ao caráter ondulatório, [Huygens] faz uma analogia com as ondas sonoras no ar, que são mecânicas e longitudinais [...]:

"Sabemos que por meio do ar, que é um corpo invisível e impalpável, o som se propaga em torno do local em que é produzido, por um movimento que passa sucessivamente de uma parte a outra do ar, e que a extensão desse movimento se faz com igual velocidade por todos os lados, formando-se como ondas esféricas que se alargam permanentemente e vêm tocar nosso ouvido. Ora, não há qualquer dúvida que a luz venha também de corpos luminosos até nós por meio de algum movimento impresso à matéria entre os dois, pois já vimos que isso não pode ocorrer pelo transporte de um corpo que passaria de um a outro."

Fabio W. O. da Silva. A evolução da teoria ondulatória da luz e os livros didáticos. *Revista Brasileira de Ensino de Física*, v. 29, n. 1, p. 149-159, 2007. Disponível em: http://www.sbfisica.org.br/rbef/pdf/060207.pdf. Acesso em: 12 maio 2023.

Em discussão

1. De acordo com o texto, a explicação de Newton sobre a composição da luz era igual à dos gregos antigos? Justifique sua resposta.

2. A obra *Micrographia*, de Hooke, tinha uma grande aceitação entre os cientistas quando Newton, aos 29 anos de idade, apresentou seu primeiro artigo que tratava de uma nova teoria de luz e cores. Em sua opinião, a influência de um cientista no meio acadêmico pode afetar a aceitação de um modelo ou de uma teoria científica? Justifique sua resposta.

ATIVIDADES INTEGRADAS

Retomar e compreender

1. Observe o gráfico a seguir e responda às questões.

■ **Frequências**

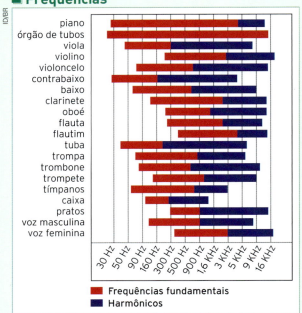

a) Qual desses instrumentos produz o som mais grave?

b) Qual instrumento produz sons fundamentais mais agudos?

c) Dentre as vozes, qual produz o som mais agudo e qual produz o som mais grave?

d) Mesmo que todos esses instrumentos estejam emitindo ondas sonoras de mesma frequência, é possível distinguir um som do outro. Qual é a característica física das ondas sonoras que permite fazer tal distinção?

Fonte de pesquisa: Dave Bamford. Frequency ranges (tradução nossa: Faixas de frequência). Dave Bamford Music & Learning. Disponível em: https://www.dbamfordmusic.com/frequency-range-of-instruments.html. Acesso em: 12 maio 2023.

2. Quando os astronautas querem se comunicar com a Terra, utilizam um sistema de transmissão. Que tipo de onda dá suporte a essa comunicação?

3. Sobre a câmara escura de orifício, responda:

   a) A quais princípios da propagação da luz ela pode ser relacionada?

   b) Qual foi a importância de sua invenção?

Aplicar

4. Em um *show* musical, constatou-se que o nível de intensidade sonora era 80 dB.
   - Faça uma busca na internet e responda: Essa intensidade sonora é prejudicial ao ser humano? Por quê?

5. O forno solar é uma aplicação de espelhos côncavos. Esses espelhos podem ser utilizados para produzir altas temperaturas, convertendo energia luminosa em energia térmica.
   - Explique como é possível produzir altas temperaturas em um forno solar como o mostrado na imagem.

▶ Forno solar na cidade de Odeillo, na França. Foto de 2012.

6. Em um dia chuvoso, uma pessoa vê um relâmpago e ouve o som do trovão apenas 3 segundos depois.
   - Qual é a distância entre a pessoa e o relâmpago?

128

Analisar e verificar

7. No diagrama a seguir, a linha pontilhada assinala a faixa mínima de clareza para a audição humana. Os pontos no gráfico mostram a diferença de intensidade sonora, em decibéis, em relação à faixa mínima de clareza conforme o afastamento da fonte.

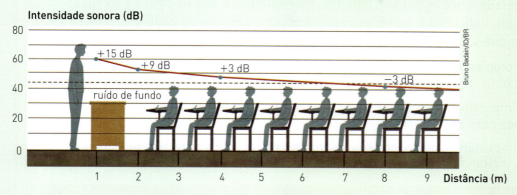

a) Descreva o que acontece com a intensidade sonora conforme ela se afasta da fonte.

b) Explique por que isso ocorre.

c) A partir de qual distância as pessoas deixam de ouvir com clareza o que é dito?

8. **SABER SER** Dois fatores são determinantes para a gravidade dos danos à audição humana: o nível do ruído a que uma pessoa é exposta e o tempo de exposição a esse ruído.

- Ciente disso, que atitudes você pode tomar contra os efeitos da poluição sonora?

Criar

9. Leia o texto e, depois, faça o que se pede.

Filtros solares são loções, cremes ou óleos utilizados para proteger a pele contra a ação da radiação ultravioleta (UV), minimizando a quantidade desse tipo de radiação que atinge nossa pele. Esses filtros podem ser de dois tipos: os físicos (chamados de bloqueadores solares), que refletem e espalham a radiação UV, e os químicos (chamados de protetores solares), que a absorvem.

a) Sobre esse assunto, faça uma busca em livros, revistas ou *sites* a respeito dos seguintes itens:

- Por quanto tempo podemos nos expor ao Sol sem prejudicar a pele?
- Quais são os efeitos nocivos do excesso de bronzeamento e como esses efeitos podem ser evitados?
- Há diferenças entre os bronzeadores e os bloqueadores e protetores solares?
- O que é o fator de proteção solar (FPS), que aparece nas embalagens dos filtros solares?

b) Elabore um texto curto de, no máximo, quatro parágrafos com as informações pesquisadas, e, depois, entregue-o ao professor.

10. Ondas mecânicas (como o som) e ondas eletromagnéticas (como a luz) apresentam semelhanças – ambas são consideradas ondas –, mas também diferenças. Construa uma tabela ou um esquema na(o) qual constem pelo menos duas semelhanças e duas diferenças entre ondas mecânicas e ondas eletromagnéticas.

129

CIDADANIA GLOBAL
UNIDADE 4

11 CIDADES E COMUNIDADES SUSTENTÁVEIS

Retomando o tema

Nesta unidade, você estudou o papel das tecnologias e das leis para a inclusão de pessoas com deficiência, como as que são cegas ou têm baixa visão e as surdas. Retome o que você aprendeu respondendo às questões a seguir.

1. Cite tecnologias e dispositivos para a promoção da inclusão de pessoas com deficiência.
2. Qual é a importância de leis que visem garantir a acessibilidade e a mobilidade de pessoas com deficiência?
3. Qual é a importância de haver espaços públicos adequados para receber todos os cidadãos, incluindo pessoas com deficiência visual ou auditiva?

Geração da mudança

- Organizem-se em grupos e explorem o espaço da comunidade escolar com o intuito de avaliar a acessibilidade das infraestruturas presentes no bairro.
- Observem a existência, ou não, de itens para acessibilidade, como rampas de acesso, pisos táteis e sinalizadores sonoros. Registrem, com imagens, os itens encontrados que promovem a acessibilidade e/ou os locais em que vocês consideram que esses equipamentos deveriam ser instalados.
- Elaborem um relatório para apresentar à turma os resultados da atividade realizada.

Autoavaliação

MAGNETISMO E ELETROMAGNETISMO

UNIDADE 5

PRIMEIRAS IDEIAS

1. Você conhece o fenômeno físico magnetismo? Se sim, como você o definiria?
2. Como utilizar uma bússola para determinar o sentido para o qual você está se deslocando?
3. O que é eletromagnetismo? De que forma esse fenômeno pode ser aplicado para melhorar a qualidade de vida dos seres humanos?

Conhecimentos prévios

Nesta unidade, eu vou...

CAPÍTULO 1 — Magnetismo

- Compreender o conceito de magnetismo.
- Explicar o que são ímãs.
- Conhecer algumas das características dos ímãs.
- Compreender os conceitos de campo magnético e de linhas de campo.
- Conhecer e compreender a diferença entre polo magnético e polo geográfico.
- Construir um modelo de bússola utilizando materiais simples.

CAPÍTULO 2 — Eletromagnetismo

- Relacionar o conceito de eletromagnetismo a fenômenos elétricos e magnéticos.
- Compreender o conceito de indução magnética por meio dos experimentos de Michael Faraday.
- Compreender o funcionamento de um motor elétrico realizando um experimento.
- Identificar e reconhecer as aplicações do eletromagnetismo em tecnologias como as de comunicação, transporte e saúde.
- Reconhecer a importância da ciência básica para o desenvolvimento científico.

CIDADANIA GLOBAL

- Identificar benefícios proporcionados pela inclusão digital e pelas tecnologias de comunicação.
- Reconhecer a importância do acesso às tecnologias digitais para a redução das desigualdades sociais.
- Realizar uma *live* para compartilhar conhecimentos com a comunidade escolar sobre a importância do acesso à internet e às tecnologias digitais.

LEITURA DA IMAGEM

1. Observe a foto e responda: Que tipo de atividade ela retrata? Você já realizou esse tipo de atividade antes? Se sim, diga como foi e se enfrentou alguma dificuldade.

2. Há algum cabo conectando o *laptop* a uma rede de internet? Formule uma hipótese para explicar como as informações em texto, áudio e vídeo chegam até esse equipamento.

CIDADANIA GLOBAL

Inovações tecnológicas podem contribuir para melhorar significativamente as condições de vida das pessoas. O acesso à internet, por exemplo, possibilita obter informações sobre trabalho, educação, saúde e outros temas que podem ser úteis para o nosso dia a dia. Além disso, pode ajudar a superar barreiras geográficas, conectando pessoas distantes ou em condição de isolamento. No entanto, se não forem disponibilizadas de maneira justa e igualitária, tais inovações tecnológicas podem contribuir para aumentar as desigualdades sociais. Na era da informação em que estamos vivendo, caracterizada pela rápida expansão e evolução da tecnologia digital – e também pela maior dependência em relação a essa tecnologia –, a falta de acesso à internet pode ser um marco entre a exclusão social e a igualdade de oportunidades.

- O que pode ser feito para que o acesso a serviços e tecnologias digitais, como as redes de internet, seja garantido de forma ampla e colabore para a redução das desigualdades sociais?

 Veja **entendendo o *wi-fi*** e responda: O que prejudica a propagação dessas ondas?

A internet é uma rede de comunicação global que permite a troca de informações e de dados em alta velocidade. A transmissão das informações é realizada por ondas eletromagnéticas geradas e transmitidas por antenas e cabos de fibra óptica. As redes *wi-fi* possibilitam a transmissão desses dados sem a necessidade de fios. Essa tecnologia foi desenvolvida com base em estudos sobre o eletromagnetismo.

CAPÍTULO 1
MAGNETISMO

PARA COMEÇAR
A capacidade que alguns minerais têm de atrair metais é conhecida há milhares de anos. Como essa propriedade passou a ser empregada em nosso dia a dia?

Assista a **magnetismo** e relacione o fenômeno observado no vídeo ao representado na imagem da abertura do capítulo.

▼ *Gilbert demonstrando o ímã diante da rainha Elizabeth I*, de **Ernest Board**. Óleo sobre tela, 1598. O médico e filósofo inglês William Gilbert (1544-1603) ficou conhecido como o pai da física elétrica e do magnetismo.

O MAGNETISMO NA HISTÓRIA

Os habitantes de Magnésia – região da Grécia Antiga na Ásia Menor, atual Turquia – sabiam que a magnetita, um mineral existente naquela região, tinha a propriedade de atrair pedaços de alguns metais, como o ferro, o cobalto e o níquel. O termo **magnetismo** originou-se do nome desse mineral e é usado para indicar o fenômeno de atração observado em alguns materiais.

Vários textos da Antiguidade indicam que chineses, hindus, persas, hebreus e egípcios já conheciam o magnetismo há milhares de anos. Hoje, sabemos que o magnetismo está relacionado ao movimento dos elétrons nos átomos e que, além da magnetita, outros materiais podem adquirir essa propriedade.

A evolução da tecnologia permitiu o desenvolvimento de ímãs artificiais. Eles são hoje usados em motores, alto-falantes, microfones e também como meio de registro magnético em discos rígidos de computador e em cartões bancários de débito e de crédito, entre outros dispositivos.

POLOS MAGNÉTICOS

O **ímã** é um objeto que tem a propriedade de atrair e de repelir alguns metais. Ele apresenta duas regiões bem distintas, nas quais a atração ou a repulsão magnética é mais intensa. Essas regiões são denominadas **polos magnéticos**, chamados de **polo norte** e de **polo sul**.

Quando aproximamos um ímã de outro, eles podem se atrair ou se repelir. A atração ou a repulsão entre dois ímãs depende da posição dos polos: se forem opostos (norte e sul ou sul e norte), eles se atraem, mas, se forem iguais (norte e norte ou sul e sul), eles se repelem.

Podemos concluir, portanto, que polos magnéticos iguais se repelem e polos magnéticos opostos se atraem.

▲ Todo ímã tem polos magnéticos norte e sul. Próximo aos polos, o campo magnético é mais intenso.

◀ Ímãs se repelem quando os polos iguais se aproximam.

Os polos magnéticos de um ímã são inseparáveis. Por mais que um ímã seja dividido em pedaços menores, nunca se obterá um único polo: as partes obtidas sempre serão ímãs completos, ou seja, com dois polos distintos.

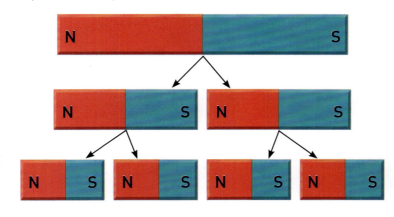

◀ O esquema mostra que qualquer fragmento de ímã sempre terá um polo magnético norte e um polo magnético sul.

135

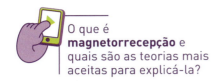
O que é **magnetorrecepção** e quais são as teorias mais aceitas para explicá-la?

CAMPO MAGNÉTICO E LINHAS DE CAMPO

O **campo magnético** se forma nas proximidades de todos os ímãs, e seu alcance varia de acordo com a intensidade do magnetismo e a distância de um ponto até o ímã, ou seja, quanto mais afastado esse ponto estiver do ímã, menor será a intensidade do campo magnético gerado.

Os materiais que têm a propriedade de ser atraídos por ímãs sofrem a influência do campo magnético por meio de uma **força magnética**.

Podemos observar e representar esse campo magnético por meio das **linhas de campo**.

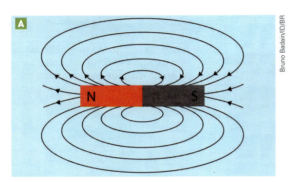

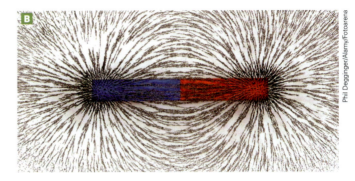

▲ (**A**) As linhas de campo saem do polo norte do ímã em direção ao polo sul. (**B**) Espalhando limalha de ferro nas proximidades de um ímã, é possível visualizar as linhas de campo.

MAGNETISMO TERRESTRE E VENTO SOLAR

Além do campo gravitacional, a Terra apresenta um campo magnético moderado, que nos protege de uma série de perigos do espaço, como as radiações espaciais.

Mas isso não ocorre só na Terra: a maior parte dos astros conhecidos – como a maioria dos planetas do Sistema Solar, o próprio Sol e outras estrelas – também apresenta campo magnético.

O Sol emite constantemente plasma e partículas carregadas, principalmente prótons e elétrons, que compõem o **vento solar**. Se não fosse o campo magnético terrestre, essas partículas poderiam alcançar a superfície da Terra e causar muitos danos, desde interferências elétricas até a destruição da vida no planeta.

plasma: um dos estados físicos da matéria, em que uma substância gasosa se encontra ionizada.

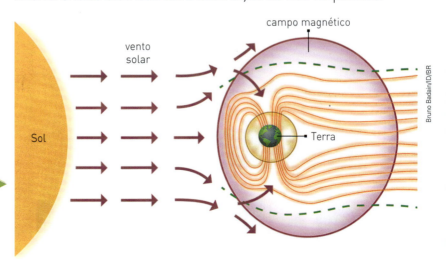

▶ O campo magnético terrestre nos protege dos efeitos do vento solar. (Representação sem proporção de tamanho e distância entre os elementos e em cores-fantasia.)

BÚSSOLAS

Por apresentar um campo magnético, a Terra se comporta como um grande ímã. Observe na imagem do globo a localização dos polos magnéticos (PM) e dos polos geográficos (PG) terrestres. Note que os polos geográficos coincidem com o eixo imaginário de rotação da Terra, o que não ocorre com os polos magnéticos.

Perceba que, próximo ao polo geográfico norte, fica o polo magnético sul, enquanto o polo magnético norte fica próximo ao polo geográfico sul.

As **bússolas** são aparelhos de orientação que utilizam o campo magnético da Terra. Elas apontam sempre para o norte, na direção do polo magnético sul.

Atualmente, as bússolas vêm sendo substituídas pelos aparelhos de geolocalização, como os que usam o *global positioning system* (GPS) ou sistema de posicionamento global. Esses aparelhos informam a localização de modo preciso.

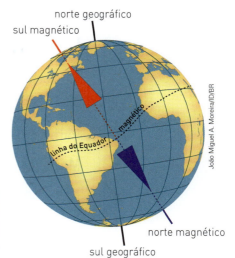

▲ A bússola é um instrumento de navegação que não necessita de fonte de energia elétrica para funcionar.

▲ Representação dos eixos terrestres imaginários: o magnético e o de rotação. No eixo magnético, localizam-se os polos magnéticos (PM), e, no eixo de rotação, os polos geográficos (PG). (Representação em cores-fantasia.)

CIDADANIA GLOBAL

REDES COMUNITÁRIAS DE INTERNET

A Organização das Nações Unidas (ONU) considera que todo ser humano tem direito à informação e, consequentemente, ao acesso à internet.

No entanto, um levantamento realizado pelo Centro Regional de Estudos para o Desenvolvimento da Sociedade da Informação (Cetic.br) mostrou que cerca de 35 milhões de brasileiros não tiveram acesso à internet em 2021, ou seja, muitas pessoas não tinham à sua disposição vários benefícios proporcionados por essa tecnologia.

Diante desse cenário, organizações sociais coletivas têm se formado com o objetivo de prover a inclusão digital a essas pessoas. Conhecidas como redes comunitárias de internet, essas redes cuidam para que áreas com pouca oferta de infraestrutura e serviços de internet, como as que são habitadas por povos tradicionais ou as que estão distantes de grandes centros urbanos, desenvolvam uma estrutura de acesso que atenda às demandas da comunidade, sem fins lucrativos, com custos acessíveis.

De acordo com levantamento feito pelo Comitê Gestor da Internet no Brasil (CGI.br) e pelo Núcleo de Informação e Coordenação (NIC.br), a maioria das redes comunitárias de internet existentes se encontra em localidades remotas e que apresentam maior vulnerabilidade: comunidades quilombolas (40%), territórios indígenas (33%) e áreas ribeirinhas (23%). Os usuários costumam utilizar as redes para promover eventos, festividades, atividades culturais, além de campanhas e temas de interesse. Ainda de acordo com esse levantamento, eles usam a rede para ver notícias, estudar, informar-se sobre questões da comunidade ou do território, trabalhar, compartilhar conteúdo, acessar redes sociais e assistir a vídeos.

1. De acordo com o texto, quais são os benefícios das redes comunitárias de internet para os habitantes das regiões atendidas? Em sua opinião, o acesso à internet possibilita alguma melhoria de vida às pessoas dessas comunidades? Comente.

2. Faça uma pesquisa, em meios impressos e digitais confiáveis, sobre a tecnologia utilizada nas redes de internet sem fio e, de forma resumida, explique seu funcionamento.

PRÁTICAS DE CIÊNCIAS

Construindo uma bússola

Você viu que uma bússola é um aparelho que ajuda a localizar os polos norte e sul terrestres. Em geral, as bússolas são adquiridas em lojas especializadas. Mas será que é possível construir uma bússola com materiais simples? Para responder a essa pergunta, construa o **modelo** a seguir.

Material

- 1 copo de plástico
- 1 agulha de costura
- 1 tampa plástica de garrafa PET
- 1 ímã
- 1 faca de serra ou serra pequena
- água

Como fazer

ATENÇÃO
Cuidado ao manipular a agulha e a faca, ou a serra pequena, a fim de evitar lesões.

Montando a bússola

1. Utilizando a faca ou a serra, o professor vai fazer dois cortes paralelos na borda da tampa de plástico (imagem **A**). A largura e a profundidade dos cortes devem ser suficientes para encaixar a agulha.

2. Encha o copo com água.

3. Magnetize a agulha esfregando-a lentamente em um dos polos do ímã, sempre no mesmo sentido (imagem **B**). Repita esse processo pelo menos trinta vezes.

4. Encaixe a agulha imantada nos cortes da tampa, como mostra terceira imagem.

5. Coloque a tampa com a agulha, com a abertura para cima, sobre a água que está no copo. Observe o que acontece.

Explorando a bússola

1. Gire a tampa lentamente e solte-a. Observe o que acontece.

2. Aproxime o ímã do copo e observe novamente o que acontece.

Para concluir

1. O que ocorreu quando você girou a tampa? E quando aproximou o ímã do copo?
2. Elabore uma hipótese para explicar os resultados obtidos.
3. Como você poderia testar se a agulha realmente está funcionando como uma bússola?

ATIVIDADES

 Acompanhamento da aprendizagem

Retomar e compreender

1. O que é magnetismo?

2. Sobre os ímãs, responda:
   a) O que é um ímã?
   b) Em qual situação dois ímãs se atraem? E em qual situação eles se repelem?
   c) Como é possível confirmar que os polos de um ímã são inseparáveis?

3. A ilustração a seguir mostra os polos geográficos e magnéticos da Terra. Com base na imagem, explique como uma bússola em bom funcionamento pode ser usada para se obter uma referência geográfica.

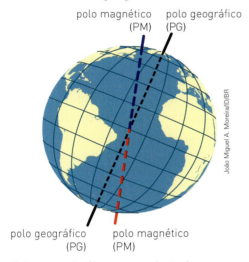

▲ Representação em cores-fantasia.

4. As figuras **A** e **B** mostram um ímã, cujos polos são conhecidos, colocado ao lado de outro ímã, cujos polos não são conhecidos.

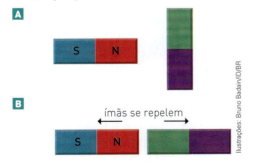

- Com base na situação apresentada na figura **B**, determine se o polo pintado de verde corresponde ao polo magnético norte ou ao polo magnético sul. Justifique sua resposta.

5. Uma estrutura em forma de T foi construída com uma barra de ferro e um ímã. A estrutura foi presa a um suporte de madeira com um fio, como mostra a ilustração a seguir.

- Qual parte da estrutura provavelmente é o ímã: a parte azul (horizontal) ou a parte vermelha (vertical)? Justifique sua resposta.

Aplicar

6. Que fenômeno observado na Terra evidencia a interação entre partículas dos ventos solares e o campo magnético terrestre? Faça uma pesquisa, caso seja necessário.

7. Leia o texto a seguir e faça o que se pede.

> [...]
> Os primeiros grandes sistemas de armazenamento magnético, com a finalidade específica de gravar informações, surgiram na Alemanha, no final da década de 1920, com uma fita de plástico recoberta com fina camada de óxido de ferro.
> Fitas semelhantes foram usadas para gravação sonora da década de 1950 à de 1990. [...]
>
> João Paulo Sinnecker. Minerais magnéticos armazenam quase toda informação da humanidade. *Folha de S.Paulo*, 12 jan. 2018. Disponível em: https://www1.folha.uol.com.br/ilustrissima/2018/01/1949948-os-minerais-magneticos-que-guardam-quase-toda-informacao-da-humanidade.shtml. Acesso em: 13 jun. 2023.

a) Busque informações, em meios impressos ou digitais, sobre o uso de fitas cassete para gravação de músicas.

b) Pergunte a parentes e professores com mais de 30 anos de idade se eles usavam fitas cassete para gravar músicas. Peça-lhes que comentem a lembrança afetiva do uso dessas fitas.

c) Com base nas informações que você obteve nos itens **a** e **b**, discuta com os colegas o papel do magnetismo na cultura.

CAPÍTULO 2
ELETROMAGNETISMO

PARA COMEÇAR

A eletricidade e o magnetismo são fenômenos presentes em nosso dia a dia. O que será que acontece quando esses dois fenômenos são associados?

O ELETROMAGNETISMO

Por muito tempo acreditou-se que não havia relação entre os fenômenos do magnetismo e da eletricidade; por isso, eles eram estudados separadamente.

Essa concepção começou a mudar em 1819, quando, durante uma aula de Física, o professor holandês Hans Christian Oersted (1777-1851) observou que a agulha de uma bússola se movimentava ao ser colocada próxima a um fio metálico pelo qual passava corrente elétrica.

Oersted notou também que, ao inverter o sentido da corrente elétrica, a agulha da bússola se movimentava em sentido contrário.

Essa observação foi um dos primeiros indícios de que existe uma relação entre eletricidade e magnetismo. Atualmente, sabemos que toda carga elétrica em movimento produz um campo magnético e que qualquer variação de um campo magnético produz corrente elétrica. Esse último fenômeno é denominado **indução eletromagnética**.

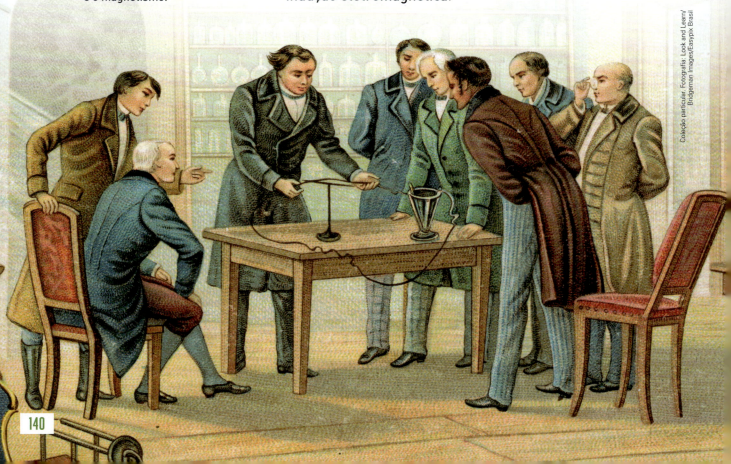

▼ Detalhe de gravura de 1907 representando o experimento de Hans Oersted que forneceu indícios para estabelecer a relação entre a eletricidade e o magnetismo.

O EXPERIMENTO DE FARADAY

Michael Faraday (1791-1867) foi um cientista inglês que estudou as pesquisas de Hans Christian Oersted referentes ao eletromagnetismo.

Ele demonstrou experimentalmente a ocorrência da indução eletromagnética. Para isso, Faraday montou um aparato experimental formado por uma bobina de fio de cobre, um medidor de corrente elétrica e um ímã. Ao deixar o ímã parado próximo à bobina, ele percebeu que o medidor de corrente não apontava nenhuma corrente passando por ela. Quando, no entanto, ele movimentava o ímã, o medidor de corrente indicava o aparecimento de uma corrente elétrica.

> **PARA EXPLORAR**
>
> *Faraday e Maxwell: eletromagnetismo – da indução aos dínamos*, de Andria Guerra, Marco Braga e José Cláudio Reis. São Paulo: Atual, 2010.
> A obra discute os estudos do eletromagnetismo desenvolvidos no século XIX, tendo como base os trabalhos de Faraday e de James Clerk Maxwell (1831-1879). As teorias sobre o eletromagnetismo transformaram o mundo ocidental, promovendo uma segunda Revolução Industrial ao colaborar com a introdução dos motores elétricos nas fábricas e ao possibilitar a geração de energia elétrica a partir do movimento relativo entre ímãs e bobinas.

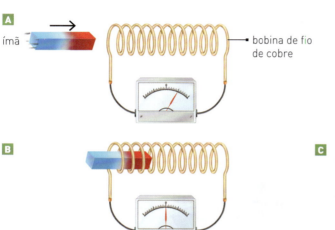

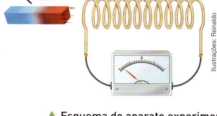

▲ Esquema do aparato experimental construído por Faraday para demonstrar a indução eletromagnética. Em (**A**) e em (**C**) o movimento do ímã provoca o aparecimento da corrente elétrica. O ímã parado (**B**) não induz o aparecimento da corrente elétrica.

Assim, Faraday mostrou que a variação do campo magnético no interior de uma bobina de cobre gera uma corrente elétrica. Esse princípio é utilizado, desde então, em usinas hidrelétricas, por exemplo, que utilizam o movimento das águas para mover um ímã no interior de uma bobina e, assim, gerar energia elétrica, que é distribuída aos locais onde é necessária.

◀ Esquema de turbina e gerador de usina hidrelétrica.

141

PRÁTICAS DE CIÊNCIAS

Motor elétrico

Você sabe como funciona um motor elétrico? Quais seriam as transformações de energia envolvidas em seu funcionamento? Nesta atividade, você vai construir um **modelo** de motor elétrico para responder a essas perguntas.

Material

- suporte para pilha
- base de madeira (pode ser substituída por papel-cartão)
- 2 clipes de papel (ou 2 pedaços de fios grossos com 10 cm cada)
- pilha grande D de 1,5 V
- 1 m de fio de cobre esmaltado de pequena espessura
- ímã (pode ser o de um alto-falante)
- lixa
- fita isolante

ATENÇÃO
Cuidado ao manipular o material, a fim de evitar lesões.

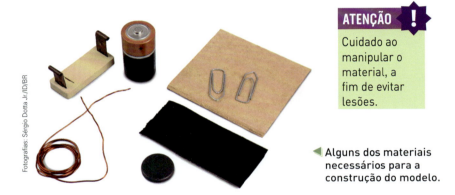

◀ Alguns dos materiais necessários para a construção do modelo.

Como fazer

1. Formem grupos de até quatro integrantes.

2. Para montar a bobina, usem a pilha como suporte e enrolem o fio de cobre em volta dela. Mantenham as voltas umas sobre as outras, formando um anel.

3. Deixem pelo menos 3 cm em cada uma das extremidades do fio, de maneira que se forme um prolongamento do diâmetro da bobina.

4. Raspem com a lixa as extremidades dos fios da bobina da seguinte forma: retirem todo o esmalte de uma das extremidades do fio e apenas metade do esmalte da outra ponta, conforme mostrado na imagem a seguir.

extremidade com todo o esmalte retirado

extremidade com a metade inferior do esmalte retirada

◀ Modelo da bobina com as extremidades raspadas de acordo com o previsto no projeto.

5. Preparem os suportes da bobina com os clipes, prendendo-os nos polos da pilha com pedaços de fita isolante.

6. Coloquem a bobina sobre o suporte, fazendo os ajustes necessários para que ela gire livremente.

7. Encaixem a pilha na base de madeira ou papel-cartão.

8. Posicionem o ímã de modo que fique bem abaixo da bobina.

9. Deem um pequeno toque na bobina para iniciar o movimento do motor.

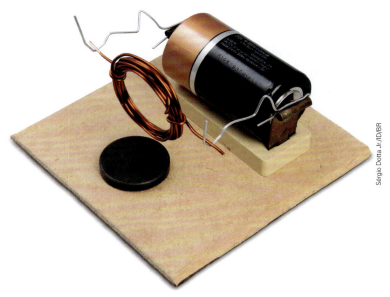

▲ Modelo de motor elétrico simples.

10. Depois de observar o motor em funcionamento, retirem a pilha do suporte e invertam a sua polaridade, fazendo com que a corrente elétrica percorra o circuito no sentido inverso em relação à montagem anterior. O que acontece com o movimento de rotação da bobina?

Para concluir

1. Quais são as formas de energia envolvidas nesse motor?
2. Por que a bobina gira?
3. O que aconteceria se a pilha de 1,5 V fosse substituída por uma bateria de 9 V?
4. Uma bobina girando em diferentes velocidades faz lembrar quais eletrodomésticos?
5. SABER SER Discuta com os colegas as dificuldades na montagem do motor e as soluções encontradas para cada uma delas.

143

ELETROÍMÃ

Um **eletroímã** é constituído de uma porção de ferro em torno da qual se enrola um fio condutor de eletricidade. Quando uma corrente elétrica passa pelo fio, forma-se um campo magnético, que é amplificado pelo núcleo de ferro. Dessa forma, o eletroímã passa a atrair objetos feitos de metais como ferro, níquel e cobalto.

Esse fenômeno é utilizado, por exemplo, em estações de separação de sucata.

RECEPTORES E GERADORES ELÉTRICOS

Aparelhos como ferros de passar, liquidificadores e ventiladores são capazes de transformar energia elétrica em outros tipos de energia. Esses aparelhos são chamados de **receptores elétricos**.

Outros aparelhos transformam determinados tipos de energia em energia elétrica – por exemplo, pilhas ou baterias, que transformam energia química em energia elétrica. Esses aparelhos são chamados de **geradores elétricos**.

As turbinas de hidrelétricas ou de usinas eólicas são geradores elétricos. Elas utilizam, respectivamente, a energia das águas e a dos ventos para causar uma variação no campo magnético e, assim, gerar uma corrente elétrica.

▲ O ferro pode ser separado de outros tipos de sucata pelos eletroímãs.

▲ Ventiladores e turbinas eólicas realizam funções inversas: os ventiladores transformam energia elétrica em mecânica e, por isso, são receptores; as turbinas eólicas transformam energia mecânica dos ventos em energia elétrica e, por isso, são consideradas geradores.

APLICAÇÕES DO ELETROMAGNETISMO

O desenvolvimento de novas ligas magnéticas, mais leves e potentes, permitiu a produção de equipamentos cada vez menores e mais eficientes. As aplicações são inúmeras: em telefones celulares, computadores sem fio, tecnologias de transmissão de sinais de rádio e de televisão, entre outras.

Esquema simplificado de uma transmissão de televisão. Uma cena é captada pela câmera de TV, que transforma a imagem em sinais elétricos. Esses sinais são transmitidos por fios até uma antena, que os transforma, então, em ondas eletromagnéticas. Essas ondas são captadas por uma antena receptora de TV, que as transforma novamente em sinais elétricos, e estes, por fim, formam a imagem no aparelho de TV. No caso da TV a cabo ou por fibra óptica, o princípio é semelhante, mas são necessários apenas os cabos e as fibras (não há antenas). (Representação sem proporção de tamanho e em cores-fantasia.)

Nos cartões magnéticos existe uma fita escura, que geralmente fica no verso do cartão, composta de partículas metálicas (óxido de ferro, cromo, etc.). Essas partículas podem ser magnetizadas e desmagnetizadas, servindo como um substrato no qual ficam armazenadas informações. Considerando essas propriedades, operadoras de cartões de crédito e débito devem descontinuar o uso de tarjas magnéticas nos próximos anos a fim de aumentar a segurança dos usuários e reduzir custos com a manutenção de cartões.

Outra aplicação possível do eletromagnetismo está nos meios de transporte. Usando o fenômeno da levitação magnética, foram desenvolvidos trens que conseguem atingir velocidades de até 650 km/h.

Cartões magnéticos podem ser desmagnetizados se forem aproximados de ímãs.

Trem chinês maglev (abreviação de "levitação magnética" em inglês). Foto de 2021.

145

Veja **aplicações do eletromagnetismo na saúde**. Qual é a importância dessas aplicações?

ONDAS ELETROMAGNÉTICAS NA MEDICINA

O eletromagnetismo é bastante utilizado na medicina atual, tanto na obtenção de diagnósticos quanto no tratamento de problemas de saúde.

Os raios X são um tipo de onda eletromagnética bastante conhecido. Eles são capazes de atravessar vários materiais, como a pele e os músculos, porém são absorvidos por outros, como os ossos. Por isso, os raios X são usados em diagnósticos de fraturas, em identificação e em tratamentos de tumores, etc.

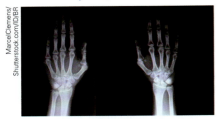

▲ Imagens de mãos humanas obtidas com aparelho de raios X. Essa técnica é uma das mais usadas para detectar lesões ósseas.

Os raios gama são ondas eletromagnéticas produzidas em estrelas e por alguns elementos radioativos. Devido à sua grande energia, podem penetrar profundamente na matéria e causar danos no núcleo das células; isso possibilita seu uso na esterilização de equipamentos médicos e de alimentos.

A radiação gama também pode ser utilizada na medicina diagnóstica, por exemplo, em tomografia por emissão de pósitrons (PET, na sigla em inglês). Nesse procedimento, o paciente ingere uma substância radioativa em concentração não tóxica. Essa substância libera partículas chamadas pósitrons. Os pósitrons emitem feixes de raios gama, que atravessam os tecidos humanos em direção a detetores que posteriormente reconstroem, camada por camada, o corpo que será analisado.

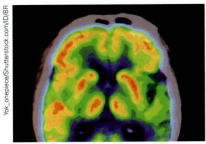

▲ Imagem de cérebro humano produzida por tomografia por emissão de pósitrons. As diferentes cores indicam diferentes graus de atividade metabólica no cérebro.

A radiação gama pode ser utilizada ainda no tratamento de câncer, eliminando, por exemplo, tumores cerebrais. Esse tipo de tratamento é conhecido como radioterapia.

CIDADANIA GLOBAL

ESTUDO MOSTRA QUE PANDEMIA INTENSIFICOU USO DAS TECNOLOGIAS DIGITAIS

A pandemia de covid-19, declarada pela Organização Mundial da Saúde em março de 2020, intensificou o uso de tecnologias digitais no Brasil, passando de 71% dos domicílios com acesso à internet em 2019 para 83% no ano passado [2020], o que corresponde a 61,8 milhões de domicílios com algum tipo de conexão à rede.

[...]

O coordenador do CGI.br [Comitê Gestor da Internet no Brasil], Márcio Migon, explica que a internet e os dispositivos móveis passaram a desempenhar papel central durante a pandemia, possibilitando a continuidade de atividades empresariais com o *home office*, do comércio com as vendas *online*, prestação de serviços públicos, atividades educacionais com o ensino remoto e de saúde com as teleconsultas. Porém, ele destaca que as desigualdades sociais foram agravadas pelas diferenças no acesso à tecnologia.

"[...] Ao mesmo tempo, a vida digital permitiu muitas possibilidades, inclusive abrindo fronteiras para uma parcela da sociedade, por um lado. Por outro lado, as diferenças e as dificuldades de acesso se mostraram ainda mais graves, agravando as fraturas sociais e as desigualdades. É preciso diagnóstico para que possamos implementar políticas públicas que venham ao encontro de reduzir essas diferenças".

Akemi Nitahara. Estudo mostra que pandemia intensificou uso das tecnologias digitais. *Agência Brasil*, 25 nov. 2021. Disponível em: https://agenciabrasil.ebc.com.br/geral/noticia/2021-11/estudo-mostra-que-pandemia-intensificou-uso-das-tecnologias-digitais. Acesso em: 13 jun. 2023.

1. De acordo com o texto, quais diferenças de acesso à tecnologia foram observadas durante a pandemia de covid-19? Que impactos você acredita que a exclusão digital pode causar a indivíduos e comunidades?
2. Como as tecnologias digitais podem auxiliar no combate às desigualdades sociais?
3. Você concorda com a última frase dita pelo coordenador? Em sua opinião, como as políticas públicas podem colaborar para a redução da exclusão digital e, consequentemente, das desigualdades sociais?

ATIVIDADES

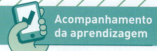

Retomar e compreender

1. Indique dois objetos ou aparelhos, presentes em seu dia a dia, em que é possível perceber a relação entre eletricidade e magnetismo.

2. Observe as fotos a seguir e identifique os geradores e os receptores elétricos. (Fotos sem proporção de tamanho entre si.)

   a) 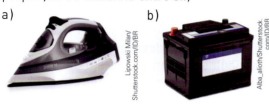 b)

   c)  d)

3. Em uma carta de envio de cartão magnético, havia as seguintes orientações:

   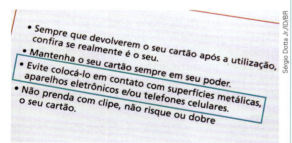

   - Por que é necessário evitar que o cartão magnético fique em contato com superfícies metálicas e aparelhos eletrônicos?

4. Explique resumidamente como ocorre a geração de energia em uma hidrelétrica.

Aplicar

5. Com duas pilhas grandes, fio elétrico e dois pregos grandes, construa dois modelos de eletroímã, de modo que um seja mais potente que o outro.
   - Depois de construir os dois modelos, faça no caderno esquemas que demonstrem a construção de cada um deles e também a alteração feita em um dos modelos para que esses eletroímãs exerçam forças diferentes.

6. A foto a seguir mostra um tomógrafo, aparelho utilizado em exames diagnósticos.

   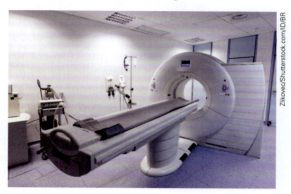

   - Com três colegas, realize uma pesquisa sobre a importância do eletromagnetismo na medicina atual. Compartilhem os resultados com a turma.

7. Em um experimento para observar o campo magnético, um estudante usou uma bússola e desenhou um círculo sobre uma mesa horizontal, como mostra a figura a seguir.

   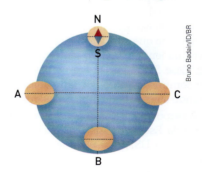

   a) Copie a figura no caderno e indique qual deve ser a posição do ponteiro da bússola quando colocada em cada uma das posições (A, B e C).

   b) Suponha que um fio conectado a uma fonte elétrica seja colocado próximo à bússola. Se o circuito elétrico estiver aberto, a presença do fio modificará a orientação da agulha na bússola? Por quê?

   c) Se o circuito elétrico for fechado, a presença do fio modificará a orientação da agulha na bússola? Por quê?

147

CONTEXTO

CIÊNCIA, TECNOLOGIA E SOCIEDADE

Ciência básica e o desenvolvimento tecnológico

Fenômenos elétricos, magnéticos e ópticos despertam a curiosidade humana há milhares de anos. O conhecimento científico acerca desses fenômenos, obtidos por meio de pesquisa pura, possibilitou o desenvolvimento de diversas tecnologias, como o uso de ímãs em dispositivos e o funcionamento de aparelhos como celular e micro-ondas a partir de ondas eletromagnéticas.

Estudos que têm como objetivo o conhecimento em si, independentemente de sua aplicabilidade no dia a dia, fazem parte da pesquisa pura. Também chamada de fundamental ou básica, a ciência pura visa descrever elementos básicos da natureza, como a estrutura das partículas fundamentais e as leis que as governam. A ciência aplicada, por outro lado, busca formas de utilizar conhecimentos científicos – como aqueles obtidos com a pesquisa básica – em benefício do ser humano. Leia o texto a seguir.

Experimento usa lente com ferro para revelar como magnetismo controla trajetória da luz

Quando a luz encontra um obstáculo, por exemplo, uma lente, ela muda de direção. A luz do Sol, ao passar pelos cristais de gelo na atmosfera, que funcionam como uma lente, altera sua trajetória e forma figuras luminosas no céu. Em uma lente magnética, feita com partículas de ferro colocadas entre duas placas de vidro, o ferro pode agir como os cristais de gelo e modificar a direção da luz. Para isso, é preciso usar um ímã, o qual gera um campo magnético que altera a disposição das partículas de ferro na lente e, consequentemente, o percurso da luz. Esse fenômeno já era conhecido em fontes de luz comuns, como o Sol, lâmpadas ou LEDs, mas e quando a luz vem de uma única direção?

A resposta para essa pergunta está em uma pesquisa da Escola de Artes, Ciências e Humanidades (EACH) da USP, que usou lentes magnéticas para entender o comportamento da luz emitida em uma única direção, chamada de polarizada (utilizada, por exemplo, para criar as imagens em telas de cristal líquido), quando recebe um campo magnético. Este campo é gerado por ímãs ou bobinas, e o experimento verificou que, conforme a sua intensidade, ele muda a maneira com que as partículas de ferro se arranjam dentro da lente, fazendo a luz mudar de caminho. A descoberta abre caminho para futuras aplicações em que seja necessário o controle da luz, como [...] telas de aparelhos eletrônicos. Atualmen-

te, a luz que gera a imagem dessas telas é controlada por um campo elétrico, que seria substituído pelo campo magnético.

O estudo utiliza o ferrofluido, um líquido que contém nanopartículas de ferro envolvidas em um detergente, também chamado de "fluido inteligente" (*smart fluid*). "Esse líquido possui propriedades magnéticas [...]", conta o professor Alberto Tufaile, que realizou a pesquisa. "O ferrofluido é usado para produzir lentes magnéticas, conhecidas como *ferrocell*, feitas com o fluido dissolvido em placas de vidro." [...]

[...]

De acordo com Tufaile, os efeitos óticos do campo magnético já eram conhecidos, porém não se sabia com exatidão como ele atuava na presença de luz polarizada, que se propaga em uma única direção, usada em monitores de cristal líquido (LCD) [...] [nos quais] a trajetória da luz é controlada por meio de campos elétricos. [...]

[...]

De acordo com o professor, embora a pesquisa seja básica, entender o comportamento da luz sob efeito do campo magnético abre caminho para estudar futuras aplicações. [...] [Uma] possibilidade é a criação de um novo tipo de *display* baseado em campos magnéticos, pois as telas atuais de cristal líquido usam campos elétricos para formar as imagens." [...]

Júlio Bernardes. Experimento usa lente com ferro para revelar como magnetismo controla trajetória da luz. *Auspin* – Agência USP de Inovação, 26 abr. 2019. Disponível em: http://www.inovacao.usp.br/experimento-usa-lente-com-ferro-para-revelar-como-magnetismo-controla-trajetoria-da-luz/. Acesso em: 14 jun. 2023.

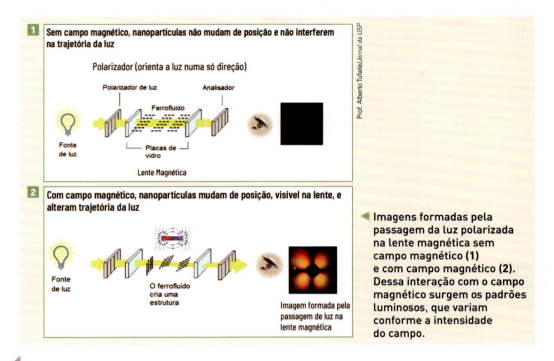

▶ Imagens formadas pela passagem da luz polarizada na lente magnética sem campo magnético (1) e com campo magnético (2). Dessa interação com o campo magnético surgem os padrões luminosos, que variam conforme a intensidade do campo.

Para compreender

1. O texto apresenta um exemplo de estudo relacionado ao comportamento da luz.
   a) Que aspecto relacionado a esse fenômeno a pesquisa se propôs a compreender?
   b) Cite o trecho que menciona como foram obtidas as lentes magnéticas do estudo.
   c) O que foi observado sobre o comportamento da luz polarizada em contato com um campo magnético e quais as possíveis aplicações tecnológicas futuras disso?

2. O ferro, utilizado na produção das lentes magnéticas, é um material ferromagnético, ou seja, quando submetido a um campo magnético externo passa a comportar-se da mesma forma que o ímã.
   a) Em que consiste um ímã?
   b) Como se forma um campo magnético?

3. O investimento em ciência e tecnologia garante aos países independência e soberania no desenvolvimento de tecnologias. A Constituição Federal brasileira, de 1988, apresentou um grande avanço nessa área, com o seguinte artigo:

   Art. 218. O Estado promoverá e incentivará o desenvolvimento científico, a pesquisa e a capacitação tecnológicas.

   § 1º - A pesquisa científica básica receberá tratamento prioritário do Estado, tendo em vista o bem público e o progresso das ciências.

   BRASIL. *Constituição da República Federativa do Brasil de 1988*. Brasília: Presidência da República, [2023]. Disponível em: https://www.planalto.gov.br/ccivil_03/constituicao/constituicao.htm. Acesso em: 15 jun. 2023.

   ▪ Reúnam-se em grupos e pesquisem os investimentos que o Brasil e outros países dedicam à área de ciência e tecnologia. Comparem os dados obtidos e reflitam se eles podem ser considerados satisfatórios. Discutam também a importância de dedicar parte desses investimentos à ciência básica.

ATIVIDADES INTEGRADAS

Retomar e compreender

1. Copie a tabela a seguir no caderno e complete-a com o nome correto das tecnologias.

Nome da tecnologia	Aplicação
	Produção de imagens internas do corpo utilizando radiação gama.
	Permite a separação de objetos de metal em ferros-velhos.
	Permite a orientação no espaço ao mostrar a localização dos pontos cardeais.

2. Nas telecomunicações, os ímãs aparecem, por exemplo, em microfones e alto-falantes.

   Nos microfones, o som emitido (por exemplo, a voz) movimenta a membrana, que vibra em relação ao ímã, produzindo um sinal elétrico, que é transmitido pelos fios até outro aparelho, como um gravador ou uma caixa de som. Já no alto-falante ocorre o contrário: o sinal elétrico que chega ao alto-falante faz com que o ímã produza um movimento da membrana, que vai, então, produzir o som.

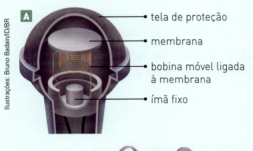

A — tela de proteção, membrana, bobina móvel ligada à membrana, ímã fixo

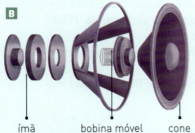

B — ímã, bobina móvel, cone

▲ Microfone (**A**) e alto-falante (**B**).

- No microfone e no alto-falante, há uma relação entre magnetismo e eletricidade. Que nome damos a essa relação?

Aplicar

3. A figura mostra dois clipes presos a um parafuso ligado a um ímã.

- O parafuso e os clipes, nessa situação, apresentam dois polos ou apenas o polo norte? Justifique.

Analisar e verificar

4. A figura a seguir mostra um ímã em forma de barra dividido em três partes.

parte 1   parte 2   parte 3

Indique se as frases a seguir são verdadeiras ou falsas. Depois, reescreva as afirmações falsas no caderno, fazendo as correções necessárias.

I. A parte **1** terá apenas o polo norte.
II. A parte **3** terá apenas o polo sul.
III. A parte **2** formará novo ímã, mas as partes **1** e **3** não.
IV. As partes **1**, **2** e **3** formarão três novos ímãs, cada um com seus polos norte e sul.

Criar

5. Leia o texto a seguir e faça o que se pede.

   Manuel Dias de Abreu (1891-1962) foi um médico paulista que desenvolveu uma técnica de diagnóstico de tuberculose conhecida como abreugrafia. O teste consiste em tirar pequenas chapas radiográficas dos pulmões por meio da emissão de um feixe de raios X. O feixe sensibiliza uma tela que se torna fluorescente e produz uma imagem visível, captada por uma câmera fotográfica. Essa técnica, simples e de baixo custo, se disseminou e foi intensivamente usada pelos serviços públicos de saúde. Em 1974, a OMS pronunciou-se contra o uso intensivo da abreugrafia. Atualmente, a tuberculose pode ser diagnosticada em exame de laboratório, como o da amostra de escarro (catarro).

Acompanhamento da aprendizagem

a) A abreugrafia utilizava que tipo de onda eletromagnética (radiação)?

b) Durante muitas décadas, esse exame foi obrigatório para matricular crianças nas escolas e para ingressar em um novo emprego. Você acha que esse exame deveria ser obrigatório ainda hoje? Por quê? Discuta com os colegas e escreva um texto breve com sua opinião.

6. Leia o texto e, depois, responda às questões.

Com uma bússola no bico

Há muitos anos, quando não existia correio nem internet, as pessoas usavam pombos para enviar mensagens, que chegavam direitinho ao seu destino! O que ninguém entendia era como as aves viajavam longas distâncias e sabiam voltar para casa... Pois foi isso que os cientistas da Universidade de Auckland, na Nova Zelândia, descobriram!

Sabia que os pombos-correio têm algo parecido com uma bússola no bico? Esse instrumento, você sabe, serve para orientação. Ele tem uma agulha, que indica o norte, facilitando assim que alguém localize a posição em que está.

Os cientistas da Nova Zelândia revelaram que os pombos-correio têm minúsculas partículas de ferro no bico superior que funcionam como as agulhas de uma bússola. "Essas partículas, que poderíamos comparar a agulhas, giram e sempre indicam a direção norte", explica Cordula Mora, coordenadora da pesquisa.

[...]

Isso indica que essas aves se orientam pelo campo magnético da Terra, uma ideia que outros cientistas já tinham levantado, mas que não conseguiram provar. Esse feito coube aos pesquisadores da Nova Zelândia. Mas como eles fizeram isso?

Os cientistas colocaram pombos-correios em um túnel de madeira com uma plataforma em cada extremidade e os treinaram para escolher uma delas. Quando havia mudança no campo magnético, eles deveriam ir para uma plataforma. Quando não havia alteração, para outra. Na maioria das vezes, as aves fizeram a opção certa, o que mostra que foram capazes de notar as variações no campo magnético e se guiar por elas!

Porém, para terem certeza de que haviam chegado à conclusão certa, os pesquisadores fizeram ainda outros experimentos. Em um deles, eles colocaram ímãs no bico superior dos pombos para saber se haveria alguma interferência [na] capacidade de orientação das aves. Resultado: os animais tiveram suas habilidades prejudicadas.

[...]

Em outro teste, os cientistas anestesiaram a área ao redor do bico superior das aves e verificaram que elas tiveram problemas de orientação. O resultado demonstra a ligação entre a região e a habilidade dos pombos em se localizar. Depois, o grupo cortou o nervo olfativo, que leva informação do nariz para o cérebro, de alguns pombos. Isso para saber se a ideia de que essas aves orientam-se por odores da natureza, defendida por certos cientistas, é correta. Nesse caso, porém, a orientação dos animais não foi afetada, comprovando que o olfato não faz diferença na hora de eles se localizarem!

[...]

Eliana Pegorim. Com uma bússola no bico. *Ciência Hoje das Crianças*, 15 jul. 2010. Disponível em: http://chc.org.br/com-uma-bussola-no-bico/. Acesso em: 14 jun. 2023.

a) De acordo com o texto, os pombos-correio têm minúsculas partículas de ferro no bico que funcionam como agulhas de uma bússola. Além do ferro, que outros materiais podem adquirir propriedades magnéticas?

b) De acordo com a hipótese levantada sobre a orientação dos pombos-correio, explique por que a presença de um ímã no bico superior prejudicou a orientação dessas aves.

c) Um experimento adicional que simulasse o movimento aparente do Sol no céu seria significativo para testar se o campo magnético terrestre realmente é o referencial para a orientação dos pombos-correio? Explique seu raciocínio.

CIDADANIA GLOBAL
UNIDADE 5

Retomando o tema

Nesta unidade, você ficou sabendo como o acesso igualitário à tecnologia e à informação podem contribuir para a redução das desigualdades sociais.

Agora, verifique o que aprendeu a respeito desse tema respondendo às questões a seguir.

1. Cite alguns problemas decorrentes da exclusão digital e alguns benefícios da implementação de redes e estruturas de acesso à internet e às mídias digitais.

2. A falta de infraestrutura de comunicação pode ser um obstáculo para o desenvolvimento econômico e social de uma região ou de uma comunidade? Justifique sua resposta.

3. Você acredita ser possível construir um mundo com mais qualidade de vida e igualdade social com o uso de novas tecnologias? Justifique sua resposta.

4. **SABER SER** Quais ações podem ajudar a ampliar o acesso a tecnologias digitais, como as redes de internet, de forma a contribuir para a redução das desigualdades sociais?

Geração da mudança

- Com base nos conhecimentos construídos até o momento, organizem-se em grupos e, com o auxílio do professor, façam uma *live* (uma transmissão ao vivo) em rede social para apresentar informações sobre diferentes tipos de tecnologia, atualmente utilizados, que se baseiam no eletromagnetismo.

- Na *live*, demonstrem como essas novas tecnologias podem contribuir para melhorar a qualidade de vida das pessoas. O objetivo é mostrar à comunidade escolar como a utilização correta dessas tecnologias e também a possibilidade de acesso a elas são importantes e benéficas para a construção de uma sociedade mais justa e igualitária.

UNIDADE 6
UNIVERSO E SISTEMA SOLAR

PRIMEIRAS IDEIAS

1. Você já olhou para o céu à noite? Que corpos celestes conseguiu identificar?
2. Em sua opinião, quais são os astros que compõem o Sistema Solar?
3. Além da visão científica, que outras interpretações dos fenômenos celestes você conhece?
4. Quais equipamentos utilizados para estudar o Universo você conhece?

Conhecimentos prévios

Nesta unidade, eu vou...

CAPÍTULO 1 — Astros no Universo

- Identificar características de astros como estrelas, planetas, planetas-anões, satélites naturais, asteroides e cometas.
- Conhecer algumas características do Sol e dos planetas do Sistema Solar.
- Identificar as características das etapas do ciclo evolutivo do Sol.
- Diferenciar planeta de planeta-anão.
- Compreender o que são galáxias e conhecer suas classificações.
- Construir um modelo para comparar tamanhos e distâncias no Sistema Solar.

CAPÍTULO 2 — Um olhar para o Universo

- Diferenciar geocentrismo de heliocentrismo.
- Definir constelação e reconhecer a importância das constelações para diferentes povos.
- Distinguir teorias e mitos sobre a origem do Universo.
- Explicar como as sondas espaciais auxiliam na exploração espacial.
- Discutir o papel da ciência no desenvolvimento de tecnologias espaciais, seus usos e suas implicações.

INVESTIGAR — A sobrevivência humana fora da Terra

- Buscar informações sobre as condições necessárias à sobrevivência de seres humanos em outros corpos celestes.
- Em um debate, utilizar argumentos para defender ou contestar a ideia e a viabilidade de os seres humanos viverem em outros planetas.
- Elaborar coletivamente uma conclusão sobre a possibilidade de os seres humanos viverem fora da Terra.

CIDADANIA GLOBAL

- Reconhecer a importância de parcerias para a exploração espacial.
- Identificar prioridades na formação de parcerias e projetos.

LEITURA DA IMAGEM

1. Cite os elementos tecnológicos que você pode identificar na imagem.
2. Pesquise, em livros, revistas ou na internet, imagens de outros foguetes. Quais semelhanças e diferenças você percebe entre eles?
3. Qual das condições meteorológicas que favorecem o lançamento de foguetes pode ser percebida nesta foto?

CIDADANIA GLOBAL

17 PARCERIAS E MEIOS DE IMPLEMENTAÇÃO

Tem se tornado cada vez mais frequente o lançamento de foguetes com o objetivo de colocar satélites artificiais na órbita da Terra. A atuação de empresas privadas e as parcerias com governos, além da crescente participação de países europeus, da China, da Índia e dos Emirados Árabes Unidos na exploração espacial, deixam clara a importância atual dessa atividade. Nesse ponto, essas parcerias têm papel cada vez mais relevante para o setor aeroespacial e para os países envolvidos. No Brasil, o Centro Espacial de Alcântara (CEA) evidencia como as atividades espaciais são fundamentais para a economia e para setores do país, como defesa, comunicações e meteorologia. Esse centro, construído pela iniciativa pública brasileira, é considerado um dos melhores locais do planeta para lançamentos de foguetes, por causa de sua proximidade à linha do Equador (o que economiza combustível) e do clima estável, entre outros fatores.

- De que forma as parcerias no setor aeroespacial, como as que ocorrem no CEA, podem ser importantes para a sociedade e para o país?

Veja **exploração espacial** e responda: Como o desenvolvimento da tecnologia alterou a forma como olhamos para o Universo?

O Centro Espacial de Alcântara (CEA) é uma importante base de lançamento de foguetes e satélites, localizada no estado do Maranhão. O CEA é operado pela Agência Espacial Brasileira (AEB), em parceria com a Força Aérea Brasileira (FAB).

CAPÍTULO 1

ASTROS NO UNIVERSO

PARA COMEÇAR

O Universo é tempo, espaço, matéria e energia. Não se sabe seu tamanho, apenas que é muito, muito grande e que está em expansão. Como você acha que o Universo surgiu?

▼ A ilustração, feita com base em foto captada pelo telescópio Hubble, mostra uma "trilha" de estrelas, de 200 000 anos-luz, recém-formada após a passagem de um buraco negro em deslocamento.

OBJETOS E CORPOS CELESTES

Um **objeto astronômico** é qualquer estrutura física significativa existente no Universo. Tanto a expressão **corpo celeste** como **objeto celeste** são utilizadas para objetos coesos, ou seja, mantidos íntegros pela força da gravidade, como planetas, satélites e estrelas, e para objetos mais complexos, menos coesos ou compostos de vários corpos, como sistemas planetários, galáxias e nebulosas.

Vamos estudar, a seguir, os corpos celestes que compõem o Universo e o Sistema Solar.

ESTRELAS

Estrelas são corpos celestes com luz própria, que produzem e emitem energia. Elas são constituídas de gases, em especial, o hidrogênio. No núcleo das estrelas, cuja temperatura ultrapassa vários milhões de graus Celsius, ocorrem reações nucleares, e são essas reações que liberam energia na forma de luz e de calor.

ESA, Leah Hustak(STScI)/NASA

PLANETAS

A União Astronômica Internacional (IAU, na sigla em inglês) definiu que **planeta** é um corpo celeste que preenche três requisitos:

- orbitar uma estrela;
- ter massa suficiente para que sua gravidade o deixe com formato esférico;
- "limpar" a vizinhança em torno de sua órbita, ejetando outros corpos que por ali se encontrem ou aglutinando-os no processo de sua formação.

Se esse corpo estiver orbitando outra estrela que não seja o Sol e preencher o segundo e o terceiro requisitos, será chamado de **exoplaneta**.

▲ Netuno é um planeta gasoso. Imagem obtida pela sonda Voyager em 1989.

PLANETAS-ANÕES

Pela definição da IAU, um corpo que cumpra apenas as duas primeiras definições de planeta é denominado **planeta-anão**.

SATÉLITES NATURAIS

Um **satélite natural**, ou lua, é qualquer corpo astronômico que orbite um planeta, um planeta-anão ou um asteroide.

ASTEROIDES

Asteroides são objetos rochosos, pequenos demais para manter uma atmosfera. Podem ter órbita própria ao redor das estrelas ou compartilhar a órbita de planetas. Asteroides pequenos que estejam orbitando o Sol são chamados de **meteoroides**. Ao entrar na atmosfera da Terra, um meteoroide pode ser vaporizado, deixando um rastro no céu e recebendo o nome de **meteoro** ou estrela cadente. Se resistir à entrada, chegando ao solo, o meteoro é chamado de **meteorito**.

▲ Em primeiro plano, Plutão, um planeta-anão, e sua lua Caronte, ao fundo. Imagem obtida pela sonda New Horizons, em 2015.

COMETAS

Os **cometas** são resquícios da formação do Sistema Solar constituídos essencialmente de gelo, de materiais voláteis, como o gás carbônico, e de rochas. Quando esses corpos celestes se aproximam do Sol, parte deles é volatilizada, produzindo uma fina, brilhante e extensa cauda, sempre em direção contrária ao Sol.

▶ O Hale-Bopp foi um dos maiores cometas observados no século XX. Descoberto em 1995, tornou-se visível a olho nu em 1996. Em 1997, seu brilho era tão forte que podia ser visto até nas grandes cidades.

157

SISTEMA SOLAR

O **Sistema Solar** é um conjunto de corpos celestes que se movimentam em torno do Sol. Há oito planetas no Sistema Solar: Mercúrio, Vênus, Terra, Marte, Júpiter, Saturno, Urano e Netuno.

Os planetas do Sistema Solar podem ser divididos em dois grandes grupos: telúricos (ou rochosos) e jovianos (ou gasosos).

Os **planetas telúricos** (Mercúrio, Vênus, Terra e Marte) são constituídos principalmente de rochas e minerais, como o ferro. Os **planetas jovianos** (Júpiter, Saturno, Urano e Netuno) são compostos sobretudo de gases e são muito maiores que os telúricos.

FORÇA GRAVITACIONAL

Força gravitacional é a força de atração entre dois corpos que têm massa. O físico inglês Isaac Newton (1642-1727) foi um dos cientistas que mais contribuíram para seu estudo. A força gravitacional é tanto maior quanto maior for a massa dos corpos e tanto menor quanto maior for a distância entre eles. É essa força que mantém os planetas girando ao redor do Sol.

Sol
∅ 1,4 milhão

O Sol é a estrela do Sistema Solar. A energia solar é gerada no núcleo da estrela, onde a temperatura chega a 15 milhões de graus Celsius. Na fotosfera, a camada mais externa da estrela, a temperatura chega a 6 mil graus Celsius. O calor que recebemos do Sol é um dos fatores que permitem a vida na Terra. Estudos indicam que o Sol está ativo há quase 4 bilhões e 600 milhões de anos e pode continuar em atividade por mais 5 bilhões de anos.

Mercúrio
∅ 4,9 mil
↔ 58 milhões
⊙ 0

Não tem atmosfera; logo, não apresenta esse tipo de proteção contra os choques de corpos celestes. Por isso, sua superfície, assim como a da Lua, é coberta de crateras, resultantes de impactos de asteroides e de outros corpos celestes.

Vênus
∅ 12,1 mil
↔ 108 milhões
⊙ 0

Tem tamanho quase igual ao da Terra. Apesar de não ser o planeta mais próximo do Sol, é o mais quente do Sistema Solar: a temperatura em sua superfície pode chegar a 480 °C. Isso ocorre porque o calor recebido do Sol é retido pela densa atmosfera do planeta.

Terra
∅ 12,75 mil
↔ 150 milhões
⊙ 1

Pelo que sabemos, é o único planeta do Sistema Solar no qual há seres vivos. Sua atmosfera apresenta grande quantidade de gás oxigênio e de gás nitrogênio, e a maior parte de sua superfície é coberta de água líquida; por isso, quando vista do espaço, a Terra parece azul.

Marte
∅ 6,78 mil
↔ 228 milhões
⊙ 2

Em decorrência da cor de suas rochas e de seu solo, ricos em óxidos de ferro, é conhecido como planeta vermelho. É um dos planetas mais estudados atualmente. É possível que uma viagem tripulada para Marte seja realizada ainda neste século.

Júpiter
∅ 142,9 mil
↔ 778 milhões
⊙ 79

Acredita-se que tenha um pequeno núcleo rochoso, envolto por uma camada de gases. Júpiter tem anéis, que não são visíveis da Terra. A Grande Mancha Vermelha, vista em sua atmosfera, é uma tempestade, com ventos de até 500 km/h e que, segundo os astrônomos, já dura pelo menos 150 anos.

Legenda: ∅ Diâmetro equatorial aproximado em km ↔ Distância média do Sol em km ⊙ Número de satélites

TRAJETÓRIAS

Órbita é a trajetória descrita por um astro ao redor de outro. Os planetas do Sistema Solar orbitam ao redor do Sol. Em geral, a órbita desses planetas tem forma quase circular, e os planetas levam períodos distintos para completá-la, ou seja, para dar uma volta completa ao redor do Sol.

Veja **planetas do Sistema Solar**. Identifique e ordene os planetas em relação ao Sol.

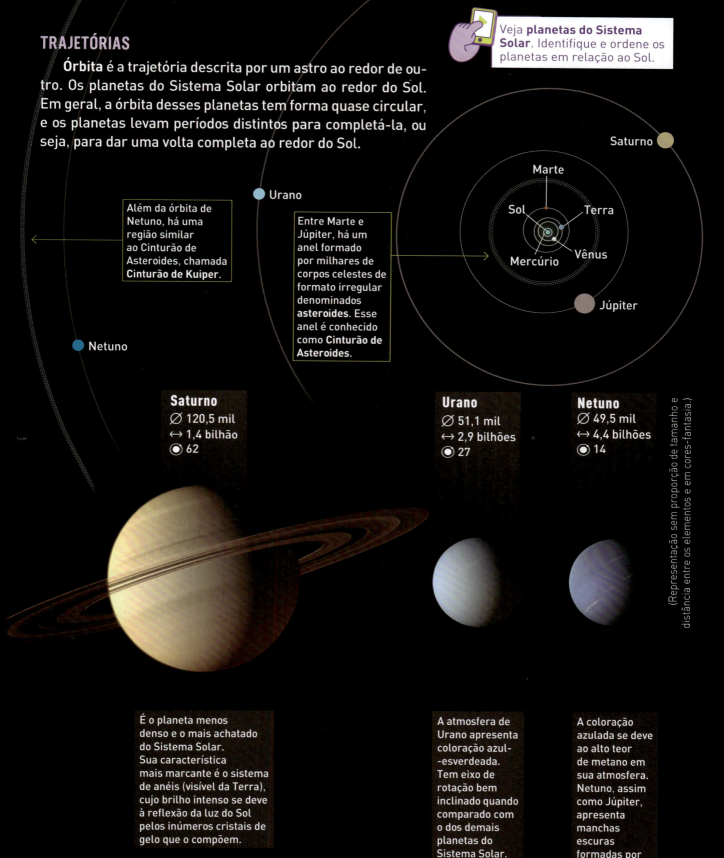

Além da órbita de Netuno, há uma região similar ao Cinturão de Asteroides, chamada **Cinturão de Kuiper**.

Entre Marte e Júpiter, há um anel formado por milhares de corpos celestes de formato irregular denominados **asteroides**. Esse anel é conhecido como **Cinturão de Asteroides**.

Saturno
⌀ 120,5 mil
↔ 1,4 bilhão
◉ 62

Urano
⌀ 51,1 mil
↔ 2,9 bilhões
◉ 27

Netuno
⌀ 49,5 mil
↔ 4,4 bilhões
◉ 14

(Representação sem proporção de tamanho e distância entre os elementos e em cores-fantasia.)

É o planeta menos denso e o mais achatado do Sistema Solar. Sua característica mais marcante é o sistema de anéis (visível da Terra), cujo brilho intenso se deve à reflexão da luz do Sol pelos inúmeros cristais de gelo que o compõem.

A atmosfera de Urano apresenta coloração azul-esverdeada. Tem eixo de rotação bem inclinado quando comparado com o dos demais planetas do Sistema Solar.

A coloração azulada se deve ao alto teor de metano em sua atmosfera. Netuno, assim como Júpiter, apresenta manchas escuras formadas por tempestades.

Fonte de pesquisa: União Astronômica Internacional. Disponível em: https://www.iau.org/. Acesso em: 16 maio 2023.

159

OS LONGÍNQUOS CINTURÃO DE KUIPER E NUVEM DE OORT

O Cinturão de Kuiper é uma estrutura em forma de disco, composta de bilhões de pequenos corpos congelados, que se estende por incríveis 6 bilhões de quilômetros além da órbita de Netuno. É nessa região que se encontra a maioria dos planetas-anões.

A Nuvem de Oort é uma estrutura esférica que encapsula o Sistema Solar. O raio dessa esfera é de cerca de 1,6 ano-luz, ou seja, 15 trilhões de quilômetros. Essa região contém trilhões de cometas.

Segundo o modelo mais aceito atualmente sobre a origem dos cometas, os cometas de "período curto", com até poucas centenas de anos, teriam se originado no Cinturão de Kuiper, enquanto os cometas de "período longo" teriam se originado na Nuvem de Oort.

▲ Representação do Cinturão de Kuiper e das órbitas dos planetas Júpiter, Saturno, Urano, Netuno e Plutão.

ano-luz: unidade de distância utilizada na Astronomia, equivalente à distância que a luz percorre no vácuo durante um ano. Um ano-luz corresponde a 9,5 trilhões de quilômetros.

SATÉLITES NATURAIS DO SISTEMA SOLAR

No Sistema Solar, os planetas Terra, Marte, Júpiter, Saturno, Urano e Netuno e os planetas-anões Plutão, Haumea, Éris e Makemake apresentam satélites naturais.

Os satélites naturais variam de tamanho e de composição química, e alguns despertam grande interesse no estudo da vida fora da Terra.

Os primeiros satélites naturais descobertos em outro planeta foram as quatro maiores luas de Júpiter: Io, Calisto, Europa e Ganimedes. A descoberta foi feita em 1610 pelo astrônomo, físico e matemático italiano Galileu Galilei (1564-1642).

As luas também não se formaram todas da mesma maneira. Acredita-se que o satélite natural da Terra, a Lua, tenha se formado da colisão de um grande asteroide com a jovem Terra.

PLANETAS-ANÕES DO SISTEMA SOLAR

Em 1930, foi descoberto, no Cinturão de Kuiper, aquele que seria o nono planeta do Sistema Solar: Plutão. Na década de 1990, dezenas de outros corpos foram descobertos nessa região. Por causa disso e após a descoberta de Éris, em 2005, a União Astronômica Internacional decidiu, em 2006, reclassificar Plutão como planeta-anão.

Até o momento, o Sistema Solar apresenta cinco planetas-anões:

Makemake
- 1 430 km de diâmetro
- 1 lua
- localizado no Cinturão de Kuiper

▲ Representação artística de Makemake.

Haumea
- 1 632 km de diâmetro
- 2 luas
- localizado no Cinturão de Kuiper

▲ Representação artística de Haumea com um anel recém-descoberto.

Plutão
- 2 376 km de diâmetro
- 5 luas
- localizado no Cinturão de Kuiper

▲ Plutão. Imagem obtida pela sonda New Horizons.

Éris
- 2 326 km de diâmetro
- 1 lua
- localizado no Disco Disperso, um disco inclinado em relação ao Sistema Solar

▲ Representação artística de Éris.

Ceres
- 946 km de diâmetro
- não possui lua
- localiza-se no Cinturão de Asteroides, entre Marte e Júpiter

▲ Ceres. Foto colorida artificialmente.

PRÁTICAS DE CIÊNCIAS

Tamanhos e distâncias no Sistema Solar

Quão realmente grandes são o Sol e os planetas do Sistema Solar? Quão distantes os planetas estão do Sol e entre si? Construa um **modelo** e descubra.

Explique a importância dos modelos para **o estudo da Astronomia**.

Material

- barbante de 126 cm de comprimento
- fita adesiva
- balão de festa amarelo de tamanho grande (o diâmetro do balão cheio deve ter por volta de 40 cm)
- massa de modelar ou argila
- régua de 30 cm de comprimento
- folhas de papel colorido
- caneta hidrográfica preta de ponta grossa
- trena

Como fazer

1 Una as extremidades do barbante com fita adesiva, formando uma argola.

2 Encha o balão até que ele se ajuste à argola de barbante. Esse balão representará o Sol. Faça os modelos dos planetas com a massa de modelar, nos diâmetros indicados na tabela.

Astro	Diâmetro (mm)	Distância do Sol (cm)
Sol	400,0	—
Mercúrio	1,5	5,8
Vênus	3,5	10,8
Terra	3,6	15,0
Marte	2,0	22,8

Astro	Diâmetro (mm)	Distância do Sol (cm)
Júpiter	41,0	77,8
Saturno	34,5	142,9
Urano	14,6	287,0
Netuno	14,0	450,5

Raphael Mortari/ID/BR

Diâmetro dos planetas e sua distância aproximada (em escala) em relação ao Sol.

Fonte de pesquisa: João Batista Garcia Canalle. Oficina de Astronomia. Instituto de Física, Universidade do Estado do Rio de Janeiro (Uerj). Disponível em: http://each.uspnet.usp.br/ortiz/classes/oficina.pdf. Acesso em: 16 maio 2023.

3 Escreva o nome dos astros nas folhas de papel colorido. Coloque o balão e os modelos dos planetas lado a lado e observe as diferenças de tamanho.

4 Em um local aberto, disponha o balão representando o Sol em uma das extremidades. Use a trena para medir a posição dos modelos dos planetas em relação ao balão que representa o Sol. Posicione os planetas conforme as distâncias indicadas na tabela. Observe as distâncias entre os astros.

Para concluir

1. Observe o modelo construído e responda às questões.
   a) Todos os planetas do Sistema Solar caberiam juntos dentro do Sol? Comente.
   b) Compare a distância dos planetas rochosos entre si e a distância dos planetas gasosos entre si. Há diferenças? Justifique.

2. De que maneira esse modelo científico possibilita o estudo do tamanho dos corpos celestes do Sistema Solar e da distância entre eles?

161

ORIGEM DO SISTEMA SOLAR

Todas as estrelas se originam de um colapso gravitacional de uma nuvem de gás, que, estando em equilíbrio, é perturbada de alguma forma (por exemplo, por explosões estelares denominadas supernovas).

Muitas vezes, o nascimento de uma estrela é acompanhado da formação de um sistema planetário, como foi o caso do Sistema Solar. O esquema a seguir ilustra a teoria do surgimento do Sistema Solar mais aceita atualmente.

A De acordo com essa teoria, uma perturbação provocou a contração de uma nuvem de gás que daria origem ao Sol.

B O movimento de rotação dessa nuvem criou uma região central, esférica, enquanto as regiões mais distantes se tornaram achatadas.

C A região central foi se tornando cada vez mais quente e densa, até que começaram as reações nucleares de geração de energia, formando definitivamente o Sol.

D As regiões mais distantes foram se tornando mais frias e se fragmentaram em vários anéis, repletos de rochas e de gelo. Esse material foi se aglutinando pela ação da gravidade até que se formassem os planetas.

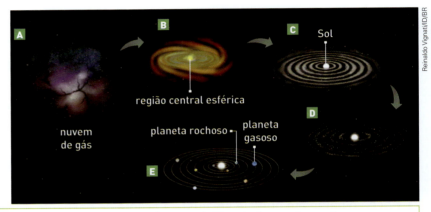

E Nas regiões mais próximas do Sol (e de estrelas em formação, em geral), a energia liberada das reações nucleares provocou a evaporação do gelo e expeliu os materiais mais leves, restando apenas rochas, metais e gases mais pesados, que se aglutinaram originando os planetas rochosos. Já nas regiões mais distantes, a energia liberada pelo Sol era mais fraca, permitindo o acúmulo de rochas, de gelo e de gás. As rochas e o gelo aglutinaram-se, e, ao redor do núcleo sólido formado por essa aglutinação, acumulou-se muito gás, o que gerou os planetas gasosos.

▲ Esquema da teoria mais aceita atualmente para o processo de formação do Sistema Solar. (Representação esquemática sem proporção de tamanho e em cores-fantasia.)

microgravidade: ambiente no qual um corpo está em queda livre, ou seja, experimenta ausência de peso.

CIDADANIA GLOBAL

CENTRO DE LANÇAMENTO DE ALCÂNTARA LANÇA FOGUETE COM SUCESSO

O foguete VSB-30, lançado [...] [em 2022], a partir do Espaçoporto de Alcântara, localizado no estado do Maranhão, levou a bordo o Modelo de Qualificação da Plataforma Suborbital de Microgravidade (MQ-PSM).

[...]

A Plataforma Suborbital de Microgravidade (PSM) foi desenvolvida por meio de uma parceria entre a Agência Espacial Brasileira, a empresa Orbital Engenharia, a Financiadora de Estudos e Projetos (FINEP) e o Instituto de Aeronáutica e Espaço (IAE). Nessa plataforma, foi embarcado um conjunto de instrumentos para a avaliação do desempenho do voo e o experimento "Forno Multiusuários", desenvolvido pelo Instituto Nacional de Pesquisas Espaciais (INPE).

[...]

"O Brasil já poderá prover, de forma autônoma, serviços de experimentação em ambiente [de] microgravidade, usando o Centro Espacial de Alcântara (CEA), o VSB-30 e a PSM. Abriremos, também, um mercado para a indústria espacial brasileira, para os empreendedores e para as Instituições de Ciência e Tecnologia", explica Carlos Moura, presidente da Agência Espacial Brasileira.

[...]

Lançamento do foguete VSB-30 é realizado com sucesso durante a Operação Santa Branca. Serviços e Informações do Brasil, 31 out. 2022. Disponível em: https://www.gov.br/aeb/pt-br/assuntos/noticias/lancamento-do-foguete-vsb-30-e-realizado-com-sucesso-durante-a-operacao-santa-branca. Acesso em: 16 maio 2023.

1. Cite a parceria responsável pelo lançamento da plataforma mencionada no texto e comente os benefícios que o Brasil poderá proporcionar com o lançamento do foguete VSB-30.

2. Pesquise e liste parcerias internacionais feitas entre o Brasil e outros países visando à exploração espacial e ao desenvolvimento de novas tecnologias.

EVOLUÇÃO ESTELAR

A vida de uma estrela como o Sol pode ser dividida em quatro fases: sequência principal, gigante vermelha, gigante assimptótica e final.

É a massa da estrela em seu nascimento que determinará toda a sua evolução até sua morte. Quanto maior a massa de uma estrela, mais curta será sua vida.

A **sequência principal** é a fase mais longa na vida de uma estrela. O Sol encontra-se nessa fase há 4 bilhões e 600 milhões de anos, e a previsão é que ele permaneça assim por mais 5 bilhões de anos. Durante essa fase, a estrela consome o hidrogênio de seu núcleo, tornando-se maior e mais quente. Estima-se que, em 3,5 bilhões de anos, o Sol terá aumentado sua luminosidade em quase 50%. Como consequência, a temperatura na Terra aumentará tanto que poderá causar a extinção de toda a vida no planeta. A sequência principal termina quando aproximadamente 10% da massa total de hidrogênio do núcleo for consumida.

Na fase de **gigante vermelha**, o núcleo do Sol vai se contrair, aumentando sua temperatura e iniciando a fusão nuclear do hélio. Enquanto isso, as camadas externas se expandem, a temperatura na superfície diminui e a luminosidade aumenta e adquire uma cor avermelhada. Quando entrar na fase de gigante vermelha, o Sol ficará entre 10 e 100 vezes maior e engolirá as órbitas de Mercúrio, de Vênus e da Terra.

A fase de **gigante assimptótica** é caracterizada pelo esgotamento do hélio presente no núcleo, e, nessa fase, o Sol ficará ainda maior e mais brilhante.

Em seguida, o Sol entrará em sua **fase final**, em que a camada externa se desprenderá do núcleo e será empurrada para longe, formando uma **nebulosa planetária**. O núcleo dará origem a uma **anã branca**, que terá um tamanho similar ao da Terra e será inicialmente muito brilhante; no entanto, como não produzirá mais energia, com o tempo a estrela perderá o brilho, tornando-se uma anã negra.

Estrelas com massa superior à do Sol evoluem da mesma forma que ele, porém elas terminam sua vida em grandes explosões, sendo conhecidas como **supernovas**. O destino do núcleo dessas estrelas também depende de sua massa.

Estrelas com massa entre 8 e 25 massas solares passam por um estágio conhecido como **estrela de nêutrons**, em que ela pode ter até três vezes a massa do Sol, porém compactada em um objeto esférico com cerca de 10 km de raio. Estrelas com mais de 25 massas solares originam uma região do espaço-tempo dotada de fortíssimo campo gravitacional (do qual nem mesmo a luz consegue escapar) conhecida como **buraco negro**.

▲ Representação artística de uma gigante vermelha.

▲ Nuvem de formação de estrelas conhecida como Nebulosa da Tarântula. Imagem resultante da junção de imagens obtidas pelo telescópio espacial Hubble, pelo observatório Chandra e pelo telescópio espacial Spitzer.

▲ Remanescente de uma supernova. Imagem obtida pelos observatórios espaciais Spitzer e Chandra da Nasa e o observatório Calar.

espaço-tempo: sistema de coordenadas utilizado nos estudos da relatividade geral e restrita.

massa solar: unidade de medida de massa usada em Astronomia para medir a massa de estrelas. Uma massa solar é igual à massa do Sol.

GALÁXIAS E ESCALAS DO UNIVERSO

Galáxias são grandes estruturas formadas por corpos celestes, gás, poeira e matéria escura. A matéria escura é um tipo de matéria desconhecida que não é visível, porém sua existência é confirmada pela força gravitacional que ela exerce.

Existem vários tipos de galáxia no Universo, e essas estruturas são categorizadas em três classes, de acordo com seu formato.

Galáxias elípticas apresentam formato esférico, podendo ser alongadas. **Galáxias irregulares** não apresentam formato definido. **Galáxias espirais** têm forma de disco, com "braços" que giram em torno de um núcleo, formando uma espiral.

A galáxia na qual o Sistema Solar se encontra é chamada de **Via Láctea**, nome dado pelos antigos em razão de seu brilho esbranquiçado no céu, que lembra um "caminho de leite".

A Via Láctea é uma galáxia do tipo espiral, estruturada da seguinte forma:

▲ Galáxia elíptica NGC 3597. Imagem obtida pelo telescópio espacial Hubble.

▲ Galáxia em espiral NGC 6814. Imagem obtida pelo telescópio espacial Hubble.

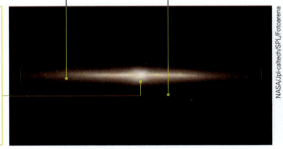

Disco: formado por quatro braços espirais, é composto de gás, poeira e bilhões de estrelas mais jovens, de cor azulada.

Halo: estrutura esférica que envolve toda a Via Láctea, formada por estrelas dispersas. É aqui que se encontra distribuída a matéria escura da Via Láctea.

Bojo: região central, de formato ovalado. É a região mais antiga da Via Láctea, formada por bilhões de estrelas mais velhas, de coloração avermelhada. No centro, encontra-se um buraco negro, cuja massa é milhões de vezes a do Sol.

▲ Via Láctea. Imagem criada com fotos tiradas pelo telescópio espacial Wise da Nasa em 2016.

O Sol encontra-se a aproximadamente 26 mil anos-luz do centro da Via Láctea. O comprimento total da Via Láctea é de cerca de 160 mil anos-luz.

De modo geral, as galáxias fazem parte de grupos e de aglomerados de galáxias ligadas gravitacionalmente entre si. A Via Láctea, por exemplo, faz parte do chamado Grupo Local, com outras 54 galáxias. O Grupo Local tem cerca de 10 milhões de anos-luz de tamanho.

As maiores galáxias do Grupo Local são a Via Láctea e a galáxia de Andrômeda.

Os grupos e os aglomerados de galáxias formam os **superaglomerados**, que podem conter milhares ou até milhões de galáxias. O Grupo Local faz parte do Superaglomerado de Virgem ou Superaglomerado Local.

▲ Galáxia irregular NGC 1569. Imagem obtida pelo telescópio espacial Hubble.

> **PARA EXPLORAR**
>
> *Entre estrelas e galáxias*, de Sueli Viegas. São Paulo: Terceiro Nome, 2011 (Coleção O Jogo do Universo: Astronomia).
>
> Esse livro mostra como as estrelas e as galáxias se formam. As explicações são acompanhadas de fotos coloridas do Universo.

ATIVIDADES

Retomar e compreender

1. Quais são os corpos celestes presentes no Sistema Solar? Escolha um deles e apresente algumas de suas características.

2. Copie no caderno o diagrama a seguir e complete-o corretamente com as características das etapas do ciclo evolutivo do Sol.

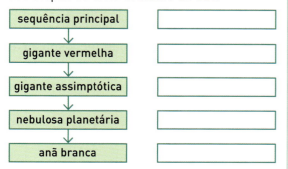

3. Esta fotografia é de uma galáxia, captada pelo telescópio Spitzer. Observe-a e responda:

▲ Galáxia M81.

a) O que são galáxias?
b) Como elas podem ser classificadas?
c) Quanto ao formato, que tipo de galáxia é a M81?

4. Qual é a teoria atualmente mais aceita para a formação do Sistema Solar? Explique resumidamente esse processo.

5. As galáxias são as maiores estruturas do Universo? Explique sua resposta.

6. O que são estrelas e como elas geram energia? Como percebemos a energia liberada pelo Sol?

Aplicar

7. Leia os textos a seguir e responda às questões.

> Os livros didáticos terão que excluir Plutão da lista de planetas do Sistema Solar. Cerca de 2 500 especialistas reunidos em Praga[,] na 26ª Assembleia-Geral da União Astronômica Internacional (IAU, na sigla em inglês)[,] acabam de chegar a um consenso quanto à nova definição de planeta. De acordo com a decisão, passa a existir também a categoria de "planetas-anões", da qual Plutão passa a fazer parte. [...].
>
> De acordo com a nova definição, um corpo celeste tem que preencher três requisitos para que seja considerado um planeta: tem que estar em órbita em torno de uma estrela, ter a forma aproximadamente esférica e ser o astro dominante da região de sua órbita.[...]
>
> [...]
>
> Franciane Lovati. Plutão rebaixado a planeta-anão. *Ciência Hoje* On-line, 24 ago. 2006. Disponível em: http://cienciahoje.org.br/plutao-rebaixado-a-planeta-anao/. Acesso em: 17 maio 2023.

> [...] Esse critério é impreciso e deixa muitos casos limítrofes [...].
>
> Por exemplo, significaria que a Terra não foi um planeta pelos primeiros 500 milhões de anos de sua história, porque orbitou em meio a uma nuvem de detritos até aquele momento, e também que se você tomasse a Terra hoje e a movesse para outro lugar, por exemplo para o cinturão de asteroides, ela deixaria de ser um planeta.
>
> David Grinspoon; Alan Stern. Sim, Plutão é um planeta, defendem cientistas. *Folha de S.Paulo*, 8 maio 2018. Disponível em: https://www1.folha.uol.com.br/ciencia/2018/05/sim-plutao-e-um-planeta-defendem-cientistas.shtml. Acesso em: 17 maio 2023.

a) Considerando a nova definição de planeta, qual dos requisitos citados no primeiro texto Plutão não apresenta?
b) De acordo com o segundo texto, em quais circunstâncias a Terra não seria considerada um planeta?
c) Busque informações, em livros especializados ou na internet, sobre diferentes pontos de vista dos astrônomos quanto à definição de planeta. Como você se posicionaria sobre esse assunto?

165

CAPÍTULO 2
UM OLHAR PARA O UNIVERSO

PARA COMEÇAR

A Astronomia é considerada a mais antiga das ciências. Desde a Pré-História, a humanidade busca compreender os padrões de movimento dos astros.

Como nossos antepassados utilizavam os conhecimentos sobre os astros?

O SER HUMANO E OS ASTROS

Ao olhar para o céu, em uma noite sem nuvens, você poderá ver alguns corpos celestes, como estrelas, planetas e a Lua. E, ao acompanhar seus movimentos, você pode ter a sensação de que todos eles parecem girar ao redor da Terra, ano após ano.

Alguns astrônomos da Antiguidade tinham a mesma impressão, e suas observações deram origem ao **geocentrismo**. Nesse modelo, a Terra ocupava o centro do Universo, e os outros astros giravam ao seu redor.

Em 1543, Nicolau Copérnico (1473-1543), com base no trabalho do astrônomo grego Aristarco (310 a.C.-230 a.C.), colocou o Sol no centro do Sistema Solar (e do Universo), com a Terra e os planetas girando em torno dele. Esse modelo, o **heliocentrismo**, também não corresponde à realidade do Universo, mas é aplicável, como primeira aproximação, ao Sistema Solar.

▼ Atualmente, as observações dos astros são feitas com o uso de grandes telescópios, como o encontrado no Observatório do Pico dos Dias, localizado em Itajubá (MG). Foto de 2019.

CONSTELAÇÕES

Muitos povos da Antiguidade, ao observar o céu noturno, definiram agrupamentos de estrelas, que chamaram de **constelações**. Eles perceberam que a maior parte das constelações aparecia no céu em certas épocas do ano e, assim, as usavam para definir as melhores épocas de plantio e de colheita e, também, para localização e navegação.

> **PARA EXPLORAR**
>
> *Cuaracy Ra'Angaba:* o céu Tupi--Guarani. Direção: Germano Bruno Afonso e Lara Velho. Brasil, 2011 (26 min).
>
> O documentário mostra a astronomia dos Guarani e sua forma de ler o céu e de interpretar os fenômenos celestes. Disponível em: https://www.youtube.com/watch?v=obuRxNgAh6c. Acesso em: 17 maio 2023.

▲ **(A)** Constelação de Órion, definida pelos gregos na Antiguidade.
(B) Constelação do Homem Velho, definida pelos indígenas falantes de tupi-guarani.

Fonte de pesquisa: Germano Bruno Afonso. As constelações indígenas brasileiras. Observatórios virtuais – Constelações indígenas. Disponível em: http://www.telescopiosnaescola.pro.br/indigenas.pdf. Acesso em: 17 maio 2023.

O estabelecimento das primeiras constelações data de 2000 a.C., na Suméria. O astrônomo grego Cláudio Ptolomeu (c. 90 d.C.-168 d.C.) definiu metade das constelações conhecidas atualmente, entre elas as constelações do zodíaco, consideradas muito importantes, uma vez que o Sol passa por elas ao longo do ano. A outra metade – as constelações do hemisfério Sul – só foi definida pelos povos ocidentais no período das Grandes Navegações. No Brasil, os povos indígenas definiram mais de cem constelações.

Em 1930, o astrônomo belga Eugène Delporte (1882-1955) estabeleceu os limites das 88 constelações oficiais, que foram adotadas pela União Astronômica Internacional. Os nomes das constelações foram mantidos; contudo, uma constelação agora é definida por uma região do céu – com todos os objetos astronômicos que se encontram nela –, e não apenas pelas estrelas cujo padrão a denomina.

Atualmente, sabe-se que, apesar da aparente proximidade, as estrelas que formam uma constelação estão muito distantes entre si e a diferentes distâncias da Terra.

> **PARALELO ENTRE UMA CONSTELAÇÃO GREGA E UMA INDÍGENA**
>
> O conjunto de estrelas denominado Três Marias faz parte do Cinturão de Órion. Segundo a mitologia grega, Órion era filho de Poseidon, deus dos mares, e um excelente caçador. Órion dizia que podia matar qualquer fera. Gaia, a Mãe-Terra, para dar uma lição em Órion, enviou um escorpião gigante para matá-lo. Após a morte de Órion, Ártemis e Leto pediram a Zeus que o transformasse em constelação com seus cães de caça (as constelações de Cão Maior e Cão Menor). No entanto, como lembrete a Órion, Zeus colocou o escorpião também no céu (a constelação de Escorpião).
>
> Os povos indígenas brasileiros definiram a constelação do Homem Velho, que é formada por estrelas das constelações de Touro e de Órion. Segundo a mitologia guarani, um homem velho era casado com uma mulher mais jovem que ele. No entanto, ela gostava do irmão de seu marido. Em desespero, a mulher matou o marido, cortando-lhe a perna. Os deuses, com pena, transformaram-no em uma constelação.

VERSÕES PARA A ORIGEM DO UNIVERSO

Diversos mitos de diferentes povos surgiram do desejo de os seres humanos explicarem o surgimento do Universo. Essa curiosidade levou também à busca de explicações científicas.

MITO GREGO

Na mitologia grega, no início havia o Caos, o imenso, silencioso e escuro vazio. Dele surgiram Gaia (a Mãe-Terra), Eros (o amor) e Tártaro (o submundo). Caos também originou Érebos (a escuridão do submundo) e Nix (a noite). Gaia gerou, enquanto dormia, Urano (o céu) e Ponto (o oceano). Urano choveu sobre a Terra, e, dessa forma, surgiram as montanhas, os rios, a fauna e a flora. Nesse meio-tempo, Érebos e Nix geraram uma filha, Hemera (o dia), e um filho, Éter (o ar).

Gaia e Urano tiveram muito filhos, entre eles Cronos (o tempo), e assim todo o Universo estava criado, exceto a humanidade. Foi Prometeu, um gigante, quem criou os seres humanos usando o barro, e a deusa Atena lhes deu o sopro da vida.

MITO IORUBÁ

Para o povo Iorubá, no início dos tempos havia apenas o caos. Foi Olorum ou Olodumaré, o deus supremo, quem criou o Universo com suas estrelas e seus planetas e separou o mundo material, Ayê, do mundo espiritual, Orum. Ayê era feito apenas de água. Olorum, então, ordenou ao orixá Oduduá que fosse a Ayê carregando ingredientes especiais que formariam a Terra, entre eles a terra escura que seria espalhada sobre a água e serviria de morada para a humanidade. Os seres humanos foram criados do barro por Oduduá, e foi Olorum quem lhes deu o sopro da vida.

▲ Representação de Olodumaré, deus criador do Universo para o povo Iorubá.

MITO KANAMARI

No mito do povo indígena Kanamari, o sapo Piyoyom atirou uma flecha no Céu Antigo (Kodoh Kidak), que era muito baixo, bem em cima da cabeça das pessoas, despedaçando-o. Os pedaços do céu formaram as florestas e o chão, e, por trás do Céu Antigo, surgiu o Céu Novo (Kodoh Aboawa), que fica bem distante da Terra.

TEORIA CIENTÍFICA

A ciência, fundamentada em observações rigorosas e precisas, estuda a origem, a estrutura e a evolução do Universo por meio de uma ciência denominada **cosmologia**.

A teoria cosmológica atual se baseia na hipótese do Big Bang.

CIDADANIA GLOBAL

UMA REFLEXÃO SOBRE INVESTIMENTOS E PARCERIAS AEROESPACIAIS

As parcerias internacionais podem ser extremamente benéficas para um país, visto que, além de impulsionarem a economia, trazem investimentos significativos em infraestrutura, inovação e tecnologia, ajudando a criar empregos e a aumentar a representatividade e competitividade do país no cenário global.

No entanto, é importante que essas parcerias sejam bem planejadas e implementadas de forma transparente e justa para todos. É necessário que haja uma avaliação cuidadosa dos riscos e benefícios, bem como garantias para proteger os interesses do país e da população.

Nos dias atuais, é comum ouvir o argumento de que o investimento nessas parcerias poderia ser mais bem empregado em causas sociais. Um exemplo recente, e alvo de críticas, é a parceria da SpaceX, do bilionário Elon Musk (1971-), com a Nasa, a agência espacial estadunidense. Embora muitas pessoas vejam essa parceria como iniciativa inovadora, outras criticam a SpaceX por ser financiada pelo governo e argumentam que a Nasa deveria investir mais em suas próprias tecnologias, e o governo, por sua vez, investir mais em ações diretas para a população.

- Qual é sua opinião sobre essa questão em relação à pesquisa e ao desenvolvimento espacial e sobre os investimentos na sociedade em geral? Justifique seus argumentos.

O Big Bang

A **teoria do Big Bang** é como a ciência moderna explica a origem do Universo. Essa teoria tem por base a teoria da relatividade geral, formulada pelo físico alemão Albert Einstein (1879-1955) em 1916, e o princípio cosmológico, segundo o qual o Universo é homogêneo e isotrópico, ou seja, ele é o mesmo, não importando a direção considerada.

Einstein acreditava que o Universo era estático; em outras palavras, não se expandia ou se contraía. No entanto, as observações do cientista estadunidense Edwin Powell Hubble (1889-1953), em 1929, mostraram que o Universo está em expansão.

Na década de 1920, o astrônomo belga George Lamaître (1894-1966) e o matemático russo Alexander Friedmann (1888-1925) resolveram as equações de Einstein para um Universo em expansão, dando origem à cosmologia moderna.

Segundo a teoria do Big Bang, o Universo teve início como um ponto muito pequeno e denso que, há cerca de 14 bilhões de anos, por causas desconhecidas, começou a se expandir de maneira vertiginosa. Esse momento primordial marca o início do tempo e do espaço. Depois de uma fase de expansão extremamente rápida, denominada Época de Inflação, a velocidade de expansão diminuiu.

Nos primeiros três minutos após o Big Bang, formaram-se o que seriam os "tijolos" fundamentais da matéria, como os elétrons, os prótons e os nêutrons, além de núcleos de hélio, deutério e lítio. Os átomos só começaram a se constituir cerca de 380 mil anos depois. As primeiras estrelas surgiram após 200 milhões de anos, e as primeiras galáxias, entre elas a Via Láctea, apenas tomaram forma quando o Universo tinha 1 bilhão de anos. Daí em diante, o Universo se parece com o que conhecemos atualmente.

Hoje, sabe-se que o Universo continua se expandindo e que essa expansão está ocorrendo cada vez mais rápido.

> **PARA EXPLORAR**
>
> **Museu do Eclipse**
> Localizado em Sobral, no Ceará, o Museu do Eclipse conta com um moderno observatório astronômico, além de réplicas movimentadas do Sistema Solar. Foi criado no local em que, no ano de 1919, as observações de um eclipse solar apoiaram as teorias do cientista Albert Einstein.
> **Informações**: museudoeclipse@sobral.ce.gov.br
> **Localização**: Rua Cel. Rangel, s. n. – Centro - Sobral (CE).

Ouça **astronomia amadora** e responda: Como as descobertas feitas por astrônomos amadores podem ser úteis para outros pesquisadores?

▼ Representação artística do Big Bang. (Representação sem proporção de tamanho e distância entre os elementos e em cores-fantasia.)

início — 3 minutos: formação das partículas fundamentais da matéria — 380 mil anos: formação dos primeiros átomos — 200 milhões de anos: surgimento das primeiras estrelas — 1 bilhão de anos: formação da Via Láctea

EXPLORANDO O SISTEMA SOLAR

Nos dias de hoje, a maior parte da **exploração espacial** é feita por sondas – naves não tripuladas, enviadas ao espaço com o objetivo de explorar os corpos celestes. Controladas remotamente, as sondas enviam à Terra os dados da exploração.

Um tópico atual da exploração espacial é a possibilidade de existência de vida em outros planetas. A **Astrobiologia** é uma ciência multidisciplinar que une Astronomia, Física, Geologia, Química e Biologia e busca compreender a origem, a evolução e a distribuição da vida na Terra e no Universo.

A Astrobiologia estuda, entre outros assuntos, microrganismos como bactérias extremófilas – capazes de sobreviver em ambientes considerados bastante inóspitos, como perto de vulcões ou nas grandes geleiras da Antártida.

Não se sabe como pode ser a vida fora da Terra, por isso os pesquisadores têm partido do modelo de vida que ocorre na Terra, ou seja, baseado em átomos de carbono e hidrogênio. Para esse tipo de vida são necessários alguns fatores, como água, proteção contra a radiação ultravioleta e os raios cósmicos, além de energia disponível (calor).

Para os astrônomos, uma **zona habitável** é definida como uma região ao redor de alguma estrela onde o nível de energia emitido por ela permite a existência de água líquida na superfície de um planeta ou de algum corpo celeste que ali se encontre. No Sistema Solar, só a Terra se localiza na zona habitável.

Todavia, não é estritamente necessário que um planeta ou um corpo celeste esteja dentro da zona habitável para abrigar vida. Há outros lugares no Sistema Solar onde a vida pode ter se desenvolvido de forma independente da vida na Terra: são as luas geladas do Sistema Solar, como Europa (lua de Júpiter) ou Encélado (lua de Saturno), que apresentam água em estado líquido sob uma superfície de gelo.

Ainda assim, até o momento, a Terra continua sendo o único planeta do Sistema Solar onde se sabe que existe vida.

▲ Sonda Voyager. Em 2012, 35 anos após seu lançamento, ela se tornou o primeiro objeto feito pelo ser humano a sair dos limites do Sistema Solar.

▲ Os tardígrados podem sobreviver em condições extremas, sob temperaturas variando entre −273,15 °C e 150 °C, e sob altas doses de radiação. Foto ao microscópio eletrônico (imagem colorizada, aumento de cerca de 181 vezes).

EXPLORANDO MARTE

Quarto planeta mais distante do Sol, Marte está fora da chamada zona habitável e é muito frio e seco. No entanto, há gelo de água em suas calotas polares. Estudos recentes sugerem que Marte pode ter sido mais quente no passado e que, provavelmente, tinha até mares.

Nos últimos anos, a exploração de Marte tem sido feita por sondas e robôs desenvolvidos e enviados pela agência espacial estadunidense (Nasa), a Agência Japonesa de Exploração Aeroespacial, a Agência Espacial Europeia, a Agência Espacial e de Aviação Russa e a Organização Indiana de Pesquisa Espacial.

Entre os objetivos das missões de exploração de Marte, estão compreender o processo de formação do planeta, explorar as possibilidades de Marte ter abrigado vida e avaliar a possibilidade de formar colônias humanas no planeta.

As agências espaciais europeia e estadunidense têm como objetivo enviar a primeira expedição tripulada para Marte em 2030.

▲ *Selfie* do robô Curiosity em solo marciano, em 2021. Esse jipe-robô de 3 metros é capaz de tirar fotos e analisar o clima e eventuais materiais coletados da superfície de Marte.

ATIVIDADES

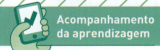

Retomar e compreender

1. Observe, a seguir, os modelos de representação do Universo e responda à questão.

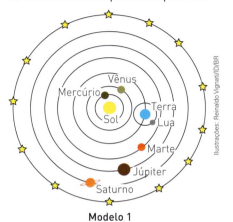

Modelo 1

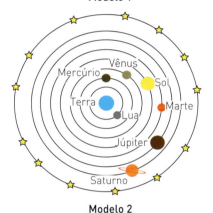

Modelo 2

- Qual é a diferença entre os dois modelos representados?

2. Leia o texto e, depois, responda às questões.

[...]
Povos indígenas de todo o mundo – do Egito à América, sempre utilizaram as estrelas como uma espécie de agenda do clima e como bússola para orientação. [...]

"As constelações são usadas durante todo o ano. Algumas têm finalidades religiosas, outras são mais por curiosidade, mas elas servem, principalmente, como calendário agrícola", explica Germano Afonso, pós-doutor em etnoastronomia e que já mapeou mais de 100 constelações indígenas Tupi-Guarani. As flutuações sazonais indicadas pelas constelações influenciam [o] período da pesca, caça, plantio e colheita. Cada imagem formada no céu permitia aos índios identificar que uma nova estação do ano estava por vir.

[...]

Leyberson Pedrosa. Fique por dentro dos mitos e usos das constelações indígenas. *EBC*, 24 fev. 2016. Disponível em: http://www.ebc.com.br/tecnologia/2016/02/constelacoes-indigenas-mitos-e-astronomia. Acesso em: 17 maio 2023.

a) Qual é a definição de constelação?
b) Segundo o texto, qual é a importância das constelações para os povos indígenas?

3. Qual é a diferença entre a teoria do Big Bang e o mito iorubá sobre a origem do Universo?

4. Como as sondas auxiliam o ser humano na exploração espacial? Dê exemplos.

Aplicar

5. Leia o texto e responda às questões.

Nasa detecta segundo exoplaneta em zona habitável do mesmo sistema

O principal satélite caçador de planetas da Nasa detectou um novo mundo semelhante à Terra. Localizado no que os pesquisadores definem como "zona habitável", pode ter tido água líquida em algum momento de sua história. Trata-se do segundo corpo celeste encontrado com essas características orbitando a mesma estrela, a TOI 700, localizada a aproximadamente 100 anos-luz da Terra. [...]

Marília Monitchele. Nasa detecta segundo exoplaneta em zona habitável do mesmo sistema. *Veja*, 11 jan. 2023. Disponível em: https://veja.abril.com.br/ciencia/nasa-detecta-segundo-exoplaneta-em-zona-habitavel-do-mesmo-sistema. Acesso em: 2 jun. 2023.

a) Por que o corpo celeste detectado pela Nasa foi considerado um exoplaneta?
b) Para um exoplaneta ser candidato a ter vida como a que temos na Terra, que características ele deve ter?
c) O que é uma zona habitável? Qual é sua relação com a probabilidade de um corpo celeste abrigar, ou não, vida?

CIÊNCIA DINÂMICA

A corrida espacial

Após o final da Segunda Guerra Mundial, em 1945, teve início um período conhecido como Guerra Fria, em que as maiores potências econômicas da época, Estados Unidos (EUA) e União Soviética (URSS), disputaram a hegemonia mundial. Um dos episódios da Guerra Fria foi a corrida espacial – esses dois países disputaram o desenvolvimento de tecnologia espacial para obter vantagens e mostrar força sobre seus adversários. O texto a seguir trata disso.

Corrida espacial

Com o fim da Segunda Guerra Mundial, em 1945, um outro conflito emergiu no mundo. Desta vez, tratava-se de uma disputa por hegemonia política e econômica. Era a Guerra Fria, que polarizou boa parte do mundo em torno de dois blocos, o capitalista, liderado pelos Estados Unidos; e o comunista, sob liderança da União Soviética. Cada um dos lados investia em tecnologia, armas e propaganda a fim de provar ao restante do mundo sua superioridade e a do modelo econômico que defendia. No fim dos anos 1950, essa competição extrapolou os limites do próprio planeta Terra e também o espaço virou cenário das disputas entre os dois blocos. Foi a chamada **Corrida Espacial**, que teve início em 4 de outubro de 1957, quando os soviéticos lançaram o primeiro satélite artificial do planeta, o Sputnik, que em português significa "viajante".

O lançamento do Sputnik foi também a primeira vez em que um objeto criado por humanos foi colocado em órbita. O satélite funcionou por 22 dias antes de suas baterias acabarem e sua finalidade era pouco relevante, visto que era a de transmitir um sinal de radioamador[,] que poderia ser ouvido como um "bip" em qualquer parte do mundo. Ainda assim, foi o suficiente para preocupar os Estados Unidos, que não queriam ficar atrás dos soviéticos e[,] em 31 de janeiro do ano seguinte, lançaram seu próprio satélite, o Explorer I. Alguns meses depois, em julho, o então presidente Dwight Eisenhower determinou a criação da NASA (*National Aeronautics and Space Administration*), a agência federal dedicada à exploração espacial.

Os soviéticos saíram mais uma vez à frente em 1959, quando lançaram a Luna 2, primeira sonda espacial a atingir a Lua. Em abril de 1961, o soviético Yuri Gagarin foi o primeiro homem a orbitar a Terra, na nave espacial Vostok 1. Os engenheiros da NASA dedicaram-se ao desenvolvimento de uma nave menor que a soviética e testaram-na com chimpanzés. Em 5 de maio, Alan Shepard foi o primeiro estadunidense a alcançar o espaço. [...]

O presidente John F. Kennedy anunciou, em 1961, que os Estados Unidos levariam o homem à Lua antes do fim da década e a NASA lançou o Projeto Apollo com esse objetivo. Ao longo da década, um conjunto de expedições foi realizado[;] e em 16 de julho de 1969, a nave espacial Apollo 11 foi lançada, atingindo [o] solo lunar quatro dias depois. Às 17h17 (horário de Brasília) do dia 20 de julho de 1969, chegava à base da NASA a notícia de que Neil Armstrong e Edwin Aldrin haviam pisado na Lua. É de Armstrong a famosa frase "um pequeno passo para um homem, um grande passo para a humanidade". [...]

Luisa Rita Cardoso. Corrida espacial. *Infoescola*. Disponível em: https://www.infoescola.com/historia/corrida-espacial/. Acesso em: 17 maio 2023.

O uso da tecnologia espacial para fins de guerra era uma preocupação mundial. Em paralelo ao desenvolvimento da tecnologia espacial, na Guerra Fria, Estados Unidos e União Soviética investiam no desenvolvimento de tecnologias de guerra, como armas nucleares e mísseis de longo alcance. Os Estados Unidos foram os primeiros a desenvolver a tecnologia da bomba atômica, em 1945; quatro anos depois, a União Soviética anunciava sua primeira bomba atômica.

A corrida armamentista

A primeira metade da Guerra Fria foi essencial para o desenvolvimento de armas nucleares. Rússia e EUA entraram em uma corrida armamentista, [...] [em que] se acreditava que[,] para garantir uma segurança nacional, era necessário possuir a indústria bélica mais desenvolvida e preparada. [...]

Esse período teve sua estabilidade na década de [19]70 [...] e [...] teve seu reaquecimento nos anos [19]80, com um projeto de defesa do então presidente estadunidense, Ronald Reagan, chamado Guerra nas Estrelas, um projeto para utilizar *lasers* para destruir mísseis. [...]

[...]

Os satélites que são usados hoje para diversos usos começaram a ser usados para espionagem e para guiar ataques ocultos de armamentos. [...]

[...]

O caminho que a Coreia do Norte está traçando hoje com o desenvolvimento de mísseis intercontinentais já foi feito pelas potências para criar mísseis que fossem capazes de percorrer a grande distância entre Estados Unidos e Rússia. A tecnologia desenvolvida também foi fundamental para a criação de foguetes que lançam satélites artificiais para a órbita terrestre.

armamentista: relacionado ao aumento de material de guerra.

Ana Luiza; Luiza Sousa. Guerra Fria e tecnologia. *Minionu*, 29 ago. 2017. Disponível em: https://minionupucmg.wordpress.com/2017/08/29/guerra-fria-e-tecnologia/. Acesso em: 17 maio 2023.

▲ Grupo de crianças observa o primeiro míssil estadunidense capaz de viajar de um continente a outro. Nova York, Estados Unidos. Foto de 1959.

Em discussão

1. Qual foi, em sua opinião, a importância da corrida espacial para a evolução do conhecimento científico-tecnológico?
2. De que forma a tecnologia espacial foi associada à corrida armamentista?
3. O que o autor do primeiro texto quis dizer com "a URSS venceu mais um episódio da corrida espacial"? Você concorda com ele?
4. A acoplagem das naves Apollo 18, com três astronautas estadunidenses, e Soyuz 19, com dois soviéticos, em 1975, é considerada o marco simbólico do fim da corrida espacial. Por que esse acontecimento marcou o fim da disputa espacial entre EUA e URSS?
5. A Guerra Fria perdurou até o início da década de 1990. Por que a Guerra Fria não acabou após o fim da corrida espacial? Relacione sua resposta ao projeto Guerra nas Estrelas, do governo Reagan. Se for preciso, faça uma pesquisa em livros e *sites* de fontes confiáveis.

INVESTIGAR

A sobrevivência humana fora da Terra

Para começar

Em 2 de agosto de 2012, a Nasa, agência espacial estadunidense, comemorou o pouso da sonda Curiosity em Marte. A sonda tem a missão de coletar informações sobre o solo, as condições atmosféricas e a possível presença de água líquida no planeta vermelho.

Os planos, entretanto, não param por aí. Em parceria com a agência espacial europeia, a Nasa pretende enviar uma missão tripulada para Marte em 2030 e construir uma base permanente no planeta.

De que forma as **máquinas para exploração espacial** têm contribuído para o projeto de o ser humano habitar outro planeta?

O problema

É possível viver em outros planetas?

A investigação

- **Procedimento**: pesquisa bibliográfica.
- **Instrumento de coleta**: fontes bibliográficas.

Prática de pesquisa

Pesquisa bibliográfica

1. Com o auxílio do professor, organizem-se em grupos de quatro estudantes. Cada grupo deverá pesquisar as condições necessárias à sobrevivência dos seres humanos em outros corpos celestes, bem como se preparar para um debate sobre a viabilidade de os seres humanos habitarem outros mundos.

2. Pesquisem em livros e revistas, impressos ou na internet, as características ambientais da Terra que permitiram o desenvolvimento da vida, e identifiquem quais dessas características são essenciais à sobrevivência humana.

3. Busquem informações sobre as características ambientais de Marte e dos satélites naturais Lua (Terra), Europa (Júpiter) e Encélado (Saturno), a distância entre esses corpos celestes e a Terra e entre eles e o Sol.

4. Por fim, pesquisem como é feita uma viagem espacial, qual o tempo que se levaria para chegar a cada um desses corpos celestes e qual(is) é(são) o(s) efeito(s) de uma viagem espacial no organismo humano.

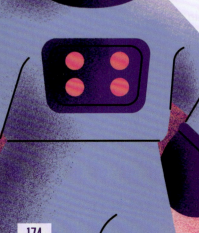

Comunicação dos resultados

Debate

1 Para o debate, serão escolhidos dois grupos: um para defender a viabilidade de os seres humanos viverem em outros planetas e o outro para se opor a esse ponto de vista.

2 O professor será responsável por determinar os componentes dos dois grupos de debate, garantindo que cada um seja formado por integrantes dos grupos de pesquisa. O restante da turma deverá assistir ao debate, realizar perguntas e, ao final, escolher o grupo que argumentou de forma mais coerente ao defender o ponto de vista adotado.

3 O professor será o mediador do debate. Ele vai estipular as regras, incluindo o tempo para que cada grupo exponha seus argumentos. Por sorteio, ele vai escolher o grupo que iniciará o debate.

4 Após a exposição inicial dos dois grupos, na qual cada um apresentará a tese a ser defendida, os estudantes que estiverem assistindo ao debate poderão fazer perguntas, que serão respondidas por ambos os grupos.

5 Ao final do debate, os estudantes deverão discutir os argumentos apresentados pelos dois grupos para, juntos, chegarem a uma conclusão sobre a possibilidade de os seres humanos habitarem outros planetas.

Questões para discussão

Após a pesquisa de informações e a discussão em sala de aula, registrem a que respostas vocês chegaram para as perguntas a seguir.

1. Quais são as características do planeta Terra que permitem a existência de vida?

2. Quais são as características ambientais de Marte? Elas permitem a existência de vida da forma como a conhecemos? Quais seriam as dificuldades para os seres humanos viverem em Marte?

3. Que características dos satélites naturais Europa e Encélado parecem favorecer a existência de vida da forma como a conhecemos?

4. Qual é a conclusão da turma a respeito da possibilidade de os seres humanos viverem fora da Terra?

ATIVIDADES INTEGRADAS

Retomar e compreender

1. Sobre o modelo do Big Bang, copie este esquema no caderno e preencha os espaços enumerados com a sequência correta dos acontecimentos listados a seguir.

- Formação dos átomos.
- O Universo em um único ponto, infinitamente quente e denso.
- Formação das nuvens de poeira e gases, das estrelas, das galáxias e dos planetas.
- Expansão rápida.

2. Leia a tira a seguir e responda às questões.

Carlos Ruas. Planeta 3. Um sábado qualquer. Disponível em: https://www.umsabadoqualquer.com/238-planeta-3/. Acesso em: 17 maio 2023.

a) Que modelo está sendo representado na tira?
b) Que elemento provoca o humor da tira?

Aplicar

3. Leia o texto a seguir e responda às questões.

> Aos 5 anos de idade, um garoto brasileiro se tornou a pessoa mais jovem do mundo a identificar um asteroide. A criança, que se chama Miro Latansio Tsai, já descobriu, no total, 15 corpos celestes confirmados pela Nasa (Agência Espacial Americana).
>
> Natural de São Paulo, o pequeno revela que sempre se interessou por astronomia e ciência. [...] Carla Latansio, advogada e mãe de Miro, diz que, com apenas dois anos, ele já sabia o nome de todos os planetas do Sistema Solar.
>
> Durante a pandemia, os pais do garoto notaram essa aptidão e resolveram inscrevê-lo em um projeto de caça a asteroides, uma iniciativa internacional chamada oficialmente de Iasc (Colaboração Internacional de Pesquisa Astronômica, na tradução do inglês).
>
> O projeto é coordenado pela Nasa e conta com a participação de outras instituições ao redor do mundo — no Brasil, o responsável é o Ministério da Ciência, Tecnologia e Inovação (MCTI).
>
> Aos 5 anos, criança brasileira se torna pessoa mais jovem a descobrir asteroide no mundo. *Diário do Nordeste*, 7 fev. 2022. Disponível em: https://diariodonordeste.verdesmares.com.br/ultima-hora/ciencia/aos-5-anos-crianca-brasileira-se-torna-pessoa-mais-jovem-a-descobrir-asteroide-no-mundo-1.3189633. Acesso em: 17 maio 2023.

a) O que caracteriza um asteroide?
b) Em sua opinião, qual é a importância do incentivo familiar para o desenvolvimento de aptidões naturais dos filhos e de políticas públicas que fomentem esses talentos?
c) **SABER SER** Você tem algum interesse em Astronomia ou aptidão para essa área?

Analisar e verificar

4. Leia as informações a seguir e, depois, faça o que se pede.

Tau Ceti é uma estrela muito similar ao Sol, localizada na constelação Cetus (ou Baleia) a cerca de 12 anos-luz da Terra. Em 2012, foram detectadas evidências de planetas na zona habitável dessa estrela. Suponha que você queira enviar uma sonda para verificar a existência desses planetas e talvez a possibilidade de vida.

a) Calcule quanto tempo levaria para a sonda chegar lá, sabendo que a velocidade máxima de uma sonda é de 265 000 km/h, e discuta com os colegas se esse plano é viável.
Dados: 1 ano-luz = 9,5 trilhões de quilômetros.
b) Qual seria a importância de a sonda detectar água líquida nesses planetas?

Acompanhamento da aprendizagem

5. Leia o texto e, depois, responda às questões.

Ano 1 500 001 997 d.C. Um Sol gigantesco se levanta sobre o horizonte leste da Terra. Se você pudesse acordar nessa manhã, daqui a 1,5 bilhão de anos, não encontraria nada do mundo que conhece hoje. Nossa estrela está 10% mais brilhante e parece ocupar um pedaço enorme do céu, que por sinal não é mais azul. A atmosfera, opaca, úmida e abafada, é dominada por uma luz cor de laranja e amarela. Sobre o solo árido não há água, nenhuma planta ou animal.[...]

Thereza Venturoli. A morte do Sol. *Superinteressante*, 31 out. 2016. Disponível em: https://super.abril.com.br/tecnologia/a-morte-do-sol/. Acesso em: 17 maio 2023.

a) Que etapa do ciclo evolutivo do Sol está sendo descrita no texto?

b) O que os cientistas estimam que vai acontecer com a Terra quando o Sol se transformar em uma gigante vermelha?

6. Leia o texto e responda às questões.

Antes de existirem computadores como conhecemos hoje, capazes de executar cálculos automaticamente, a NACA [Comitê Nacional para Aconselhamento sobre Aeronáutica, antecessora da atual NASA] usava de mulheres matemáticas para fazer tais cálculos. Elas eram conhecidas como *"the computers"*, a tradução literal seria "as computadoras". O mais interessante sobre esse fato é que várias dessas *computers* eram afro-americanas, ou seja, mulheres negras, e foram parte dos fatores determinantes para o sucesso espacial dos EUA.

As mulheres negras encarregadas da função de "computadoras" trabalhavam na ala oeste da NACA. Nesse período, os EUA ainda estabeleciam uma segregação racial, o que significa, dentre muitos outros aspectos, que negros não possuíam os mesmos direitos e não podiam ficar no mesmo lugar que pessoas brancas nos ambientes de trabalho. Os negros eram impedidos de usar os mesmo banheiros, bebedouros e lugares. Mesmo com as dificuldades pelo preconceito de raça e gênero esse grupo de mulheres prosperou. [...]

Projeto Enigma. Mulheres da ala oeste. *Projeto Enigma*, 5 maio 2021. Disponível em: https://www.ufrgs.br/enigma/mulheres-da-ala-oeste/. Acesso em: 17 maio 2023.

a) Com base no texto, pode-se afirmar que houve discriminação das mulheres, principalmente as negras, pela Naca?

b) Qual é a importância de haver mais mulheres negras trabalhando nas áreas de ciência e tecnologia?

Criar

7. Leia o texto e faça o que se pede.

Talvez um dos mitos mais interessantes seja o dos aborígines da Austrália, que descreve o começo da Terra como uma planície nua, onde tudo era escuro. [...] Os ancestrais assumiam várias formas enquanto vagavam pela Terra. Às vezes, eram só animais, às vezes eram quimeras entre humanos e plantas. Dois desses ancestrais autocriados a partir do nada eram os Ungambikula, que, em suas excursões, encontraram pessoas feitas pela metade. Essas pessoas não passavam de montes disformes, sem membros ou rostos, que estavam jogados e amontoados perto de poços de água e lagos salgados. Os Ungambikula passaram então a esculpir, nesses montes, cabeças, corpos, pernas e braços, até que finalmente os seres humanos foram terminados. Cada homem ou mulher foi feito a partir de uma planta ou animal e, assim, cada pessoa deve fidelidade ao totem do animal ou [da] planta do [a] qual [foi feita]. Depois que terminaram seu trabalho, os ancestrais voltaram a dormir. [...].

Os mitos sobre a origem do Universo. *GGN*, 5 maio 2013. Disponível em: https://jornalggn.com.br/blog/luisnassif/os-mitos-sobre-a-origem-do-universo. Acesso em: 17 maio 2023.

a) O que são mitos?

b) Com base no que foi estudado nesta unidade e no texto que você leu, explique a diferença entre mito e teoria científica.

c) Como a ciência atual explica a origem do Universo? Qual é o nome dessa teoria?

8. Reúna-se em grupo com os colegas. Cada grupo deve escolher um corpo celeste do Sistema Solar para colonizar. Elaborem uma estratégia de colonização e comparem-na com as estratégias dos outros grupos.

177

CIDADANIA GLOBAL
UNIDADE 6

17 PARCERIAS E MEIOS DE IMPLEMENTAÇÃO

Retomando o tema

Nesta unidade, você conheceu a importância de parcerias na área de pesquisa e desenvolvimento aeroespacial – nos âmbitos nacional e internacional – e sua relevância para o país.

Agora, verifique o que você aprendeu a respeito desses temas respondendo às questões a seguir.

1. O que é o Centro Espacial de Alcântara (CEA) e por que ele é considerado um dos melhores locais para lançamento de foguetes no mundo?
2. Cite exemplos de parcerias internacionais no setor aeroespacial que o Brasil desenvolve atualmente.
3. Que vantagens essas parcerias trazem para o país? Cite pontos positivos e negativos das parcerias no setor aeroespacial.
4. Por que se questiona a destinação de investimentos públicos para o desenvolvimento aeroespacial em detrimento de iniciativas nas áreas sociais?
5. De que forma as parcerias globais podem ser importantes para a sociedade e para um país? Justifique sua resposta.

Geração da mudança

- Com base nos conhecimentos desenvolvidos até este momento, reúnam-se no mínimo em três grupos para um debate. O tema será a implementação de uma parceria, preferencialmente público-privada, em pesquisa de novas tecnologias espaciais.
- Cada grupo desenvolverá argumentos defendendo seus pontos de vista e os interesses envolvidos. O primeiro grupo representará um(a) político(a) de um país, o segundo grupo, um(a) empresário(a), e o terceiro grupo, um(a) cientista. Vocês também podem representar outros grupos de outros setores envolvidos, caso julguem oportuno e enriquecedor para o debate.

Autoavaliação

UNIDADE 7
GENÉTICA E HEREDITARIEDADE

PRIMEIRAS IDEIAS

1. Você já reparou que, em geral, filhos biológicos têm características físicas parecidas com as dos pais? Por que você acha que isso acontece?
2. Observe a cor dos olhos, dos cabelos e da pele de seus colegas. Como você explica as variações que podem ser percebidas nessas características?
3. É comum encontrar termos associados à genética em jornais e revistas, impressos e na internet. Em que contexto você já percebeu o uso de palavras como biotecnologia, transgênicos, vacinas e células-tronco?
4. Defina, com suas palavras, o que é um clone.

Conhecimentos prévios

Nesta unidade, eu vou...

CAPÍTULO 1 — Hereditariedade

- Identificar as moléculas e as estruturas envolvidas na hereditariedade e conhecer as bases de seu funcionamento.
- Associar gene e DNA a diferentes níveis de organização de um cromossomo.
- Reconhecer que a estrutura de um cromossomo é formada por DNA e proteínas.
- Diferenciar mitose de meiose e genótipo de fenótipo.
- Interpretar e representar heranças genéticas por meio de heredogramas.
- Realizar teste para simular o fenômeno da hereditariedade e verificar genótipos e fenótipos em uma prole.

CAPÍTULO 2 — O estudo da genética

- Discutir as ideias de Mendel sobre hereditariedade.
- Relacionar a meiose com a segregação independente dos fatores.
- Associar o traço dominante à manifestação do fenótipo no heterozigoto.
- Compreender o papel do cruzamento-teste.
- Reconhecer alguns padrões de hereditariedade que fogem do modelo mendeliano.
- Construir genótipos com base em informações sobre fenótipos.

CAPÍTULO 3 — Genética e tecnologia

- Identificar algumas atividades de biotecnologia.
- Compreender o que é melhoramento genético, clonagem, células-tronco e terapia gênica.
- Discutir as aplicações da biotecnologia na agricultura, no ambiente e na saúde.
- Refletir sobre aspectos éticos, econômicos, ambientais e sociais relacionados ao uso da biotecnologia.

CIDADANIA GLOBAL

- Reconhecer os problemas causados pela biopirataria no Brasil.
- Compreender as relações entre biopirataria, recursos genéticos e biotecnologia.
- Produzir e divulgar fôlderes/*stories* a fim de conscientizar a comunidade dos problemas causados pela prática da biopirataria.

comprimento: 10 cm

LEITURA DA IMAGEM

1. A que grupo pertence o animal retratado na foto? Que características morfológicas o levou a classificá-lo dessa forma?

2. Embora não esteja tão visível na foto, é comum a presença de uma camada úmida e brilhosa sobre a pele dessa espécie. O que seria essa camada e qual é a função dela para o animal?

CIDADANIA GLOBAL — 15 VIDA TERRESTRE

Há tempos, povos tradicionais da região Amazônica, como os Katukina e Kaxinawá, utilizam a "vacina do sapo", prática conduzida com uma substância extraída da pele da rã-kambô. Segundo o conhecimento tradicional desses povos, essa substância tem propriedades analgésicas e também auxilia na prevenção de várias doenças. A repercussão dos conhecimentos tradicionais sobre a prática da "vacina do sapo" gerou interesse científico, e seu potencial uso medicinal atraiu a atenção comercial, propiciando a prática ilegal da biopirataria, tanto do conhecimento desses povos indígenas quanto da espécie da rã-kambô.

- Que medidas podem ser tomadas para combater a biopirataria no Brasil, bem como promover a partilha justa dos recursos genéticos?

Veja os problemas causados pela **biopirataria** e explique por que é importante combater essa prática.

Conhecida popularmente como rã-kambô (*Phyllomedusa bicolor*), a espécie retratada nesta foto habita ambientes úmidos da floresta Amazônica brasileira e pode ser encontrada também na região Amazônica da Bolívia e da Colômbia.

181

CAPÍTULO 1

HEREDITARIEDADE

PARA COMEÇAR

Apesar de ter características que os distinguem das outras pessoas, os indivíduos de uma mesma família apresentam muitas semelhanças entre si. Por que isso acontece?

HERANÇA BIOLÓGICA

A **herança biológica** é o conjunto de características hereditárias transmitidas dos pais para os filhos por meio do material genético. Ela é responsável pelas semelhanças entre pais e filhos. O material genético dos pais é transmitido aos filhos pelos gametas (o espermatozoide, do pai, e o ovócito, da mãe) na fecundação.

Veja, no esquema a seguir, alguns conceitos importantes relacionados à hereditariedade.

Em cada célula humana, existem 46 cromossomos, que formam 23 pares. A exceção são os **gametas** (espermatozoides, nos homens, e ovócitos, nas mulheres), que têm metade: 23 cromossomos. Após a união dos gametas feminino e masculino (fecundação), forma-se o zigoto, com 46 cromossomos: 23 de origem materna e 23 de origem paterna.

Material genético

O **ácido desoxirribonucleico (DNA)** é o material genético dos seres vivos. Isso significa que ele apresenta as informações genéticas desses seres. Nas células eucarióticas, o DNA encontra-se envolto pela membrana do núcleo celular. Na maior parte do tempo, as moléculas de DNA estão total ou parcialmente estendidas. Mas, durante os processos de divisão celular, elas se condensam e se associam a proteínas, formando estruturas chamadas **cromossomos**.

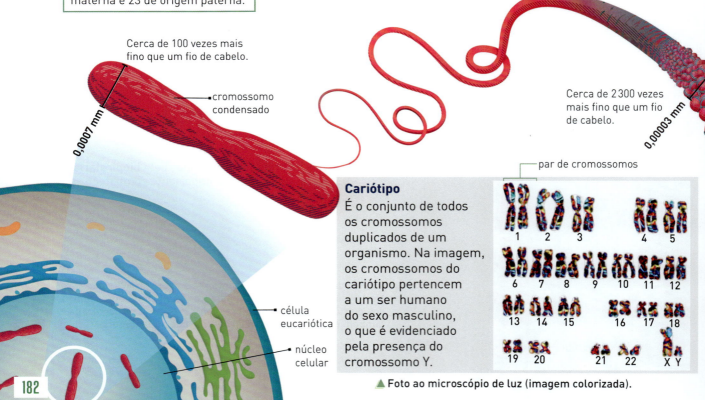

Cerca de 100 vezes mais fino que um fio de cabelo.

cromossomo condensado

0,0007 mm

Cerca de 2 300 vezes mais fino que um fio de cabelo.

0,00003 mm

par de cromossomos

Cariótipo
É o conjunto de todos os cromossomos duplicados de um organismo. Na imagem, os cromossomos do cariótipo pertencem a um ser humano do sexo masculino, o que é evidenciado pela presença do cromossomo Y.

célula eucariótica

núcleo celular

▲ Foto ao microscópio de luz (imagem colorizada).

Estrutura da molécula de DNA

A molécula de DNA é formada por duas longas cadeias em formato helicoidal, ou dupla hélice (seu formato é similar ao de uma escada de cordas torcidas). Cada cadeia apresenta bases nitrogenadas, que são estruturas que mantêm as duas cadeias unidas por meio de ligações químicas. As bases equivaleriam aos degraus rígidos da escada de cordas. Na sequência dessas bases nitrogenadas, estão guardadas as informações genéticas do indivíduo. A estrutura da molécula de DNA foi proposta em 1953, em um artigo do biólogo molecular e biofísico britânico Francis Crick (1916-2004) e do também biólogo molecular e geneticista estadunidense James Watson (1928-), apoiados por experimentos realizados pela cientista britânica Rosalind Franklin (1920-1958). Trabalhos como os do físico neozelandês Maurice Wilkins (1916-2004) confirmaram a estrutura em dupla hélice.

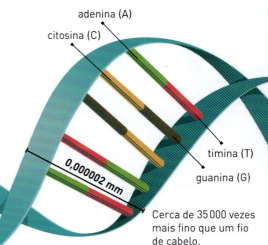

0,000002 mm
Cerca de 35 000 vezes mais fino que um fio de cabelo.

Há quatro bases nitrogenadas do DNA:
- adenina (A)
- timina (T)
- citosina (C)
- guanina (G)

A adenina se liga à timina, e a citosina se liga à guanina.

Em todo ser vivo, a molécula de DNA tem a mesma estrutura helicoidal. O que varia é a sequência e a quantidade das bases nitrogenadas.

A molécula de DNA se enrola em proteínas para auxiliar em sua compactação. Nos seres humanos, cada molécula de DNA tem cerca de dois metros.

Em todas as células de um indivíduo, com exceção dos gametas, a sequência de bases nitrogenadas é a mesma.

Genes
O DNA contém informações que definem características como a cor dos olhos e o tipo de sangue. As informações para uma característica podem estar localizadas em um ou em vários trechos do DNA. Cada trecho do DNA que contém uma informação para uma característica é chamado de **gene**.

Os genes são a unidade básica da herança genética. Nos seres humanos, eles são herdados em pares: uma parte é herdada da mãe, pelo gameta feminino, e a outra é herdada do pai, pelo gameta masculino. Existem características, como a cor da pele e a dos olhos, que são determinadas por mais de um par de genes.

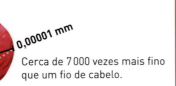

0,00001 mm
Cerca de 7 000 vezes mais fino que um fio de cabelo.

▲ Representações sem proporção de tamanho e distância entre os elementos e em cores-fantasia.

Fonte de pesquisa: Jane B. Reece e outros. *Biologia de Campbell*. 10. ed. Porto Alegre: Artmed, 2015. p. 329.

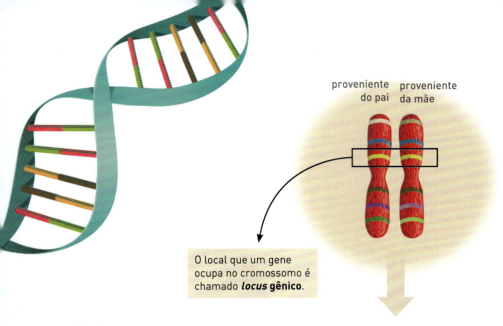

proveniente do pai   proveniente da mãe

O local que um gene ocupa no cromossomo é chamado *locus* gênico.

Cromossomos homólogos
Nos seres humanos, os cromossomos estão dispostos em pares. Cada um dos cromossomos que forma o par é denominado **homólogo**. Os cromossomos homólogos, além da forma e do tamanho semelhantes, apresentam os alelos na mesma posição e na mesma sequência.

Alelos
Em geral, existe mais de uma forma para um único gene. Ou seja, para um mesmo trecho do DNA que determina uma característica, pode haver mais de uma forma. Cada forma de um mesmo gene recebe o nome de **alelo**. Existem genes que apresentam três ou mais alelos.

Os alelos são representados pelas cores das faixas: tons idênticos indicam alelos iguais; tons diferentes indicam alelos diferentes. Note que os genes presentes em um par de cromossomos podem ser alelos iguais (como nos pares azul e amarelo) ou diferentes (como nos pares roxo e verde).

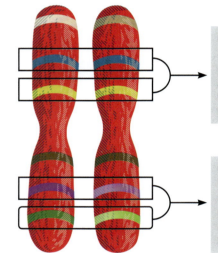

Homozigoto
Quando um organismo apresenta um gene com alelos iguais em todos os homólogos, é chamado **homozigoto** para esse gene.

Heterozigoto
Quando um organismo apresenta alelos diferentes para um mesmo gene, dizemos que ele é **heterozigoto** para esse gene.

▲ Representações sem proporção de tamanho e distância entre os elementos e em cores-fantasia.

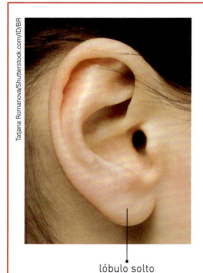

Por exemplo, o gene responsável pelo formato do lóbulo da orelha em seres humanos tem duas formas: uma que condiciona o lóbulo solto e outra que condiciona o lóbulo aderido à face.

 Mas, se um mesmo indivíduo pode ter dois alelos diferentes para uma mesma característica (um proveniente da mãe e outro proveniente do pai), qual característica se manifestará? O que acontece nessa situação?

Dependendo da situação, uma das características acaba se manifestando. Acompanhe a seguir.

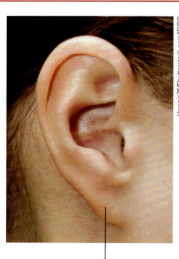

lóbulo solto

lóbulo aderido

Alelos dominantes e alelos recessivos

O formato do lóbulo da orelha é uma característica definida por um gene que apresenta dois alelos: o que produz lóbulo solto e o que produz lóbulo aderido. Todas as pessoas têm dois alelos (que podem, ou não, ser iguais). Assim, há três possibilidades:

Dois alelos para lóbulo solto.

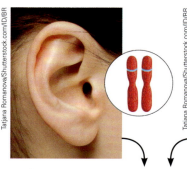

Um alelo para lóbulo solto e um alelo para lóbulo aderido.

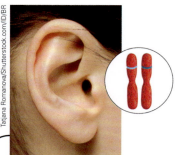

Dois alelos para lóbulo aderido.

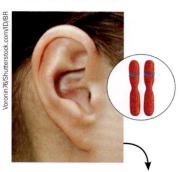

Perceba que basta a presença de apenas um alelo para lóbulo solto para definir essa característica. Nesse caso, o alelo para lóbulo solto é **dominante** sobre o alelo para lóbulo aderido.

Para que uma pessoa tenha orelhas com lóbulos aderidos, é preciso que ela tenha dois alelos para essa condição. Dizemos que o alelo para lóbulo aderido é **recessivo** em relação ao alelo para lóbulo solto.

Formas de representação de genes

Os genes podem ser representados por letras, como **a**, **b**, **c**, etc. São utilizadas letras maiúsculas e minúsculas para diferenciar os alelos dominantes dos alelos recessivos. Em geral, o nome atribuído ao gene é a primeira letra da característica recessiva.

AA   **Aa**   **aa**

Assim, os alelos do gene responsável pelo formato do lóbulo da orelha recebem a denominação **A** (dominante) e **a** (recessivo), pois a forma aderida é recessiva.

> ❗ Um organismo pode ser considerado homozigoto para um gene e heterozigoto para outro. Caso seja homozigoto para um gene, ele pode ser um **homozigoto recessivo** (se seus alelos forem recessivos) ou um **homozigoto dominante** (se seus alelos forem dominantes).

A individualidade: entre a genética e os fatores externos

Cada indivíduo é único, com características próprias que o distinguem de outros indivíduos. Como você viu até agora, parte dessas características é herdada biologicamente. No entanto, não é apenas a genética que determina as características de um indivíduo.

Genótipo

É o nome dado à composição genética de um ser vivo. Ter alelos para lóbulo solto (**AA**), para lóbulo aderido (**aa**) ou para ambos (**Aa**) corresponde a três exemplos de genótipo. A cor da pele é outra característica determinada pelo genótipo.

Gêmeos idênticos apresentam o mesmo genótipo e podem apresentar pequenas diferenças físicas entre si.

Fenótipo

Refere-se à maneira como uma característica hereditária se expressa, como ela se apresenta fisicamente. Resulta da combinação entre os genes do indivíduo e a influência do ambiente.

Ainda que a cor da pele seja determinada pelo genótipo, o fenótipo para essa característica é influenciado também pelo ambiente: por exemplo, ao tomar sol, a pele torna-se bronzeada.

185

DNA E DIVISÃO CELULAR

A **divisão celular** é essencial para a reprodução do organismo e para a transmissão das características hereditárias. É nesse processo que ocorrem a formação de gametas, o crescimento do organismo e a reposição de células mortas ou danificadas. Há dois tipos de divisão celular: a mitose e a meiose.

A **mitose** gera células que vão participar do crescimento do organismo e da reposição de células mortas ou danificadas. Na mitose, cada uma das duas células-filhas tem uma cópia idêntica do material genético da célula-mãe.

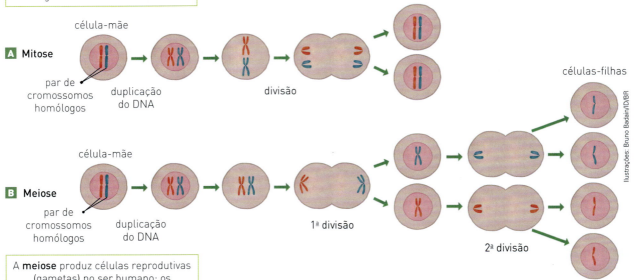

A **meiose** produz células reprodutivas (gametas) no ser humano: os espermatozoides, nos homens, e os ovócitos, nas mulheres. Nesse processo, cada uma das quatro células-filhas tem metade da quantidade de DNA da célula-mãe.

▲ Esquema de mitose **(A)** e de meiose **(B)** em célula animal. (Representações sem proporção de tamanho e em cores-fantasia.)

Fonte de pesquisa: Jane B. Reece e outros. *Biologia de Campbell*. 10. ed. Porto Alegre: Artmed, 2015. p. 261.

Veja **mitose** e **meiose** e diferencie esses processos.

MECANISMOS DA HERANÇA BIOLÓGICA

Agora, você vai aprender como uma característica pode ser herdada pelos membros de uma família. Como exemplo, será estudado o bico de viúva, uma característica hereditária relacionada à presença de cabelo na região da testa. Para isso, veja, primeiro, o que são heredogramas.

HEREDOGRAMAS

Os **heredogramas** são diagramas usados para representar o parentesco e a herança biológica entre membros de uma família. Algumas regras para a construção de um heredograma e o significado dos elementos básicos que o constituem estão indicados no esquema a seguir.

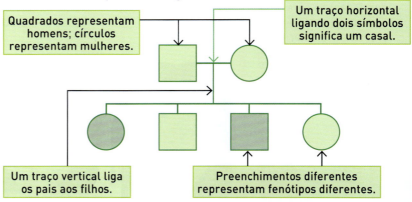

◀ Modelo com os principais elementos de um heredograma.

CRUZAMENTOS

Há dois fenótipos possíveis para a característica bico de viúva: presença ou ausência. A presença dessa característica é dominante sobre a ausência dela.

◀ Uma pessoa com bico de viúva (A) e outra sem (B).

A presença de bico de viúva é controlada por um único gene com dois alelos. Vamos chamar o alelo dominante de **A** e o alelo recessivo de **a**. Portanto, cada pessoa pode ter uma das seguintes combinações de genes (genótipos): **AA**, **Aa** ou **aa**.

Imagine que o genótipo de Mariana é **AA**, enquanto o de Jéferson é **aa**. Cada alelo se encontra em um dos cromossomos que formam um par. Durante a formação dos gametas, os pares de cromossomos são separados. Assim, todos os gametas de Jéferson têm uma cópia do alelo **a**, e os gametas de Mariana têm uma cópia do alelo **A**.

Mariana e Jéferson tiveram uma filha, Renata. Sabendo qual alelo está presente nos gametas de Mariana e nos de Jéferson, é possível saber que as células da filha do casal têm necessariamente um alelo **A** e um alelo **a**, ou seja, Renata tem o genótipo **Aa**, e o seu fenótipo é a presença de bico de viúva. Os possíveis resultados desse cruzamento podem ser representados em um quadro bastante usado nesses casos (quadro **1**).

Aos 26 anos, Renata teve um filho com Bernardo, que não apresenta bico de viúva (ou seja, tem genótipo **aa**). Ela poderia formar dois tipos de gameta: **A** ou **a**, mas Bernardo tem apenas alelos **a**. O filho deles, Tarcísio, nasceu com cabelo do tipo bico de viúva; portanto, seu genótipo é **Aa**. Veja as possibilidades desse cruzamento no quadro **2**.

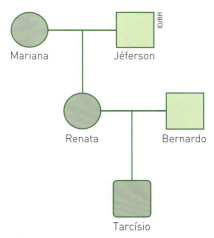

▲ Heredograma que mostra a herança do bico de viúva na família de Renata.

QUADRO 1	Alelos de Mariana	A	A
Alelos de Jéferson			
a		Aa	Aa
a		Aa	Aa

QUADRO 2	Alelos de Renata	A	a
Alelos de Bernardo			
a		Aa	aa
a		Aa	aa

▶ No quadro **1**, estão representados os quatro possíveis genótipos de Renata, filha de Mariana e Jéferson – todos expressam o fenótipo cabelo com bico de viúva (**Aa**). No quadro **2**, estão representados os quatro possíveis genótipos de Tarcísio, filho de Renata e Bernardo – há 50% de chance de ele ter cabelo com bico de viúva (**Aa**) e 50% de chance de ele ter cabelo sem bico de viúva (**aa**). Tarcísio nasceu com bico de viúva, logo, seu genótipo é **Aa**.

PRÁTICAS DE CIÊNCIAS

Teste para entender a herança biológica

As características hereditárias estão contidas no DNA, localizado no interior do núcleo das células eucarióticas. Agora, você vai fazer um **teste** para simular a hereditariedade em dois seres imaginários que têm o DNA como material genético e verificar os genótipos e os fenótipos de duas gerações (pais e filhos).

Material

- 16 bolas pequenas (podem ser de isopor)
- caneta hidrográfica
- lápis de cor
- caderno para anotações
- 2 sacos de pano ou de outro material não transparente para colocar as bolas de isopor (deverão caber 8 bolas em cada saco)

Como fazer

Etapa I – As personagens e suas características

1. Forme grupo com três colegas.

2. Conheçam as personagens Pirila e Blofeu. Ambos são seres de forma arredondada. Pirila tem a superfície do corpo lisa, é amarela, tem olhos verdes e lábios grossos. Já Blofeu tem o corpo eriçado, é verde, tem olhos pretos e lábios finos. As características dessas personagens são determinadas por genes que têm dois alelos, um dominante e um recessivo. Tanto Pirila quanto Blofeu são homozigotos para todas as características citadas.

Pirila

Blofeu

3. Em relação à dominância, as características de Pirila e de Blofeu são:
   - características dominantes – corpo liso, cor verde, olhos pretos e lábios finos;
   - características recessivas – corpo eriçado, cor amarela, olhos verdes e lábios grossos.

4. Usem oito bolas para descrever os alelos de Blofeu e oito bolas para descrever os alelos de Pirila. Lembrem-se de nomear os alelos seguindo a convenção: em geral, o nome atribuído ao gene é a primeira letra da característica recessiva. Por exemplo, em relação à superfície do corpo, o fenótipo "lisa" é dominante, e o fenótipo "eriçada" é recessivo – nesse caso, então, será utilizada a letra **e**.

5. Pirila tem a superfície lisa, e sabemos que ela é homozigota para essa característica; portanto, os alelos de Pirila para esse gene serão **EE**. Para descrever os alelos de Pirila para essa característica, escrevam **E** em uma bola e **E** em outra. Os alelos de Blofeu, que é eriçado, serão **ee**. Escrevam, portanto, **e** em uma bola e **e** em outra. Atribuam letras para as outras características de Blofeu e Pirila e escrevam-nas nas bolas.

6 Coloquem as bolas referentes aos alelos de Blofeu em um dos sacos e escrevam nele "Blofeu". Faça o mesmo com as bolas que representam os alelos de Pirila, colocando-as no outro saco.

Etapa II – Testando a herança biológica

Imaginem que Pirila e Blofeu se apaixonaram e vão ter filhos! Na espécie à qual Pirila e Blofeu pertencem, em cada gestação, são gerados, aproximadamente, cinco filhos ao mesmo tempo. Mas como serão as características deles?

1 Sorteiem as bolas com os alelos de Blofeu e de Pirila. Como há dois alelos para cada característica em cada saco, vale o primeiro alelo sorteado para uma característica (ou seja, se a próxima bola retirada for um alelo para a mesma característica já sorteada, considerem apenas a primeira e desprezem a segunda – não é preciso recolocá-la no saco).

2 Realizem os sorteios até que as duplas de alelos para as quatro características do primeiro filho estejam definidas.

3 Anotem os resultados no caderno e, então, devolvam as bolas para os respectivos sacos. Repitam os sorteios até que todas as características dos cinco filhos estejam definidas.

Observe e explique como as **características genéticas** podem ser herdadas.

Para concluir

1. O sorteio dos alelos para a formação dos gametas representa qual tipo de divisão celular? Justifique.

2. De acordo com as características estudadas, como são os gametas de Pirila? E os gametas de Blofeu?

3. No caderno, copie o quadro e preencha-o com o genótipo e o fenótipo de cada indivíduo.

4. Em grupo, desenhem Pirila, Blofeu e seus filhos ao lado de um heredograma da família. Pendurem o desenho no mural da sala de aula e o comparem com os desenhos dos outros grupos. As famílias foram representadas da mesma forma?

Indivíduo	Genótipo	Fenótipo
Pirila		
Blofeu		
Filho 1		
Filho 2		
Filho 3		
Filho 4		
Filho 5		

189

ATIVIDADES

Acompanhamento da aprendizagem

Retomar e compreender

1. Um estudante fez a seguinte afirmação:

   "A determinação de nossas características físicas é condicionada apenas por fatores genéticos".

   • Você concorda com essa afirmação? Justifique sua resposta.

2. No caderno, identifique as partes especificadas por letras no esquema a seguir.

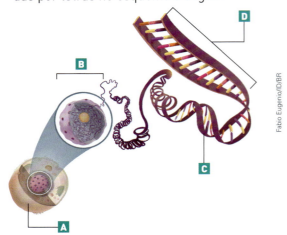

▲ Representação sem proporção de tamanho e em cores-fantasia.

3. Explique de forma sucinta o que são genes e o que são alelos.

4. A foto a seguir mostra dois cromossomos homólogos.

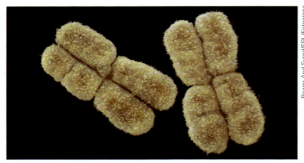

▲ Cromossomos homólogos. Cada cromossomo encontra-se duplicado. Foto ao microscópio eletrônico (imagem colorizada, aumento de cerca de 6 900 vezes).

   a) O que é cromossomo homólogo?
   b) De que são formados os cromossomos?

5. Uma pessoa pode ser, ao mesmo tempo, homozigota e heterozigota? Justifique.

6. Observe novamente o heredograma da família de Renata, apresentado anteriormente no tópico "Cruzamentos".

   a) Se Mariana e Jéferson tiverem outros filhos, qual será o genótipo deles para a presença de cabelo do tipo bico de viúva? E qual será o fenótipo?
   b) Se Renata e Bernardo tiverem outros filhos, como poderá ser o tipo de cabelo deles?

7. Observe a foto a seguir.

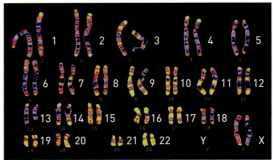

▲ Foto ao microscópio de luz (uso de corantes).

   a) O que a foto representa?
   b) O que são as estruturas mostradas na foto?

8. Sobre a divisão celular, faça o que se pede.

   a) Relacione a meiose à reprodução humana, destacando o papel desse processo para a transmissão das características hereditárias.
   b) É possível afirmar que a mitose ocorre em todas as fases de vida de uma pessoa? Justifique sua resposta.

Aplicar

9. Leia o texto a seguir e faça o que se pede.

   Algumas de nossas características são hereditárias, ou seja, são transmitidas dos nossos pais para nós pelo material genético. Outras características não são hereditárias, mas também contribuem para nos tornar o que somos.

   • No caderno, monte uma lista com algumas características que você acredita serem hereditárias e outra com características que, em sua opinião, não são hereditárias, mas que também formam nossa identidade. Compartilhe sua lista com as dos colegas e discuta com eles sobre elas.

CAPÍTULO 2
O ESTUDO DA GENÉTICA

PARA COMEÇAR

O monge austríaco Gregor Mendel foi um pioneiro ao aplicar métodos científicos em estudos sobre a hereditariedade. Qual é a importância da metodologia científica no estudo da natureza?

▼ Membros de uma mesma família compartilham mais semelhanças que dois indivíduos escolhidos ao acaso em uma população. Isso se deve à transmissão das características hereditárias na reprodução.

CARACTERÍSTICAS QUE PASSAM DE PAIS PARA FILHOS

Desde tempos antigos, pensadores já buscavam explicações para a herança de determinadas características que eram passadas de geração a geração. O filósofo grego Hipócrates (460 a.C.-375 a.C.) foi um dos primeiros a propor uma teoria para isso, a pangênese, que sugeria que todas as partes do corpo dos indivíduos produziriam partículas que seriam transmitidas para a descendência na concepção. Essas partículas guiariam a formação dos órgãos dos quais se originaria o novo indivíduo.

No século XVII, a invenção do microscópio possibilitou o estudo de estruturas do corpo invisíveis a olho nu. Observações do esperma de animais revelaram a presença de pequenas estruturas com cauda que se movimentavam: os espermatozoides. Foi então sugerido que os gametas (espermatozoides e ovócitos, nos animais) seriam as ligações físicas entre as gerações, participando da formação dos novos indivíduos.

A partir do século XVIII, diversos experimentos contribuíram para a descoberta de que os fatores hereditários estavam contidos nos gametas.

191

OS EXPERIMENTOS DE MENDEL

No século XIX, o monge austríaco Gregor Mendel (1822-1884) realizou uma série de experimentos de cruzamentos com plantas, os quais contribuíram de maneira significativa para o desenvolvimento da genética. Mendel concentrou suas pesquisas nas ervilhas-de-cheiro (*Pisum sativum*) por causa de diversas características favoráveis dessa planta aos experimentos de cruzamento: são pequenas; fáceis de cultivar; têm ciclo de vida curto; cada flor apresenta órgãos reprodutivos masculinos e femininos, que ficam protegidos por pétalas modificadas, favorecendo a **autofecundação**, ou seja, a fecundação entre gametas da mesma flor; têm grande número de variedades, de fácil distinção. Em suas pesquisas, Mendel estudou sete características com variedades distintas (veja o esquema a seguir).

▲ Retrato do monge Gregor Mendel, em 1860. Ele realizou seus experimentos no jardim do mosteiro em que vivia em Brno, cidade da atual República Tcheca.

CRUZAMENTO PARENTAL

Em seus experimentos, Mendel observava uma característica por vez, como a cor da flor. Para iniciar seus estudos, Mendel selecionou plantas que considerava **puras** para uma determinada característica, ou seja, plantas que, por autofecundação, produziam apenas descendentes com essa mesma característica. Por exemplo: plantas de ervilha de flor roxa, cujos descendentes eram todos de cor roxa; plantas de ervilha de flor branca, cujos descendentes eram todos de cor branca. Essas plantas constituíam a chamada **geração parental** (ou **geração P**).

Mendel, então, promovia a fecundação cruzada entre plantas puras de variedades diferentes. Assim, o pólen de uma planta pura de flores brancas era aplicado no sistema reprodutor feminino de uma planta pura de flores roxas e vice-versa. Os descendentes desse cruzamento constituíam a **geração F1**, ou **primeira geração híbrida**.

Mendel observou que, para as características que testou, todos os indivíduos da geração F1 apresentavam sempre a variedade de apenas um dos pais, ou progenitores. No caso do cruzamento entre plantas com cores diferentes da flor, todos os indivíduos da geração F1 apresentavam flores roxas.

CARACTERÍSTICAS ESTUDADAS POR MENDEL

- Cor da flor — roxa / branca
- Posição da flor — axial / terminal
- Cor da semente — amarela / verde
- Textura da semente — lisa / rugosa
- Forma da vagem — inflada / comprimida
- Cor da vagem — verde / amarela
- Altura da planta — alta / baixa

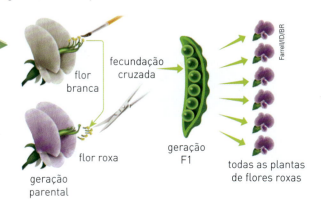

▶ Esquema de um cruzamento realizado por Mendel entre uma planta pura de flor roxa e uma planta pura de flor branca. Mendel removia previamente as extremidades dos órgãos masculinos das flores de uma planta (nesse caso, a de flor roxa), impedindo que elas produzissem pólen e, portanto, se autofecundassem. (Representações sem proporção de tamanho e em cores-fantasia.)

Fontes de pesquisa: Anthony J. F. Griffiths e outros. *Introduction to genetic analysis* (tradução nossa: Introdução à análise genética). 8. ed. New York: W. H. Freeman, 2005. p. 31; Jane B. Reece e outros. *Biologia de Campbell*. 10. ed. Porto Alegre: Artmed, 2015. p. 268 e 271.

CRUZAMENTOS E RESULTADOS

Depois de realizar a fecundação entre indivíduos da geração parental, Mendel permitia a autofecundação dos indivíduos da geração F1, ou seja, dos híbridos. A descendência obtida nesse cruzamento correspondia à **geração F2**. Ele observou que a variedade parental que não aparecia em F1 (no exemplo, as flores brancas) ressurgia na geração F2.

Em cada cruzamento, Mendel contou os indivíduos produzidos que exibiam cada variedade. Ele observou que a geração F2 apresentava uma proporção aproximada de três indivíduos da mesma variedade da geração F1 para 1 indivíduo da outra variedade. Considerando a cor da flor, eram encontradas em F2 cerca de três plantas com flores roxas para cada planta com flores brancas. Assim, Mendel propôs que, nesse tipo de cruzamento, a proporção esperada para as variedades na geração F2 seria sempre de **3 : 1** (lê-se: três para um).

▲ Da autofecundação da geração F1 surgem, na geração F2, tanto plantas com flores roxas quanto plantas com flores brancas. (Representações sem proporção de tamanho e em cores-fantasia.)

Fonte de pesquisa: Jane B. Reece e outros. *Biologia de Campbell*. 10. ed. Porto Alegre: Artmed, 2015. p. 271.

PRIMEIRA LEI DE MENDEL

Para explicar os resultados obtidos, Mendel propôs que as ervilhas apresentavam **fatores hereditários** (atualmente denominados genes) que passariam dos progenitores para os filhos e seriam responsáveis pelas características dos indivíduos. Esses fatores conteriam informações sobre as características, e não as próprias características. Mendel referiu-se às variedades que se manifestaram na geração F1 como dominantes e às variedades que reapareceram na geração F2 como recessivas.

Mendel propôs que as características eram determinadas por fatores que aparecem aos pares, e cada membro do par é herdado de um dos progenitores. Ele supôs que os pares de fatores se separariam (ou segregariam) na formação dos gametas, e cada gameta carregaria apenas um fator. Esses princípios compõem a **lei da segregação dos fatores**, que também ficou conhecida como **primeira lei de Mendel**.

Hoje, sabe-se que a primeira lei de Mendel é observada somente em alguns casos. Ela não explica, por exemplo, a transmissão de características condicionadas por mais de um par de fatores, como a cor da pele nos seres humanos.

RESULTADOS OBTIDOS PARA AS CARACTERÍSTICAS DA ERVILHA ESTUDADAS POR MENDEL

Características	Traço dominante	Traço recessivo	F2	Proporção
Cor da flor	roxa	branca	705 : 224	3,15 : 1
Posição da flor	axial	terminal	651 : 207	3,14 : 1
Cor da semente	amarela	verde	6 022 : 2 001	3,01 : 1
Textura da semente	lisa	rugosa	5 474 : 1 850	2,96 : 1
Forma da vagem	inflada	comprimida	882 : 299	2,95 : 1
Cor da vagem	verde	amarela	428 : 152	2,82 : 1
Altura da planta	alta	baixa	787 : 277	2,84 : 1

▲ A tabela mostra as sete características da ervilha estudadas por Mendel. Note que em todos os casos a proporção em F2 se aproxima de 3 : 1. (Representações sem proporção de tamanho e em cores-fantasia.)

Fontes de pesquisa: Jane B. Reece e outros. *Biologia de Campbell*. 10. ed. Porto Alegre: Artmed, 2015. p. 270; Anthony J. F. Griffiths e outros. *Introdução à genética*. 10. ed. Rio de Janeiro: Guanabara Koogan, 2013. p. 29.

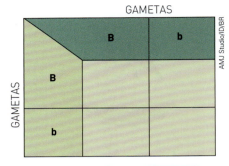

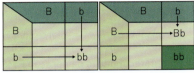

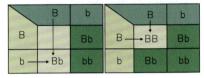

▲ Para compor quadro, aplicam-se na primeira linha e na primeira coluna os fatores que podem estar presentes nos gametas de cada progenitor. Os quadrados centrais são preenchidos com as possíveis combinações de fatores na descendência, resultantes do encontro desses gametas.

▼ Esquema dos resultados possíveis em cruzamentos-teste com uma planta de ervilha com flores roxas. (Representações sem proporção de tamanho e em cores-fantasia.)

Fonte de pesquisa: Jane B. Reece e outros. *Biologia de Campbell*. 10. ed. Porto Alegre: Artmed, 2015. p. 273.

ANALISANDO CRUZAMENTOS

É possível rever os cruzamentos de F1 realizados por Mendel com plantas de ervilhas aplicando o que já estudamos nesta unidade. Vamos continuar utilizando como exemplo a característica cor da flor: roxa ou branca.

A descendência esperada do cruzamento pode ser visualizada no quadro desta página, de estrutura similar ao que você viu no capítulo 1 – nesse caso, os possíveis fatores dos gametas da geração F1 são representados nas laterais do quadrado e a descendência é calculada pelo cruzamento entre eles.

O fator para flor roxa pode ser representado por **B** e, para flor branca, por **b**. Ao propor que cada indivíduo apresenta um par de fatores para cada característica, Mendel destacou que esses fatores poderiam ser iguais ou diferentes. Indivíduos que apresentam dois tipos de fatores para uma característica, como os indivíduos **Bb**, são heterozigotos. Indivíduos com dois fatores iguais (**BB** ou **bb**) são homozigotos.

Assim, todos os indivíduos que expressam a característica recessiva, como as plantas de flores brancas, são homozigotos, apresentando dois fatores da variedade recessiva (**bb**). Já os indivíduos que expressam a característica dominante, como uma planta de flor roxa, podem ser tanto homozigotos e apresentar os dois fatores da variedade dominante (**BB**) como heterozigotos e apresentar um fator de cada tipo (**Bb**).

CRUZAMENTO-TESTE

Para testar se um indivíduo com característica dominante é heterozigoto ou homozigoto, Mendel desenvolveu o **cruzamento-teste**. Nele, o indivíduo com a característica dominante é cruzado com um indivíduo com característica recessiva. Se todos os descendentes desse cruzamento apresentarem a característica dominante, o indivíduo é homozigoto; se o cruzamento resultar em descendentes com a característica dominante e descendentes com a característica recessiva, o indivíduo é heterozigoto.

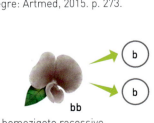

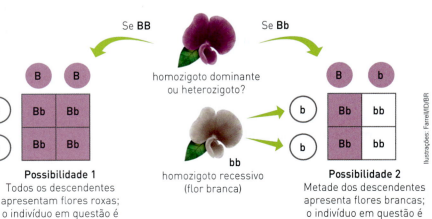

SEGUNDA LEI DE MENDEL

Mendel também realizou cruzamentos analisando duas características simultaneamente. Por exemplo, em um mesmo experimento, ele considerou a cor e o aspecto da semente de ervilha. Inicialmente, Mendel cruzou plantas puras para as duas características em questão, obtendo, na geração F1, apenas sementes lisas e amarelas. Na autofecundação da geração F1 foram formados quatro tipos de fenótipo: dois iguais à geração parental (sementes amarelas e lisas; sementes verdes e rugosas) e dois novos (sementes amarelas e rugosas; sementes verdes e lisas). Mendel analisou matematicamente esses resultados e observou que a proporção das variedades se aproximava de **9 : 3 : 3 : 1**. Essa mesma proporção foi observada para todos os pares de características que ele estudou.

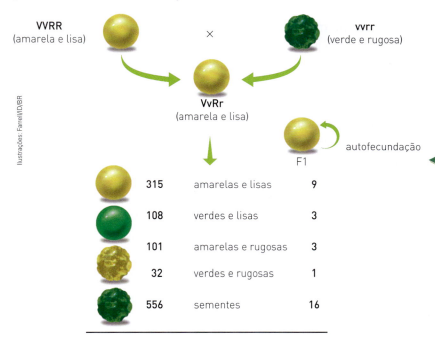

◀ Esquema do cruzamento parental e da autofecundação da geração F1 entre plantas de ervilha, considerando simultaneamente as características cor e aspecto da semente. Apesar de, no esquema, estarem representadas apenas as ervilhas, os cruzamentos são feitos entre plantas originadas dos tipos de ervilha representados. (Representações sem proporção de tamanho e em cores-fantasia.)

Fonte de pesquisa: Anthony J. F. Griffiths e outros. *Introdução à genética*. 10. ed. Rio de Janeiro: Guanabara Koogan, 2013. p. 73.

Note que, se considerarmos apenas uma das características, a proporção de 3 para 1 se mantém. Por exemplo, no cruzamento representado no esquema, se analisarmos apenas a cor da semente, temos uma proporção aproximada de 3 amarelas para 1 verde.

Com base nesses experimentos, Mendel concluiu que os pares de fatores de características diferentes se segregam de modo independente na formação dos gametas, o que ficou conhecido como a **segunda lei de Mendel** ou **lei da segregação independente**. Assim, na formação de gametas de um indivíduo da geração F1 do exemplo anterior, o fator **R** pode ir para um gameta com o fator **V** ou para um com o fator **v**. Portanto, na formação dos gametas, a separação dos fatores para a cor da semente é independente da separação dos fatores para o aspecto da semente.

CIDADANIA GLOBAL

A BIOPIRATARIA E SUAS CONSEQUÊNCIAS

[...] configura-se como biopirataria o acesso ou a transferência de recursos genéticos e/ou conhecimentos tradicionais ligados à biodiversidade, sem a autorização do Estado ou comunidade de onde os recursos ou informações foram retirados. Portanto, pode-se afirmar que a biopirataria se caracteriza pelo contrabando de bens naturais e de saberes tradicionais relacionados à diversidade biológica de um país.

[...]

A biopirataria provoca grandes prejuízos nos âmbitos econômico, ambiental e científico no país. A economia se mostra como a área mais afetada pela biopirataria, já que as empresas internacionais arrecadam fortunas por meio do contrabando e do patenteamento de recursos brasileiros. Nesse sentido, tanto o Estado, quanto as comunidades tradicionais são impossibilitadas de receber os lucros provenientes dos recursos explorados do país. No que diz respeito ao meio ambiente, a exploração de matérias-primas no território nacional ameaça a biodiversidade do país, favorece a extinção de espécies e gera um desequilíbrio ecológico. [...]

[...]

Daniela Lopes. Os efeitos da biopirataria no Brasil. CirculaCT, Projeto de Extensão da UFRJ, 17 abr. 2022. Disponível em: https://www.circulact.org/post/os-efeitos-da-biopirataria-no-brasil. Acesso em: 16 jun. 2023.

1. De acordo com o texto, o que é biopirataria?
2. Quais são os prejuízos causados pela biopirataria?

SEGREGAÇÃO DOS CROMOSSOMOS

À época dos estudos de Mendel, os resultados obtidos provocaram quase nenhum impacto na comunidade científica, provavelmente por terem sido publicados em uma revista pouco conceituada. Contudo, no final do século XIX, com os avanços dos conhecimentos sobre as células e os cromossomos e com a descoberta dos trabalhos de Mendel por cientistas que estudavam a hereditariedade, percebeu-se a semelhança entre a segregação dos fatores de Mendel e a separação dos cromossomos na meiose durante a formação dos gametas. Assim, foi sugerido que os fatores hereditários de Mendel estariam localizados nos cromossomos, que corresponderiam à base física da hereditariedade.

Os fatores das características estudadas por Mendel localizavam-se em pares diferentes de cromossomos homólogos, e, por isso, eles se segregavam de forma independente. Genes localizados no mesmo cromossomo têm maior probabilidade de se segregarem juntos.

Atualmente, sabe-se que cada cromossomo é composto de uma molécula de DNA (o material genético da célula) associada a proteínas. As regiões do cromossomo que apresentam informações para as características hereditárias são chamadas de genes, e suas variedades, de alelos.

Nas células diploides – como as células que formam nosso corpo e as que dão origem aos gametas –, os cromossomos apresentam-se em pares de cromossomos homólogos, que têm a mesma sequência de genes, tamanho e forma. Durante a formação dos gametas, esses cromossomos se separam e cada gameta recebe apenas um cromossomo de cada par de homólogos, assim como foi sugerido por Mendel para os fatores hereditários.

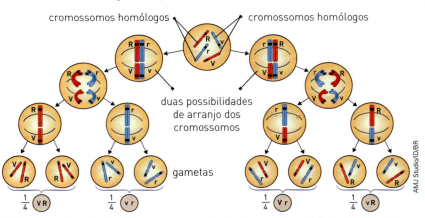

▲ Esquema da relação entre a segregação dos fatores hereditários de Mendel e a segregação dos cromossomos homólogos na formação dos gametas na meiose. Note que os fatores para a cor (**V**, amarela; **v**, verde) e a forma da ervilha (**R**, lisa; **r**, rugosa) localizam-se em cromossomos diferentes. (Representações sem proporção de tamanho e em cores-fantasia.)

Fontes de pesquisa: Jane B. Reece e outros. *Biologia de Campbell*. 10. ed. Porto Alegre: Artmed, 2015. p. 263; Anthony J. F. Griffiths e outros. *Introdução à genética*. 10. ed. Rio de Janeiro: Guanabara Koogan, 2013. p. 83.

OUTROS PADRÕES DE HEREDITARIEDADE

Algumas características podem apresentar padrões de herança mais complexos que os descritos por Mendel. A seguir, você vai conhecer alguns desses casos.

RELAÇÕES DE DOMINÂNCIA

As características estudadas por Mendel nas ervilhas apresentam somente dois fenótipos. A cor da flor, por exemplo, pode ser roxa ou branca. Essa característica é determinada por apenas um par de alelos, e a presença do alelo dominante (no homozigoto ou no heterozigoto) determina um dos fenótipos; o duplo recessivo condiciona o outro. Esse tipo de herança está ligada à **dominância completa** de um alelo sobre outro.

Em alguns casos, no entanto, nenhum dos alelos apresenta dominância completa, e o heterozigoto apresenta uma terceira característica. Isso é chamado **dominância incompleta**, a qual ocorre, por exemplo, na herança da cor da flor da espécie *Mirabilis jalapa*, conhecida como maravilha. Indivíduos homozigotos com dois alelos para a cor vermelha apresentam flores vermelhas; indivíduos homozigotos que apresentam dois alelos para a cor branca apresentam flores brancas; indivíduos heterozigotos apresentam flores cor-de-rosa, coloração intermediária.

Nesse tipo de herança, a proporção esperada para os descendentes do cruzamento entre dois indivíduos heterozigotos é de 1 vermelha : 2 cor-de-rosa : 1 branca, uma variação da proporção 3 : 1 proposta por Mendel.

▲ Variedades de cores em flores da planta maravilha (*Mirabilis jalapa*).

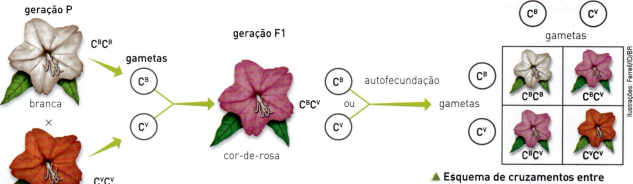

▲ Esquema de cruzamentos entre plantas maravilha, mostrando a dominância incompleta para a característica cor das flores. Os genes são representados pela mesma letra maiúscula (**C**) acompanhada de uma letra sobrescrita, que caracteriza cada alelo (**B** ou **V**). (Representações sem proporção de tamanho e em cores-fantasia.)

Fonte de pesquisa: Jane B. Reece e outros. *Biologia de Campbell*. 10. ed. Porto Alegre: Artmed, 2015. p. 277.

Na **codominância**, o heterozigoto apresenta simultaneamente as características dos dois homozigotos, e não uma característica intermediária, como na dominância incompleta. A codominância ocorre, por exemplo, na herança do sistema sanguíneo ABO, abordado na página seguinte.

Assim como na dominância incompleta, a proporção esperada entre os indivíduos da geração F2 é de 1 : 2 : 1, uma variação da proporção de 3 : 1 proposta por Mendel.

ALELOS MÚLTIPLOS

Os exemplos que vimos até agora são de características determinadas por genes que apresentam apenas dois tipos de alelo. No entanto, algumas características podem envolver uma quantidade maior de alelos, ou seja, podem apresentar **alelos múltiplos**, como é o caso da herança do sistema sanguíneo ABO. Apesar de os indivíduos diploides só apresentarem dois alelos em suas células, um herdado de cada progenitor, nos casos de alelos múltiplos há, na população, três ou mais tipos de alelo. Esses alelos podem ser codominantes, apresentar dominância completa ou dominância incompleta.

Sistema ABO

De acordo com esse sistema, os seres humanos podem apresentar quatro tipos sanguíneos, **A**, **B**, **AB** ou **O**, dependendo da existência de certos **antígenos** (carboidratos que podem ser encontrados na superfície das hemácias).

- Indivíduos com sangue tipo **A** apresentam hemácias com antígenos A.
- Indivíduos com sangue tipo **B** apresentam hemácias com antígenos B.
- Indivíduos com sangue tipo **AB** apresentam hemácias com antígenos A e B.
- Indivíduos com sangue tipo **O** apresentam hemácias sem antígenos do sistema ABO.

O gene que determina a presença e o tipo dos antígenos do sistema ABO apresenta três alelos possíveis: I^A, I^B e i.

- I^A determina a presença do antígeno A.
- I^B determina a presença do antígeno B.
- i não determina antígenos.

Os alelos I^A e I^B são codominantes, ou seja, o indivíduo que tem esses dois alelos apresenta as duas características simultaneamente: suas hemácias têm antígenos A e B. I^A e I^B apresentam dominância completa em relação ao alelo i.

TRANSFUSÕES SANGUÍNEAS

O sistema ABO é importante para as transfusões sanguíneas, pois os antígenos presentes nas hemácias dos grupos A, AB e B podem ser reconhecidos pelo sistema imune da pessoa que está recebendo a transfusão. Nesses casos, o sistema imune promove a aglutinação (aglomeração) das hemácias, podendo causar problemas sérios no organismo do receptor.

- Indivíduos com sangue tipo A têm anticorpos anti-B, que atacam hemácias com antígenos B.
- Indivíduos com sangue tipo B têm anticorpos anti-A, que atacam hemácias com antígenos A.
- Indivíduos com sangue tipo O têm anticorpos anti-A e anti-B, que atacam hemácias com antígenos A e B.
- Indivíduos com sangue tipo AB não têm anticorpos contra antígenos do sistema ABO.

Veja a seguir as possibilidades de transfusão sanguínea entre os grupos do sistema ABO.

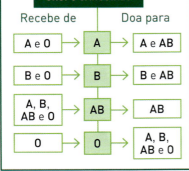

GRUPO SANGUÍNEO		
Recebe de		Doa para
A e O	→ A →	A e AB
B e O	→ B →	B e AB
A, B, AB e O	→ AB →	AB
O	→ O →	A, B, AB e O

Tabela de tipos sanguíneos do sistema ABO, de acordo com os alelos apresentados. (Representações sem proporção de tamanho e em cores-fantasia.)

Fonte de pesquisa: Jane B. Reece e outros. *Biologia de Campbell*. 10. ed. Porto Alegre: Artmed, 2015. p. 278.

GRUPOS SANGUÍNEOS DO SISTEMA ABO				
Pares de alelos (genótipo)	$I^A I^A$ ou $I^A i$	$I^B I^B$ ou $I^B i$	$I^A I^B$	ii
Hemácias	antígeno A	antígeno B		
Tipo sanguíneo (fenótipo)	A	B	AB	O

ATIVIDADES

Retomar e compreender

1. Reveja as sete características da ervilha-de-cheiro estudadas por Mendel, mencionadas neste capítulo, e responda às questões a seguir.

   a) Considerando a característica altura da planta, que tipos de planta seriam selecionados por Mendel para o cruzamento parental?

   b) Qual(is) traço(s) se espera que seja(m) apresentado(s) pelas plantas da geração F1 originadas nesse cruzamento?

   c) Qual(is) traço(s) se espera que seja(m) apresentado(s) pelas plantas da geração F2 originadas da autofecundação da geração F1?

2. Construa um quadro representando o cruzamento entre dois heterozigotos para a característica posição da flor na ervilha-de-cheiro (reveja a tabela "Resultados obtidos para as características da ervilha, estudadas por Mendel").

   ■ Qual é a proporção esperada para os traços dessa característica na descendência?

3. Leia a afirmação a seguir e responda à questão.

   Nas plantas de ervilha, flor de cor roxa é um traço dominante sobre flor de cor branca, e o traço de posição axial é dominante sobre a posição terminal da flor na planta.

   ■ Se ocorrer a autofecundação de uma planta heterozigota para essas duas características, qual é a proporção esperada de cada traço entre os descendentes?

4. Associe os conceitos com suas definições.

   a) gene

   b) cromossomo

   c) heterozigoto

   d) homozigoto

   e) alelo

   I. Indivíduo que apresenta alelos iguais para determinado gene.

   II. Variedade de um gene.

   III. Estrutura composta de uma molécula de DNA associada a proteínas.

   IV. Trecho do cromossomo com informações para uma característica.

   V. Indivíduo que apresenta alelos diferentes para determinado gene.

5. Relacione a segunda lei de Mendel à separação dos cromossomos na meiose durante a formação dos gametas.

6. Carlos sofreu um acidente e precisa receber transfusão sanguínea. Sabendo que ele tem sangue do tipo A, identifique de quais pessoas a seguir ele poderia receber sangue, considerando o sistema ABO. Justifique.

   I. Letícia: sangue do tipo AB.

   II. Fábio: sangue do tipo O.

   III. Marisa: sangue do tipo B.

   IV. Ricardo: sangue do tipo A.

7. Identifique a relação de dominância nas situações descritas a seguir.

   a) Todos os descendentes do cruzamento entre um macaco homozigoto com antígenos **M** em suas hemácias e uma macaca homozigota com antígenos **N** em suas hemácias apresentam hemácias com antígenos **M** e **N**.

   b) Todos os descendentes do cruzamento entre um galo homozigoto de plumagem branca com uma galinha homozigota de plumagem preta apresentam pelagem cinza (coloração intermediária).

   c) Todas as plantas originadas do cruzamento entre uma planta homozigota de flores amarelas e uma planta homozigota de flores brancas apresentam flores amarelas.

Aplicar

8. Em dupla, leia o texto e, depois, faça o que se pede.

   Em um laboratório, um cientista estava estudando a herança da cor do corpo em drosófilas, também chamadas de moscas-da-fruta. Nesse inseto, a cor ébano é determinada por um alelo recessivo, e a cor cinza, por um alelo dominante.

   Para organizar seus experimentos, o pesquisador mantinha as drosófilas em três tubos:

   ■ tubo **1** – apenas indivíduos ébano de linhagem pura;

   ■ tubo **2** – apenas indivíduos híbridos na cor cinza;

   ■ tubo **3** – apenas indivíduos cinza de linhagem pura.

ATIVIDADES

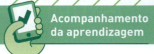

Certo dia, ele se distraiu e algumas drosófilas acabaram escapando dos tubos. Depois de conseguir recuperar algumas delas, pôde identificar as que tinham corpo ébano e devolvê-las ao tubo **1**. As de corpo cinza, no entanto, ele não conseguia distinguir se pertenciam ao tubo **2** ou ao tubo **3**.

- Proponha um experimento para que o geneticista possa identificar de quais tubos eram as drosófilas de cor cinza capturadas.

9. Leia o texto a seguir e, depois, responda às questões.

A primeira lei de Mendel explica a transmissão de características que expressam fenótipos bem distintos e que são produzidas por um único gene com dois alelos. Um exemplo é a forma do tomate-cereja: pode ocorrer a forma redonda do fruto – manifestada na presença do alelo dominante – ou a forma alongada do fruto – manifestada no homozigoto recessivo.

▲ Tomate-cereja redondo (**A**) e tomate-cereja alongado (**B**). Diâmetro e comprimento: cerca de 2 cm.

a) No caderno, represente o cruzamento entre uma planta homozigota dominante (tomates redondos) e uma homozigota recessiva (tomates alongados), indicando o genótipo da geração parental e dos descendentes.

b) Qual é a proporção esperada para um cruzamento entre heterozigotos?

10. Leia o texto a seguir e responda às questões.

O albinismo é uma condição caracterizada pela ausência de pigmentação na pele. Ela decorre da deficiência na produção da melanina, proteína que confere pigmentação aos cabelos, à pele e aos olhos nos mamíferos. No ser humano, o albinismo é condicionado por um alelo recessivo: o indivíduo homozigoto recessivo apresenta o fenótipo albino. A ausência de melanina deixa o indivíduo mais vulnerável aos efeitos resultantes da exposição ao sol, como o câncer de pele.

▲ Pessoas albinas devem tomar bastante cuidado ao se expor ao sol, como usar protetor com alto fator de proteção solar.

a) Imagine que um casal formado por um homem albino e uma mulher heterozigota para essa característica deseje ter um filho. Qual é a chance de esse casal ter um filho albino? No caderno, construa um quadro que justifique sua resposta.

b) Considere que o pai do homem albino do item **a** também seja albino. Qual seria o genótipo da mãe do homem albino? No caderno, construa um heredograma que represente essa situação.

11. Carla apresenta a doença de Huntington, que é causada por um gene dominante. Na família dela, a mãe, o tio (irmão da mãe) e o avô materno têm a mesma doença.

- Construa um heredograma para a família de Carla, incluindo o pai e a avó materna. Identifique os alelos que cada indivíduo tem.

CAPÍTULO 3
GENÉTICA E TECNOLOGIA

PARA COMEÇAR
A biotecnologia está presente em nosso dia a dia, mesmo que muitas vezes não a notemos. Ela se relaciona com a medicina, a agricultura e a indústria farmacêutica, por exemplo. Você já se deparou com questões éticas relacionadas à biotecnologia?

BIOTECNOLOGIA

De acordo com a Organização das Nações Unidas (ONU), **biotecnologia** é qualquer aplicação tecnológica que utiliza seres vivos ou seus derivados para fazer ou modificar produtos ou processos, tendo em vista usos específicos.

A biotecnologia, porém, não é uma novidade e envolve processos utilizados pelos seres humanos há milhares de anos. A produção de queijo, vinho, cerveja, iogurte e pão são exemplos de atividades biotecnológicas.

O avanço dos conhecimentos em genética no século XX propiciou também o avanço da biotecnologia, como ocorreu com o desenvolvimento de técnicas que possibilitaram ao ser humano modificar o material genético dos seres vivos para a fabricação de remédios, alimentos e outros produtos.

O desenvolvimento dessas técnicas de manipulação genética dos organismos ampliou a aplicação da biotecnologia e viabilizou, por exemplo, a produção de organismos geneticamente modificados, a clonagem, a terapia gênica, o uso de células-tronco e o desenvolvimento de vacinas. Neste capítulo, você conhecerá essas aplicações e observará por que elas têm motivado debates éticos – sendo, por vezes, controversas.

▼ Uma forma de aplicação da biotecnologia é o uso de microrganismos na produção de alimentos, como o queijo. Na foto, produção artesanal do queijo canastra em São Roque de Minas (MG), 2021.

MELHORAMENTO GENÉTICO

Há milhares de anos, os seres humanos vêm selecionando animais e plantas de acordo com características de interesse para sua utilização. De início, essa seleção era feita de forma intuitiva, promovendo-se o cruzamento de indivíduos que tivessem a característica de interesse. Por exemplo, agricultores selecionavam plantas que produziam frutos maiores para plantio e cruzamento. O processo de seleção e modificação genética visando ao interesse humano é denominado **melhoramento genético**.

ORGANISMOS GENETICAMENTE MODIFICADOS

Os **organismos geneticamente modificados** (OGM) são aqueles cujos genes foram manipulados com técnicas laboratoriais a fim de expressar uma característica específica e de interesse do ser humano. Nesse grupo, são encontrados os **transgênicos**, organismos que receberam um ou mais genes de outra espécie. Observe a seguir alguns exemplos de seres vivos transgênicos.

Bactérias transgênicas

Existem bactérias que recebem trechos de DNA humano responsáveis por coordenar a produção de insulina para que sejam capazes de produzir esse hormônio. A insulina produzida pelas bactérias transgênicas pode ser administrada a pacientes que sofrem de diabetes.

Atualmente, quase toda a insulina utilizada por diabéticos é produzida por bactérias transgênicas. Essa insulina é igual à humana, o que acaba evitando alergias, como ocorria quando eram usadas insulinas de porco ou de boi no tratamento de diabéticos.

As bactérias transgênicas também têm outras aplicações, como ocorre com as bactérias modificadas utilizadas na remoção de metais tóxicos do ambiente.

▲ A maioria das plantas cultivadas como alimento foi obtida por melhoramento genético, como o milho: ao longo dos anos, foram sendo selecionadas as plantas com espigas maiores e com maior quantidade de grãos.

> **A DIABETES MELITO**
>
> A diabetes melito é uma doença caracterizada por altas taxas de glicose no sangue. Há dois tipos básicos de diabetes melito.
>
> A diabetes melito tipo I é decorrente da deficiência na produção de insulina causada pela destruição das células pancreáticas. Em geral, é uma doença hereditária, e seu controle é feito, principalmente, com aplicações diárias de insulina.
>
> Na diabetes melito tipo II, as células-alvo não respondem bem à ação da insulina. Essa doença está associada a fatores hereditários, envelhecimento, sedentarismo e obesidade. É controlada com a prática de exercícios físicos, com alimentação adequada e o uso de medicamentos, combinados ou não com injeções de insulina.

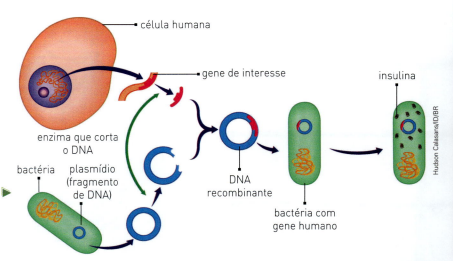

▶ Esquema da inserção, em uma bactéria, do gene responsável pela produção de insulina humana. Os plasmídios são fragmentos circulares de DNA bacteriano encontrados no citoplasma de uma bactéria. (Representações sem proporção de tamanho e em cores-fantasia.)

Fonte de pesquisa: Jane B. Reece e outros. *Biologia de Campbell*. 10. ed. Porto Alegre: Artmed, 2015. p. 412.

Animais transgênicos

Os animais transgênicos são utilizados em pesquisas científicas diversas. Um exemplo é a produção de cabras transgênicas, que receberam genes humanos para a produção de proteínas secretadas no leite, as quais podem ser utilizadas no tratamento de doenças. Há, contudo, outros tipos de aplicação, como espécies de peixes que receberam DNA de outro organismo e passaram a apresentar características de interesse para seus criadores, como ciclos reprodutivos mais curtos e maior tamanho corporal.

▲ Peixes fluorescentes transgênicos, que receberam um gene de água-viva com informações para a produção de uma proteína fluorescente.

Plantas transgênicas

Muitas variedades de plantas transgênicas já foram desenvolvidas, principalmente para a produção de alimentos. Elas podem ser resistentes a agrotóxicos e a pragas ou apresentar maior valor nutricional, por exemplo. No Brasil, variedades transgênicas de soja, milho, algodão e feijão são amplamente cultivadas.

Analise a linha do tempo e comente as mudanças na **legislação sobre transgênicos** no Brasil.

◀ Plantação de soja em Araguari (MG). Ao fundo, silos de armazenamento de grãos. Foto de 2021. Muitas variedades de plantas transgênicas são amplamente utilizadas no Brasil. Por exemplo: estima-se que 96% de toda a soja cultivada no país seja transgênica. Outros exemplos de plantas geneticamente modificadas utilizadas em plantações são o milho e o algodão.

A produção e o consumo de alimentos feitos com organismos transgênicos ainda são temas polêmicos, por causa de aspectos ambientais, econômicos e sociais. Veja, a seguir, alguns argumentos comumente veiculados por quem é favorável à produção e ao uso de transgênicos e por quem é contrário a tais práticas.

> **MOSQUITOS GENETICAMENTE MODIFICADOS**
>
> No Brasil, mosquitos *Aedes aegypti* geneticamente modificados estão sendo testados para combater a dengue, a zika e a chikungunya, doenças transmitidas por essa espécie. Por manipulação genética, machos desses mosquitos recebem um gene modificado que produz uma proteína capaz de matar a prole do mosquito ainda na fase de larva ou pupa. Com isso, espera-se reduzir a população de *Aedes aegypti* e, consequentemente, a ocorrência dessas doenças na população brasileira.

A FAVOR	CONTRA
Elevam a produtividade agrícola, o que supostamente atenderia a crescente demanda por alimentos no mundo.	É necessário haver mais estudos sobre os potenciais riscos à saúde e ao ambiente.
Permitem o desenvolvimento de variedades com características de interesse, como maior valor nutricional.	Transgênicos resistentes a inseticidas e herbicidas, por exemplo, poderiam favorecer maior aplicação de agrotóxicos.
Já foram liberados por alguns órgãos de controle no mundo e estão no mercado há alguns anos, sem registros de problemas para a saúde humana e de outros animais.	A produção de sementes transgênicas está restrita a poucas empresas, geralmente multinacionais, que podem ter o controle do mercado agrícola, prejudicando os pequenos e médios produtores.
Acredita-se que reduzem o uso de agrotóxicos, pelo desenvolvimento de variedades resistentes a pragas.	Podem ocorrer cruzamentos entre cultivares transgênicos e plantas nativas ou não transgênicas.

cultivar: variedade de planta produzida para fins agrícolas.

Fonte de pesquisa: Luisa Massarani; Flávia Natércia. *Transgênicos em debate*. Rio de Janeiro: Museu da Vida: Casa de Oswaldo Cruz: Fiocruz, 2007. Disponível em: http://www.ciencias.seed.pr.gov.br/arquivos/File/sugestao_leitura/47transgenicos_adultos.pdf. Acesso em: 16 jun. 2023.

203

CLONAGEM

A **clonagem** é o processo que permite a produção de cópias genéticas de células e até mesmo de organismos inteiros. O primeiro mamífero clonado foi a ovelha Dolly, em 1997. Observe a seguir como foi feita essa clonagem.

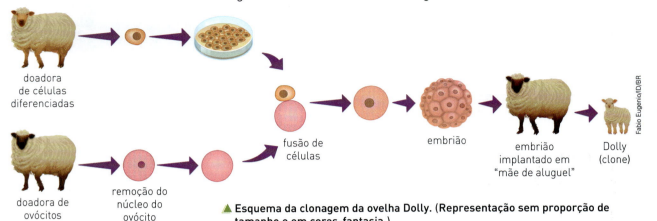

▲ Esquema da clonagem da ovelha Dolly. (Representação sem proporção de tamanho e em cores-fantasia.)

Fonte de pesquisa: Jane B. Reece e outros. *Biologia de Campbell*. 10. ed. Porto Alegre: Artmed, 2015. p. 424.

A **clonagem reprodutiva**, como a da ovelha Dolly, consiste na produção de um indivíduo a partir de células de outro organismo. O indivíduo produzido, ou seja, o clone, é geneticamente idêntico ao indivíduo do qual foi originado.

Nos animais, no entanto, principalmente nos mamíferos, a grande maioria das células que formam o organismo adulto não tem a capacidade de originar outros tipos celulares.

A clonagem de plantas é um processo mais simples e já realizado há um bom tempo por agricultores. A produção de mudas de plantas envolve a produção de um clone da planta-mãe. Com determinados estímulos, é possível, por exemplo, obter um indivíduo completo a partir de um fragmento de caule. Veja o esquema a seguir.

▼ Esquema da clonagem de uma planta. Um fragmento da planta é selecionado **(A)**. O fragmento é cultivado **(B)**. Após o desenvolvimento de raízes **(C)**, o fragmento é retirado e cultivado em um ambiente propício para seu crescimento **(D)**. Geralmente vários indivíduos são cultivados ao mesmo tempo **(E)**. (Representação sem proporção de tamanho e em cores-fantasia.)

Fonte de pesquisa: Clone verde. *Ciência Hoje das Crianças*, ano 26, n. 248, ago. 2013. Disponível em: https://cienciahoje.periodicos.capes.gov.br/storage/acervo/chc/chc_248.pdf. Acesso em: 16 jun. 2023.

A clonagem pode ser utilizada para diversos fins. Na agropecuária, por exemplo, ela permite a obtenção de clones de indivíduos mais produtivos. No entanto, ela tem gerado muitas preocupações e questões éticas, sobretudo com relação à possibilidade de clonagem de seres humanos, proibida em diversos países.

CÉLULAS-TRONCO

Células-tronco são células capazes de se diferenciar em diversos tipos de tecido, como muscular, nervoso, sanguíneo, etc.

As células-tronco podem ser encontradas no cordão umbilical, em embriões e em alguns tecidos de organismos adultos. As encontradas em embriões, chamadas **células-tronco embrionárias**, são capazes de originar qualquer tipo celular do organismo. Já as **células-tronco adultas** são capazes de originar tipos celulares específicos. Por exemplo, células-tronco da medula óssea podem dar origem a todos os tipos de célula sanguínea, mas não a outros tipos celulares. Veja o esquema a seguir.

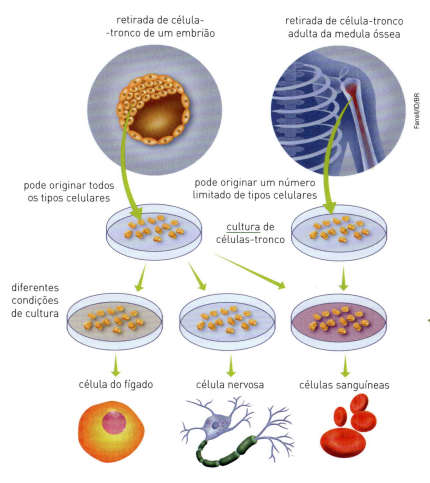

cultura: nesse caso, é um preparo que contém os nutrientes adequados e em condições propícias à sobrevivência das células-tronco; meio de cultura.

◂ Esquema da diferenciação celular a partir da cultura de células-tronco embrionárias e de células-tronco adultas. Note a maior diversidade de tipos celulares gerados pelas células-tronco embrionárias. (Representações sem proporção de tamanho e em cores-fantasia.)

Fonte de pesquisa: Jane B. Reece e outros. *Biologia de Campbell*. 10. ed. Porto Alegre: Artmed, 2015. p. 426.

As células-tronco têm enorme potencial de aplicação na medicina. Cientistas acreditam que elas possam ser usadas no tratamento de diversas doenças, fornecendo células de reposição para órgãos doentes ou danificados. As células-tronco embrionárias são consideradas mais promissoras, pois são capazes de se diferenciar em variados tipos celulares. Por serem obtidas de embriões humanos, no entanto, seu uso envolve uma série de questões éticas relacionadas a aspectos científicos, religiosos, jurídicos, entre outros.

PARA EXPLORAR

DNA: o segredo da vida, de James D. Watson. São Paulo: Companhia das Letras, 2005.
O livro conta a história da descoberta da estrutura do DNA e do desenvolvimento da biotecnologia.

CIDADANIA GLOBAL

BIOPIRATARIA DE RÃ

Um estudo realizado por pesquisadores da Universidade Federal de Juiz de Fora, em Minas Gerais, encontrou indícios de biopirataria de conhecimentos tradicionais da região amazônica sobre a utilização de recursos genéticos da rã Kambôr. As secreções desse anfíbio são utilizadas por povos indígenas, que aproveitam as suas propriedades analgésicas e antibióticas.

A pesquisa, que buscou identificar se o sistema jurídico de patentes facilita a transferência de conhecimentos e de recursos genéticos do Brasil para outros países, verificou indícios de apropriação desse conhecimento tradicional sobre a rã Kâmbor em 11 patentes registradas em países do hemisfério Norte, como Estados Unidos, Canadá, Japão, França e Rússia. [...]

[...] uma das consequências dessa apropriação é a invisibilidade dos povos indígenas, a quem é negado o *status* de ciência desse conhecimento, passado de geração em geração. [...]

A pesquisa [...] defende que a mega diversidade do Brasil e o domínio dos povos tradicionais sobre o uso sustentável dos recursos naturais precisam ser reconhecidos como patrimônio da sociedade.

[...]

Daniella Longuinho. Estudo na Amazônia: estrangeiros fazem biopirataria de secreções de rã. *Rádio Agência Nacional*, 29 abr. 2022. Disponível em: https://agenciabrasil.ebc.com.br/radioagencia-nacional/meio-ambiente/audio/2022-04/estudo-na-amazonia-estrangeiros-fazem-biopirataria-de-secrecoes-de-ra. Acesso em: 16 jun. 2023.

1. Cite dois problemas causados pela prática de biopirataria relatada no texto.

2. Explique a importância da criação de normas que promovam a partilha justa de recursos genéticos.

TERAPIA GÊNICA

A **terapia gênica**, ou **geneterapia**, corresponde à introdução de trechos de DNA em células vivas para o tratamento de doenças genéticas. Os trechos de DNA inseridos substituem, modificam ou suplementam genes inativos ou disfuncionais causadores de doenças.

Essa técnica já é usada no tratamento de algumas doenças, como a fibrose cística. Sua aplicação também levanta questões éticas, principalmente relacionadas aos testes e à manipulação do material genético de seres humanos.

TESTES DE PATERNIDADE OU DE MATERNIDADE

Atualmente, é possível identificar se uma pessoa é mãe biológica ou pai biológico de alguém mediante técnicas que permitem fazer comparações do material genético entre indivíduos.

Cada pessoa recebe do pai 50% do material genético e da mãe os outros 50%. Portanto, se uma pessoa tem determinado trecho de DNA, necessariamente esse trecho foi herdado do pai ou da mãe. Ou seja, ou o pai ou a mãe necessariamente apresenta esse mesmo trecho de DNA do filho. Assim, é possível comparar os trechos de DNA do filho com os trechos de DNA do possível pai e da possível mãe e verificar se existem semelhanças entre eles.

VACINAS GÊNICAS

No início de 2022, a Organização Mundial da Saúde já havia registrado mais de 5,7 milhões de mortes causadas pela pandemia de covid-19. Contudo, à época, esse número só não foi mais expressivo devido à produção e à disponibilização de novas vacinas, fruto dos esforços de cientistas de todo o mundo desde o início da pandemia.

Entre as vacinas produzidas para o combate à covid-19 estão aquelas que se baseiam na tecnologia gênica: as vacinas de RNA. Em geral, as vacinas tradicionais atuam por meio da injeção de antígenos, como partes ou microrganismos inteiros (atenuados ou mortos), estimulando o corpo a produzir anticorpos de defesa contra futuras infecções por esses microrganismos. No entanto, as vacinas de RNA não envolvem a inoculação de antígenos, mas, sim, utilizam a sequência de RNA que vai produzir o antígeno específico a ser reconhecido pelo sistema imunológico e, assim, imunizar ou evitar quadros mais graves da doença. Além disso, a produção das vacinas de RNA é mais rápida e mais barata do que a das vacinas tradicionais.

ATIVIDADES

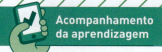

Acompanhamento da aprendizagem

Retomar e compreender

1. Quais das atividades a seguir são exemplos de biotecnologia?
   a) Produção de insulina por bactérias transgênicas.
   b) Fabricação de iogurte a partir de leite e microrganismos.
   c) Desenvolvimento de uma nova máquina para colheita.

2. Associe as tecnologias a seguir à sua definição.
   a) transgênico   b) clonagem   c) terapia gênica
   I. Processo de produção de um indivíduo geneticamente idêntico a outro.
   II. Organismo que recebeu gene de outra espécie.
   III. Tratamento de doenças genéticas pela introdução de trechos de DNA em células do paciente.

3. Leia o texto a seguir. Depois, faça o que se pede.
   Inicialmente, uma célula do corpo de um macho de certa espécie foi extraída e, depois, fundida com um ovócito (cujo núcleo foi removido) de uma fêmea. O embrião em início de desenvolvimento foi implantado em outra fêmea e, após a gestação, nasceu o clone.
   - Identifique o sexo do animal produzido na clonagem hipotética descrita. Justifique sua resposta.

Aplicar

4. A charge a seguir trata de células-tronco. Analise-a e, depois, responda às questões.

Lucas Louro; Vinícius Vendramini. *Células-tronco*. Disponível em: http://vidatroncocelular.blogspot.com/2015/04/charge-sobre-o-papel-das-celulas-tronco.html. Acesso em: 16 jun. 2023.

   a) No caderno, escreva o que são neurônios, queratinócitos e adipócitos. Para isso, faça uma pesquisa em meios impressos e/ou digitais.
   b) Por que é possível concluir que as células de cor vermelha retratadas na charge são células-tronco?
   c) Onde são encontradas as células-tronco?

5. **SABER SER** Com a turma, realize um debate em sala de aula sobre as possibilidades da biotecnologia, as controvérsias e as *fake news* relacionadas a essa tecnologia. Siga estas orientações:
   a) Juntos, escolham um tema relacionado à biotecnologia, como o plantio de transgênicos, o uso de células-tronco embrionárias em pesquisas, a liberação de testes com terapia gênica e com clonagem humana, as *fake news* relacionadas às vacinas de RNA, entre outros.
   b) Façam uma pesquisa sobre o tema escolhido. Para isso, consultem *sites* especializados e meios de comunicação confiáveis.
   c) Reflitam sobre os aspectos técnicos e éticos apontados. Posicionem-se em relação à questão.

207

CONTEXTO

CIÊNCIA, TECNOLOGIA E SOCIEDADE

Tecnologia de edição genética

A descoberta da dupla-hélice do DNA, em 1953, proporcionou novos rumos para a ciência e abriu caminho para a biologia molecular moderna. A partir das descobertas sobre sua composição e função, os cientistas passaram a pesquisar formas de manipular a molécula de DNA com a finalidade de produzir características de interesse científico e econômico, como a obtenção de remédios, alimentos e outros produtos. Entre as décadas de 1970 e 1980, os avanços nessa área já permitiam, por exemplo, gerar organismos com genes que não estavam presentes em seu genoma.

Todo esse conhecimento foi fundamental para o desenvolvimento da chamada tecnologia de edição genética, uma técnica avançada que permite modificar genes do próprio organismo. Ela foi resultado do trabalho colaborativo de duas pesquisadoras, Emmanuelle Charpentier (1968-) e Jennifer Doudna (1964-), ambas reconhecidas com o Prêmio Nobel de Química em 2020.

Entenda a técnica Crispr/Cas9, que ganhou o Nobel de Química de 2020

[...] a francesa Emmanuelle Charpentier e a norte-americana Jennifer A. Doudna foram laureadas com o Prêmio Nobel de Química de 2020 pelo desenvolvimento do método Crispr/Cas9 para edição de genoma. [...].

Para analisar o funcionamento da vida em escala celular, cientistas precisam compreender como modificações em genes particulares alteram o funcionamento do organismo. Até o desenvolvimento da técnica Crispr/Cas9, entretanto, isso costumava ser um trabalho demorado, difícil e, às vezes, impossível.

"Há um poder enorme nessa ferramenta genética, que afeta a todos nós", afirmou Claes Gustafsson, presidente do Comitê Nobel de Química, em declaração. "[O método] não só revolucionou a ciência básica, mas também resultou em colheitas inovadoras e levará a novos tratamentos médicos inovadores."

Da esquerda para a direita, Emmanuelle Charpentier e Jennifer Doudna, cientistas que receberam o Nobel de Química pelo desenvolvimento do método Crispr/Cas9 para edição de genoma. Foto de 2017.

A descoberta

Emmanuelle Charpentier estudava a bactéria *Streptococcus pyogenes* quando descobriu uma molécula até então desconhecida, o tracrRNA. Seu trabalho mostrou que a molécula faz parte do antigo sistema imunológico da bactéria, o Crispr/Cas, que "desarma" os vírus ao fragmentar seu DNA.

Charpentier publicou sua descoberta em 2011 e, no mesmo ano, iniciou uma colaboração com Jennifer Doudna, uma bioquímica experiente com vasto conhecimento de RNA. À medida que a pesquisa evoluiu, ficou claro que a proteína Cas9 era a verdadeira estrela do processo, pois era capaz de recortar uma parte específica do DNA viral e juntar as duas pontas — algo similar ao "ctrl+x", que você faz todo dia no computador.

Então, elas conseguiram recriar essa "tesoura genética" da bactéria em um tubo de ensaio, simplificando os componentes moleculares para que fossem mais fáceis de usar, e foram capazes de reprogramá-la. Como explicam, em sua forma natural, as tesouras reconhecem o DNA dos vírus, mas Charpentier e Doudna provaram que elas podem ser manipuladas para cortar qualquer molécula de DNA em um local predeterminado — e isso torna possível reescrever o código da vida.

Desde que Charpentier e Doudna descobriram as tesouras genéticas Crispr/Cas9, em 2012, seu uso explodiu. Essa ferramenta contribuiu para muitas descobertas importantes sobre diferentes organismos, como o desenvolvimento de plantas resistentes a microrganismos.

Em uma entrevista [...] em 2016, Doudna explicou que a técnica também poderá ser usada para vários fins, inclusive curar condições prejudiciais à saúde. "Acho que uma das primeiras aplicações que serão benéficas do ponto de vista terapêutico será, por exemplo, para curar pacientes diagnosticados com anemia falciforme, doença do sangue resultante de uma única mutação no DNA", afirmou a especialista. "A princípio, ela poderia ser corrigida por meio dessa técnica."

Entenda a técnica Crispr/Cas9, que ganhou o Nobel de Química de 2020. Revista *Galileu*, 7 out. 2020. Disponível em: https://revistagalileu.globo.com/Ciencia/noticia/2020/10/entenda-tecnica-crisprcas9-que-ganhou-o-nobel-de-quimica-de-2020.html. Acesso em: 16. jun. 2023.

Para compreender

1. Comente de que forma cada cientista contribuiu para o desenvolvimento da técnica Crispr/Cas9.

2. Para a genética molecular, a técnica Crispr/Cas9 é considerada um avanço em relação aos organismos geneticamente modificados (OGM), como plantas e animais transgênicos.

   a) O que são organismos transgênicos?

   b) Por que a produção e o consumo de alimentos transgênicos são questionados nos dias atuais?

3. Leia a reportagem a seguir, que apresenta um exemplo de uso do Crispr/Cas9 na produção de alimentos ricos em vitamina D.

Uma pesquisa, que acaba de ser publicada na revista *Nature Plants*, descreve uma estratégia para transformar o tomate em um produtor de vitamina D. Os pesquisadores descobriram que algumas plantas convertem a pró-vitamina D, que é o precursor da vitamina D, em compostos defensivos, ou seja, para se defenderem de pragas. Os cientistas experimentaram, então, bloquear o gene da via que transforma a pró-vitamina D nesses compostos. A hipótese era analisar se, com o bloqueio, haveria acúmulo desse elemento e, consequentemente, maior produção de vitamina D.

Mayana Zatz, diretora do Centro de Estudos sobre o Genoma Humano e Células-Tronco (CEGH-CEL), já usou este espaço para falar sobre a técnica de edição genética, chamada de Crispr, para modificar genes que causam doenças, e também em xenotransplantes, quando se silenciam genes de suínos que causam rejeição aguda para transformá-los em doadores de órgãos para seres humanos.

Só que a estratégia pode revolucionar também a área vegetal. "A vantagem é que, ao contrário das plantas transgênicas – em que se insere um gene de outro organismo numa planta –, no Crispr são os genes do próprio organismo (no caso, a planta) que são modificados", relata a geneticista.

Estima-se que 1 bilhão de pessoas ao redor do mundo tenham deficiência de vitamina D, o que pode causar diminuição da resposta imune, raquitismo em bebês e maior fragilidade óssea, principalmente em idosos.

Fabiana Mariz. Edição de genes em tomates pode transformá-los em produtores de vitamina D. *Jornal da USP*, 10 jun. 2022. Disponível em: https://jornal.usp.br/radio-usp/edicao-de-genes-em-tomates-pode-transforma-los-em-produtores-de-vitamina-d/. Acesso em: 16 jun. 2023.

   a) Relacione a alteração feita no DNA dos tomateiros com a promoção da saúde.

   b) Em sua opinião, a técnica Crispr/Cas9 oferece vantagens em relação às plantas transgênicas? Comente.

   c) Procure mais informações sobre pesquisas com tomates modificados, os benefícios da vitamina D para a saúde e as vantagens de obter vitamina D em vegetais. Ao final, redija um texto com as informações que encontrou e compartilhe-o com os colegas.

ATIVIDADES INTEGRADAS

Retomar e compreender

1. Leia o texto, analise a tabela e responda às questões.

   O bioquímico austríaco Erwin Chargaff (1905-2002) fez uma série de estudos analisando a proporção de adenina, guanina, timina e citosina do material genético de várias espécies. Em todos os casos, ele encontrou uma quantidade muito próxima entre dois desses tipos de base nitrogenada e observou o mesmo fato entre os outros dois tipos. A tabela a seguir mostra alguns dos resultados desses estudos.

   PORCENTAGEM DE BASES NITROGENADAS EM VARIADAS ESPÉCIES

Organismo	Adenina	Timina	Guanina	Citosina
Bactéria	26%	23,9%	24,9%	25,2%
Levedura	31,3%	32,9%	18,7%	17,1%
Rato	28,6%	28,4%	21,4%	21,5%
Ser humano	30,9%	29,4%	19,9%	19,8%

   Fonte de pesquisa: Anthony J. F. Griffiths e outros. *Introdução à genética*. 10. ed. Rio de Janeiro: Guanabara Koogan, 2013. p. 222.

   a) De acordo com a tabela, quais bases nitrogenadas se apresentam em proporções semelhantes?

   b) Qual propriedade do DNA foi evidenciada pelos experimentos de Chargaff?

2. Escreva um parágrafo relacionando os conceitos de DNA, cromossomo e gene.

3. Explique o que são genótipo e fenótipo.

4. Um estudante fez a seguinte afirmação:
   "Todas as células humanas têm 46 cromossomos, que formam 23 pares de cromossomos".
   - Essa afirmação está correta? Justifique.

5. Associe os gametas à transmissão das características hereditárias no ser humano.

6. Explique o que é melhoramento genético.

7. Complete o esquema a seguir identificando o fenótipo do heterozigoto em cada caso.

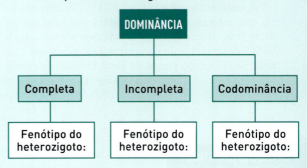

Aplicar

8. Leia o texto a seguir e, depois, discuta com os colegas as questões propostas.

   > [...]
   > Mendel selecionou 22 variedades diferentes de ervilhas e cruzou-as entre si, mantendo o registro de sete traços diferentes, como a textura da ervilha — lisa ou rugosa. Mendel descobriu que, quando ele cruzava ervilhas lisas com rugosas, ele obtinha ervilhas que eram completamente lisas. Porém[,] se ele produzisse uma nova geração de ervilhas a partir dos híbridos, um quarto das ervilhas seria rugosa.
   > Mendel propôs que as ervilhas não estavam misturando seus traços "rugosos" e "lisos". Cada híbrido de ervilha herdava ambos os traços, mas somente o traço liso se tornava visível. Na geração seguinte, os traços eram transmitidos novamente e um quarto das novas ervilhas herdava dois "traços rugosos", o que fazia delas rugosas. Mendel havia descoberto o que cientistas iriam, mais tarde, chamar de alelos "dominantes" e "recessivos".
   >
   > Genes discretos são herdados. Entendendo a evolução. Instituto de Biociências – Universidade de São Paulo (USP). Disponível em: https://evosite.ib.usp.br/history/discretegenes.shtml. Acesso em: 16 jun. 2023.

   a) Que procedimentos científicos Mendel utilizou em seus estudos com ervilhas?

   b) Que características das ervilhas Mendel observou em seus experimentos? O que ele percebeu ao cruzar ervilhas lisas com rugosas?

c) A que conclusão Mendel chegou sobre os híbridos do primeiro cruzamento? O que seriam os "traços" mencionados no texto?

d) No caderno, monte um esquema que mostre os resultados de cruzamentos obtidos por Mendel para a característica textura da ervilha (lisa ou rugosa) nas duas gerações. Elabore quadros que indiquem os possíveis genótipos de cada geração.

9. Leia o texto a seguir e faça o que se pede.

A galinha-andaluza é uma variedade da galinha-doméstica. Nessa variedade, o cruzamento entre indivíduos de plumagem preta com indivíduos de plumagem branca, ambos homozigotos, produz descendentes heterozigotos com plumagem de fenótipo intermediário em relação aos homozigotos: a plumagem cinza-azulada.

O cruzamento de um macho com uma fêmea heterozigotos (ambos com plumagem cinza-azulada, portanto) produz descendentes na proporção 1 : 2 : 1, ou seja: 25% com plumagem preta, 50% com plumagem cinza-azulada e 25% com plumagem branca.

a) Identifique o padrão de dominância relacionado à característica descrita. Justifique sua resposta.

b) Qual é o genótipo dos gametas gerados na geração parental para a característica cor da plumagem?

10. Leia o texto a seguir e faça o que se pede.

No início da década de 1950, Rosalind Franklin produziu um registro do DNA utilizando raios X.

Esse registro fotográfico ajudou Francis Crick e James Watson a elaborar a proposta de estrutura do DNA em dupla hélice. Trabalhos como os de Maurice Wilkins confirmaram essa estrutura. Watson, Crick e Wilkins foram vencedores do Prêmio Nobel de Fisiologia e Medicina em 1962.

- Faça uma pesquisa sobre os experimentos de Rosalind Franklin citados no texto, em livros ou *sites* confiáveis. Depois, discuta com os colegas o fato de essa cientista não ter sido indicada ao Prêmio Nobel.

Analisar e verificar

11. Leia o texto, analise o heredograma e faça o que se pede.

Ainda no início do século XX, foi descoberto um outro sistema de grupos sanguíneos, o sistema Rh. Ele está relacionado à presença do antígeno fator Rh na superfície das hemácias, e os indivíduos podem ser Rh positivo ou Rh negativo. O sistema Rh é condicionado por um gene com dominância completa entre seus dois alelos: o alelo dominante R, que produz o sangue tipo Rh positivo, e o alelo recessivo r, que, quando em homozigose, produz o sangue de tipo Rh negativo. O heredograma a seguir mostra a herança dessa característica em uma família. O símbolo preenchido representa os indivíduos com Rh negativo.

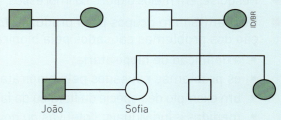

a) Qual é o tipo sanguíneo de João? E o de Sofia? Eles são homozigotos ou heterozigotos?

b) Qual é o tipo sanguíneo da irmã e o do pai de Sofia? Que alelos cada um deles tem?

c) Qual é a chance de João e Sofia terem um descendente do tipo Rh negativo? Construa um quadro para justificar sua resposta.

Criar

12. Sobre a doação de sangue no sistema ABO, elabore uma hipótese que explique o uso dos termos destacados no texto a seguir.

Pessoas com sangue tipo O são consideradas **doadoras universais**, enquanto aquelas com sangue tipo AB são chamadas **receptoras universais**.

13. As pesquisas com células-tronco embrionárias, muitas vezes, são envolvidas em questões éticas.

- Busque informações e apresente argumentos de grupos favoráveis e contrários a essas pesquisas.

CIDADANIA GLOBAL
UNIDADE 7

15 VIDA TERRESTRE

Retomando o tema

Devido à relevância da genética para diversos setores da sociedade, você inteirou-se de alguns dos problemas causados pela apropriação indevida dos recursos genéticos da biodiversidade e dos conhecimentos tradicionais associados a esses recursos, pela prática da biopirataria.

Responda às questões para verificar o que você sabe sobre esses temas.

1. O que se entende por biopirataria?
2. Quais são os problemas decorrentes da biopirataria de recursos genéticos?
3. Como é possível coibir a biopirataria no Brasil e também promover o acesso e a partilha justa dos recursos genéticos oriundos da biodiversidade?

Geração da mudança

- Pesquise, em meios digitais ou impressos, ações de combate à biopirataria no Brasil.
- Reúnam-se em grupos para produzir *stories* ou publicações *on-line* de divulgação dos problemas causados pela biopirataria no Brasil. Busquem informar:
    - a definição de biopirataria;
    - os problemas causados pela biopirataria;
    - um exemplo de espécie da flora ou da fauna cujo recurso genético seja explorado;
    - medidas – individuais, coletivas ou governamentais – para o combate à biopirataria, para a promoção do acesso adequado aos recursos genéticos e para a partilha justa desses recursos.
- Os materiais produzidos podem ser divulgados em redes sociais para o acesso da comunidade escolar.

Autoavaliação

EVOLUÇÃO

UNIDADE 8

PRIMEIRAS IDEIAS

1. Como você supõe que a vida tenha surgido na Terra?
2. Você acredita que um ser vivo pode surgir sem que outro ser vivo tenha lhe dado origem? Explique.
3. Por que muitos dos seres vivos que habitaram a Terra no passado são diferentes dos seres atuais?
4. Em sua opinião, os fósseis podem ajudar a explicar como era a Terra no passado? Justifique sua resposta.

Conhecimentos prévios

Nesta unidade, eu vou...

 1 Como os seres vivos surgem?

- Compreender o desenvolvimento do pensamento científico a respeito da origem e da geração dos seres vivos.
- Conhecer algumas das hipóteses e dos experimentos usados para explicar a origem da vida na Terra.

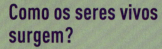 2 Evolução dos seres vivos

- Conhecer as teorias de Lamarck e de Darwin e Wallace sobre a evolução dos seres vivos.
- Explicar as principais propostas dessas duas teorias.
- Perceber que a ciência é uma construção coletiva que está em constante aperfeiçoamento.

CAPÍTULO 3 A evolução acontece

- Conhecer algumas evidências da evolução dos seres vivos e perceber a importância de cada uma delas.
- Construir noções sobre a evolução humana.

CIDADANIA GLOBAL

- Reconhecer o papel da educação de qualidade como forma de proporcionar aprendizagens relevantes e eficazes para a vida.
- Definir temas e propor estratégias para serem abordados em sala de aula visando à educação de qualidade.

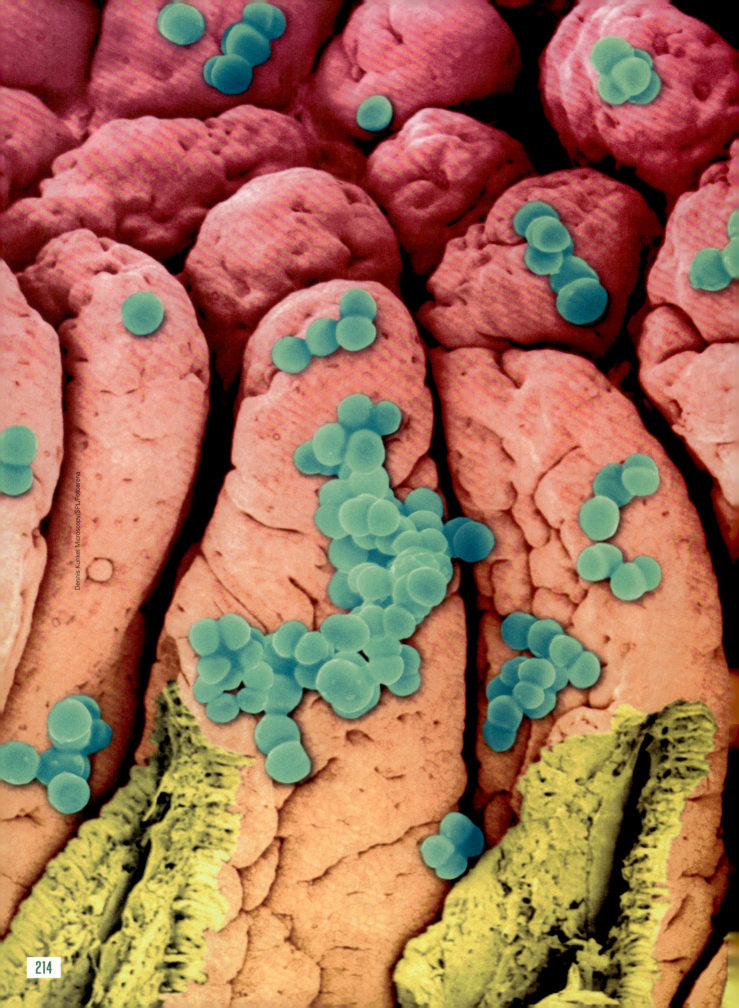

LEITURA DA IMAGEM

1. O que são as estruturas retratadas na foto?
2. Como você acha que essa imagem foi obtida? Que técnica pode ter sido usada?
3. Há alguma relação entre as estruturas mostradas e a evolução dos seres vivos? Explique.

CIDADANIA GLOBAL

4 EDUCAÇÃO DE QUALIDADE

Uma educação de qualidade deve privilegiar muito mais que a mera transmissão de conteúdos didáticos – conceitos, leis e teorias – em sala de aula. Ela deve garantir uma educação que seja inclusiva e igualitária e que promova, entre outros aspectos, uma aprendizagem relevante e eficaz visando à formação de cidadãos críticos e tomadores de decisão conscientes e com responsabilidade social. Nesse sentido, a compreensão de pressupostos elementares da evolução biológica permite entender, por exemplo, as relações entre a resistência bacteriana e o uso de antibióticos, o surgimento de epidemias e de pandemias, como a covid-19, a importância da vacinação no controle dessas e de outras doenças, e fundamentar questões que envolvem relações étnico-raciais, entre outros.

- Por que é importante garantir uma educação de qualidade que promova uma aprendizagem relevante e eficaz? Cite exemplos.

Veja **resistência bacteriana** e escreva um breve texto explicando por que esse conhecimento é relevante para a sociedade.

Infecções causadas por bactérias *Staphylococcus aureus* resistentes à meticilina (MRSA) aumentaram muito nas últimas décadas. A resistência bacteriana é hoje um grande problema de saúde pública, pois alguns antibióticos convencionais já não são eficazes contra determinadas cepas de bactérias. Esse fato eleva os riscos de mortalidade entre os infectados por esses microrganismos e põe em risco a população em geral.

cepa: grupo de descendentes de vírus, bactérias, fungos ou de outros microrganismos que acumularam alterações genéticas (mutações) que lhes conferem características distintas das outras populações da mesma espécie.

215

CAPÍTULO 1
COMO OS SERES VIVOS SURGEM?

PARA COMEÇAR

Desde a Antiguidade, buscamos entender a origem e a geração dos seres vivos. Em sua opinião, como os primeiros seres vivos surgiram na Terra?

GERAÇÃO ESPONTÂNEA × BIOGÊNESE

A origem e a geração dos seres vivos são estudadas há muito tempo. Ao longo da história, várias teorias sobre a geração dos seres vivos foram elaboradas. Duas delas foram estas:

- **Geração espontânea** – um organismo pode se originar da matéria disponível no ambiente, sem a necessidade de outro organismo que o gere.
- **Biogênese** – todo ser vivo tem origem necessariamente em outro ser vivo.

Na época do filósofo grego Aristóteles (384 a.C.-322 a.C.), acreditava-se que os animais poderiam surgir por geração espontânea. Muitos animais e plantas seriam gerados por organismos semelhantes a eles, mas alguns outros seres vivos, como enguias de água doce, ostras e moscas, poderiam surgir sem "pais". Como Aristóteles, em seus estudos, não conseguiu encontrar os órgãos sexuais nem os ovos das enguias, por exemplo, ele concluiu que elas eram geradas espontaneamente a partir da matéria do ambiente.

▼ Os estudos de Aristóteles sobre as enguias de água doce foram bem detalhados. Para ele, esses seres surgem por geração espontânea. Na foto, enguia da espécie *Anguilla anguilla*.

comprimento: 80 cm

EXPERIMENTOS SOBRE A GERAÇÃO DOS SERES VIVOS

Até o início do século XVII, a ideia de que muitos organismos poderiam surgir de forma espontânea era aceita de modo praticamente unânime. Acreditava-se, por exemplo, que a carne em decomposição originava vermes – que hoje sabemos ser larvas de moscas. Evidências de que, ao menos nesse caso, a geração espontânea não era uma explicação adequada foram obtidas pelo padre e naturalista italiano Francesco Redi (1626-1697).

Para verificar como ocorria a "geração" dos vermes sobre a carne em decomposição, Redi realizou experimentos que estão descritos em sua obra *Experiências sobre a geração de insetos*, de 1668.

Redi colocava porções de carne de diversos animais em vários recipientes. Alguns recipientes eram fechados com tampa. Outros eram fechados com gaze, procedimento que Redi adotou para testar a ideia corrente na época de que a geração espontânea dependia da exposição do material ao ar. Um terceiro grupo de recipientes permanecia aberto.

▲ Retrato de Francesco Redi, século XIX.

Observe o esquema:

◀ Representação do experimento de Redi, que utilizava frascos fechados com tampa (A), frascos fechados com gaze (B) e frascos abertos (C). (Representação sem proporção de tamanho e em cores-fantasia.)

Com o tempo, moscas eram atraídas pelo cheiro da carne em decomposição, mas só conseguiam entrar nos recipientes abertos. Redi observou que ovos eram colocados sobre a carne dos frascos abertos e que, posteriormente, deles saíam larvas que davam origem a moscas adultas. Nos frascos fechados, não surgiam larvas na carne. Redi concluiu, então, que as moscas nasciam dos ovos, e não por geração espontânea.

Os experimentos de Redi contribuíram para que as ideias de geração espontânea perdessem a credibilidade no fim do século XVII. No entanto, havia casos para os quais a geração espontânea oferecia uma possibilidade de explicação. O próprio Redi, ainda que de modo relutante, aceitava que alguns seres vivos podiam ser originados de forma espontânea, como os vermes que parasitam o intestino humano.

Needham e Spallanzani

Com a invenção dos microscópios no fim do século XVI, a humanidade passou a conhecer os microrganismos, como as bactérias e os protozoários. Para muitos estudiosos, organismos tão simples só poderiam se reproduzir de forma espontânea.

Esse tema provocou controvérsia entre o padre e naturalista inglês John Tuberville Needham (1713-1781) e o também padre e naturalista italiano Lazzaro Spallanzani (1729-1799).

Needham realizou experimentos em que colocava caldo de carne de carneiro fervido, e ainda quente, em um frasco que, em seguida, era fechado com uma rolha de cortiça. Após algum tempo, ele recolhia amostras do caldo e as observava ao microscópio. Needham encontrou grande quantidade de microrganismos no caldo. Ele repetiu o procedimento com caldos de diversos animais e plantas, obtendo sempre os mesmos resultados.

Segundo Needham, a fervura dos caldos e o fechamento dos frascos impediria que microrganismos do ambiente contaminassem os caldos. Ele concluiu que os microrganismos eram gerados espontaneamente por uma "força vital".

Os experimentos de Needham foram repetidos por Lazzaro Spallanzani em 1761 e apresentaram os mesmos resultados obtidos pelo naturalista inglês. Spallanzani, então, fez algumas alterações nos procedimentos, pois ele acreditava que Needham não havia fervido os caldos por tempo suficiente. Por exemplo, depois de lacrar os frascos contendo os caldos, Spallanzani os mergulhava em recipientes maiores com água e mantinha a fervura por um tempo maior que o tempo de fervura aplicado por Needham. Ele também manteve alguns frascos abertos.

Os novos resultados mostraram que nenhum dos frascos lacrados apresentou microrganismos, ao passo que os potes abertos apresentaram. Esses resultados indicavam que os microrganismos provavelmente se desenvolviam de materiais do ar, e não espontaneamente no caldo. Needham e Spallanzani iniciaram, então, uma controvérsia pública, que durou vários anos.

▲ Esquema simplificado de um dos experimentos desenvolvidos por John Needham. (Representação sem proporção de tamanho e distância entre os elementos e em cores-fantasia.)

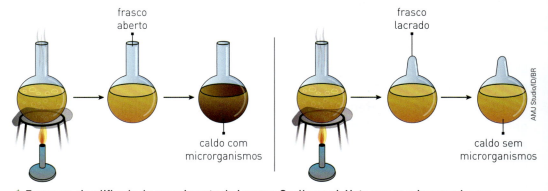

▲ Esquema simplificado do experimento de Lazzaro Spallanzani. Note que os microrganismos surgiram apenas nos frascos abertos, o que é evidenciado pelo líquido turvo. (Representação sem proporção de tamanho e distância entre os elementos e em cores-fantasia.)

Os experimentos de Pasteur

Em 1860, a Academia de Ciências de Paris ofereceu um prêmio ao pesquisador que produzisse o melhor trabalho sobre o tema da geração dos seres vivos. A academia era contrária à ideia da geração espontânea. Assim, o prêmio era uma oportunidade para que um estudo refutasse essa ideia com evidências baseadas em resultados de experimentos.

O cientista francês Louis Pasteur (1822-1895) foi o único a se inscrever, ganhando o prêmio. Em seu trabalho, Pasteur apresentou evidências contrárias à geração espontânea.

O experimento realizado por Pasteur era uma variação dos experimentos com caldos fervidos de Needham e de Spallanzani. A inovação estava nos frascos: eles tinham um pescoço longo, fino e encurvado, chamado "pescoço de cisne". Esse formato permitia que o ar entrasse no frasco, o que respondia às críticas ao experimento de Spallanzani – de que os frascos lacrados impediram o contato com o ar, onde estaria a chamada força vital. O pescoço encurvado impedia que poeira e microrganismos chegassem ao caldo, pois eles aderiam à parte de dentro do pescoço do frasco. Após a fervura, o caldo era resfriado.

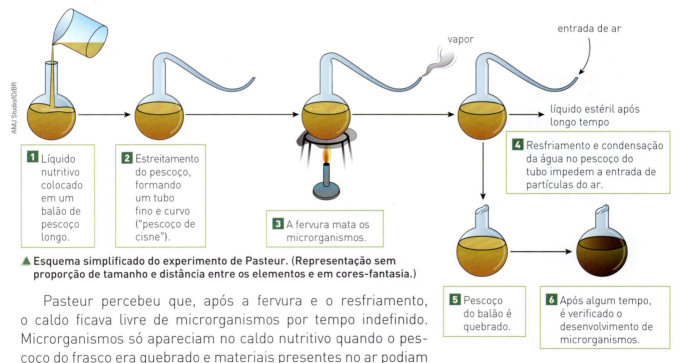

▲ Esquema simplificado do experimento de Pasteur. (Representação sem proporção de tamanho e distância entre os elementos e em cores-fantasia.)

Pasteur percebeu que, após a fervura e o resfriamento, o caldo ficava livre de microrganismos por tempo indefinido. Microrganismos só apareciam no caldo nutritivo quando o pescoço do frasco era quebrado e materiais presentes no ar podiam cair diretamente no caldo.

Os experimentos de Pasteur mostraram que, nas condições em que ele trabalhou, a geração espontânea de microrganismos não ocorria. Esses resultados tiveram grande importância, pois foram a base para que, posteriormente, a comunidade científica aceitasse que a geração espontânea não é um fenômeno observado na natureza.

O SURGIMENTO DA VIDA NA TERRA

Uma vez que a ideia de que um ser vivo só pode surgir de outro ser vivo se tornou um consenso, outra questão se mostrou relevante: Como surgiram os primeiros seres vivos que deram origem a todos os demais?

Em 1936, o bioquímico russo Aleksandr Ivanovich Oparin (1894-1980) publicou o livro *Origem da vida*. Nessa obra, ele defende a ideia de que a matéria orgânica e os primeiros seres vivos surgiram de moléculas inorgânicas na Terra primitiva. Essa hipótese é conhecida como **hipótese da evolução química da vida**.

Representação artística das condições da Terra primitiva, conforme imaginado por Oparin. Note a presença de raios e de água líquida. (Representação sem proporção de tamanho e em cores-fantasia.)

Oparin propôs que a atmosfera primitiva era formada por metano (CH_4), amônia (NH_3), monóxido de carbono (CO), hidrogênio (H_2) e vapor de água (H_2O). Não existia O_2 e, portanto, também não existia a camada de ozônio (O_3). Assim, a superfície terrestre recebia grande quantidade de radiação UV. Além disso, as temperaturas eram elevadas, e ocorriam constantes tempestades com descargas elétricas.

Segundo a hipótese de Oparin, esse ambiente favorecia a ocorrência de inúmeras reações químicas espontâneas entre os componentes da atmosfera. Dessas reações teriam surgido substâncias mais complexas, como carboidratos, aminoácidos, ácidos graxos e nucleotídeos. Essas substâncias compõem os seres vivos que conhecemos hoje.

Ao realizar experimentos, Oparin observou que, quando proteínas estavam dispersas em uma solução, elas se associavam em pequenas estruturas. Ele chamou essas estruturas de **coacervados** e acreditava que elas teriam se formado nos oceanos primitivos. O primeiro ser vivo teria sido um coacervado que tivesse desenvolvido a capacidade de se reproduzir.

HIPÓTESE DE OPARIN-HALDANE

Na Inglaterra, em 1939, o biólogo John Haldane (1892--1964) apresentou uma proposta semelhante à de Oparin. Assim, por causa da semelhança entre as ideias desses cientistas, a hipótese que eles defendiam também ficou conhecida como **hipótese de Oparin-Haldane**.

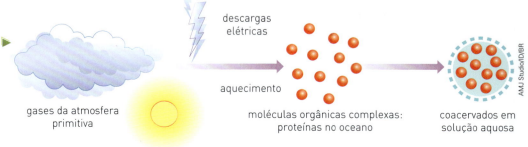

De acordo com Oparin, os coacervados seriam formados a partir de moléculas orgânicas geradas por reações químicas entre os componentes da atmosfera primitiva.

gases da atmosfera primitiva → descargas elétricas / aquecimento → moléculas orgânicas complexas: proteínas no oceano → coacervados em solução aquosa

O EXPERIMENTO DE MILLER E UREY

Em 1953, os cientistas estadunidenses Stanley Miller (1930-2007) e Harold Urey (1893-1981) elaboraram um experimento com base na hipótese de Oparin-Haldane. Eles construíram um aparelho que simulava as condições ambientais da Terra primitiva da forma como Oparin e Haldane as imaginaram.

Veja o esquema a seguir.

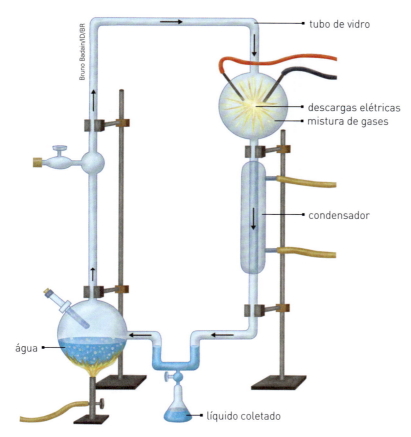

▲ Esquema do experimento de Stanley Miller e Harold Urey. (Representação sem proporção de tamanho e em cores-fantasia.)

No aparelho, um frasco com água era aquecido, formando vapor de água. Esse vapor era conduzido por um tubo de vidro até um balão de vidro em que existiam diversos gases, como H_2, NH_3 e CH_4. A ideia de Miller e Urey era simular, nesse balão, as prováveis condições da atmosfera primitiva de acordo com a hipótese da evolução química da vida.

A mistura de gases era submetida a descargas elétricas, simulando tempestades, e, em seguida, atravessava um condensador, de forma que passasse para o estado líquido.

Esse líquido era, então, recolhido em um frasco. Após alguns dias de funcionamento do experimento, Miller e Urey analisaram o líquido do frasco e perceberam que ali havia moléculas orgânicas, como aminoácidos. Esse resultado foi considerado uma evidência favorável às ideias de Oparin e Haldane.

O EXPERIMENTO DE FOX

Em 1957, outro cientista estadunidense, Sidney Fox (1912-1998), realizou um experimento que também ajudou a sustentar a hipótese de Oparin-Haldane. Ele depositou uma mistura de aminoácidos sobre uma superfície aquecida, tentando simular as rochas da Terra primitiva, que provavelmente apresentavam altas temperaturas. Como resultado, formaram-se cadeias de aminoácidos, as quais ele chamou de proteinoides.

◀ As microesferas que Fox obteve em seus experimentos forneceram evidências para teorias sobre a origem da vida na Terra.

Em outro experimento, Fox aqueceu os proteinoides em água e notou que eles formavam pequenas esferas, que ele chamou de microesferas. Algumas características dessas estruturas, como o formato e a capacidade de se dividir, levaram Fox a especular que elas poderiam representar um estágio anterior à formação das primeiras células.

A HIPÓTESE DA PANSPERMIA

Alguns cientistas defendem a ideia de que os primeiros seres vivos, ou as moléculas que deram origem às primeiras formas de vida, vieram do espaço. Essa ideia é conhecida como **hipótese da panspermia** (do grego *pan* = tudo e *sperma* = semente).

Os defensores dessa hipótese baseiam-se, entre outras evidências, na descoberta de matéria orgânica em corpos celestes, como meteoritos e asteroides. Esses achados estimularam o desenvolvimento de um novo campo de estudos, a **exobiologia** ou **astrobiologia**, que investiga a existência de seres vivos em outros lugares do Universo.

◀ Foto do cometa 67P/Churyumov-Gerasimenko, no qual foram descobertas moléculas orgânicas como a glicina, aminoácido encontrado nos seres vivos. Esse cometa tem cerca de 4 km de comprimento.

aminoácido: molécula componente das proteínas.

AS HIPÓTESES HETEROTRÓFICA E AUTOTRÓFICA

Uma das questões sobre os primeiros seres vivos que a ciência procura resolver é: De que maneira eles obtinham energia? Há duas hipóteses básicas para responder a essa pergunta: a **hipótese heterotrófica** e a **hipótese autotrófica**.

A hipótese heterotrófica

Organismos heterótrofos são aqueles que não conseguem produzir o próprio alimento, enquanto os autótrofos produzem seu alimento por processos como a fotossíntese e a quimiossíntese. De acordo com a **hipótese heterotrófica**, os primeiros seres vivos seriam heterótrofos, pois os processos de produção de matéria orgânica, como a fotossíntese, são bastante complexos e dificilmente teriam evoluído nos primeiros seres vivos.

O alimento utilizado pelas primeiras formas de vida seria, então, constituído de matéria orgânica disponível nos oceanos primitivos. Essa matéria orgânica seria formada constantemente por reações químicas espontâneas favorecidas pelas condições ambientais. De acordo com essa hipótese, a energia seria extraída das moléculas orgânicas por meio do processo de fermentação, que libera CO_2.

Com o passar do tempo, a concentração de CO_2 na atmosfera foi aumentando. Nesse ambiente, tiveram maior sucesso organismos capazes de aproveitar a energia luminosa e o gás carbônico para produzir a própria matéria orgânica: os seres autótrofos fotossintetizantes. Como resultado da fotossíntese, ocorre a liberação de O_2. Com o aumento da concentração desse gás na atmosfera, os organismos aeróbios passaram a proliferar.

A hipótese autotrófica

Na década de 1970, foram descobertos, em fendas vulcânicas marinhas, organismos unicelulares procariontes vivendo em temperaturas elevadas, que podem ser superiores a 80 °C. Essas fendas são um ambiente bastante inóspito, provavelmente parecido com a Terra primitiva. Os organismos descobertos, conhecidos como arqueas, são autótrofos quimiossintetizantes, ou seja, produzem alimento a partir da energia liberada por reações químicas.

Com a descoberta das arqueas, a **hipótese autotrófica**, segundo a qual os primeiros seres vivos seriam capazes de produzir o próprio alimento, ganhou força na comunidade científica.

Atualmente, os defensores da hipótese autotrófica consideram que os primeiros seres vivos eram autótrofos quimiossintetizantes. Ao longo do tempo, teriam surgido, na sequência, os autótrofos fotossintetizadores, os heterótrofos fermentadores e os heterótrofos aeróbios.

▲ Ambientes inóspitos, como essas fendas vulcânicas marinhas no oceano Atlântico, fornecem muitas informações aos cientistas que pesquisam a origem da vida.

ATIVIDADES

Acompanhamento da aprendizagem

Retomar e compreender

1. Compare as explicações da geração espontânea e da biogênese e sistematize as ideias principais de cada uma.

2. Os experimentos de Pasteur sobre a geração dos seres vivos podem ser considerados uma variação dos experimentos feitos por Needham e Spallanzani. Sobre esse tema, responda:
   a) Que inovação o experimento de Pasteur apresentava em relação aos experimentos de Needham e Spallanzani?
   b) Por que essa inovação foi importante para enfraquecer a ideia da geração espontânea?

Aplicar

3. O médico belga Jan Baptista van Helmont (1579-1644), cujas ideias estavam ligadas à teoria da geração espontânea, ficou conhecido pelas "receitas" que formulou para a produção de seres vivos. Entre elas, destaca-se a seguinte:

   > Se comprimirmos uma camisa suja no orifício de um recipiente contendo grãos de trigo, o fermento que sai da camisa suja, modificado pelo odor do grão, produz a transmutação do trigo em camundongos em aproximadamente 21 dias [...].
   >
   > Lilian Al-Chueyr P. Martins. Pasteur e a geração espontânea: uma história equivocada. *Filosofia e História da Biologia*, v. 4, p. 84, 2009.

   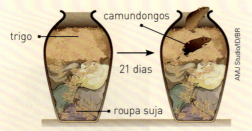

   ▲ Esquema simplificado do experimento de Van Helmont. (Representação sem proporção de tamanho e em cores-fantasia.)

   Hoje, sabemos que Van Helmont estava equivocado em sua proposta.
   - Elabore um experimento que poderia mostrar que a receita descrita no trecho anterior não poderia gerar camundongos.

4. Leia o texto a seguir e faça o que se pede.

   > Microrganismos semelhantes aos da Terra, ou um processo geoquímico desconhecido, poderiam estar por trás da produção de metano no oceano oculto sob a camada gelada de Encélado [uma lua de Saturno] [...].
   >
   > Por baixo da capa gelada do satélite natural há um vasto oceano subterrâneo, cuja presença se manifesta nas enormes colunas de água que jorram através do gelo.
   >
   > Enquanto explorava Saturno e suas luas, a sonda Cassini voou através destas colunas e coletou amostras da sua composição química, detectando uma concentração relativamente elevada de certas moléculas [...], especificamente di-hidrogênio, metano e dióxido de carbono. [...]
   >
   > "Queríamos saber: poderiam micróbios semelhantes aos da Terra, que 'comem' o di-hidrogênio e produzem metano, explicar a quantidade surpreendentemente grande de metano detectado pela Cassini?", disse Régis Ferrière um dos principais autores do estudo [...].
   >
   > Segundo o cientista, a busca de tais micróbios, conhecidos como metanógenos, no fundo do mar de Encélado exigiria "missões de imersão profunda extremamente desafiadoras que não são viáveis nas próximas décadas".
   >
   > Ferrière e a sua equipe [...] elaboraram modelos matemáticos que combinam geoquímica e ecologia microbiana para calcular a probabilidade de diferentes processos, incluindo a metanogênese biológica, que poderiam explicar os dados da Cassini.
   >
   > [...]
   >
   > Metano detectado na lua de Saturno poderia ser indício de vida extraterrestre, revela novo estudo. *Sputnik Brasil*, 8 jul. 2021. Disponível em: https://sputniknewsbrasil.com.br/20210708/metano-detectado-na-lua-de-saturno-poderia-ser-indicio-de-vida-extraterrestre-revela-novo-estudo-17754259.html. Acesso em: 15 abr. 2023.

   a) A qual hipótese sobre a origem da vida podem ser associados os potenciais organismos metanógenos do mar de Encélado?
   b) Alguns cientistas acreditam que a vida também pode ter surgido em outras regiões do Universo. Elabore uma hipótese que explique como eventuais microrganismos poderiam ter surgido em Encélado.

CAPÍTULO 2
EVOLUÇÃO DOS SERES VIVOS

PARA COMEÇAR

A convicção de que as espécies de seres vivos se transformam ao longo do tempo é relativamente nova na história da ciência. De que forma essa transformação dos seres vivos ocorre?

FIXISMO × EVOLUCIONISMO

A **evolução biológica** é o processo pelo qual as espécies de seres vivos se modificam ao longo do tempo, podendo gerar novas espécies a partir de espécies ancestrais.

A ideia de que as espécies podem se modificar é bastante antiga, mas sua aceitação pelos estudiosos é relativamente recente. Durante a Idade Média, a influência da Igreja católica na Europa determinava o modo como a natureza era interpretada. Assim, os seres vivos teriam sido criados por Deus da forma como os conhecemos, ou seja, nunca haviam mudado. Essa crença de que as espécies existentes não passariam por mudanças foi predominante entre os estudiosos da época até o século XIX e ficou conhecida como **fixismo**.

Outra ideia muito aceita até alguns séculos atrás era a de que o mundo estava organizado de acordo com uma escala, em que todos os seres – e não apenas os seres vivos – obedeciam a uma organização com crescente grau de complexidade ou de perfeição. Essa ideia é conhecida como a **grande cadeia do ser**.

▼ De acordo com a ideia da "grande cadeia do ser", todos os seres estariam organizados em níveis de hierarquia. Assim, os seres humanos seriam superiores aos animais, que seriam superiores às plantas, e estas, aos minerais.

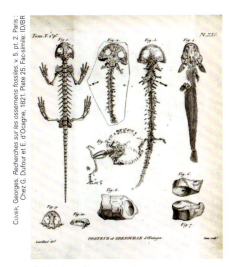

▲ Ilustração presente em um trabalho de anatomia comparada desenvolvido pelo naturalista francês Georges Cuvier (1769-1832). Nele, Cuvier compara fósseis e ossos de uma salamandra, de um sapo e de um peixe.

IDEIAS EVOLUCIONISTAS

A descoberta cada vez mais frequente de fósseis – ou seja, vestígios de seres vivos antigos – fez surgir, no século XVIII, a ideia de que as espécies podem ser extintas. Os estudos comparando fósseis com espécies atualmente existentes e a hipótese de que a Terra poderia ser mais antiga do que se imaginava, até então, tiveram um papel importante para o desenvolvimento das ideias evolucionistas.

AS IDEIAS DE LAMARCK

Um dos primeiros estudiosos a propor uma teoria evolucionista foi o naturalista francês Jean-Baptiste-Pierre-Antoine de Monet, cavaleiro de Lamarck (1744-1829).

Para Lamarck, organismos muito simples se originariam por **geração espontânea**, a partir de matéria não viva. Esses seres vivos sofreriam mudanças inevitáveis, sempre com o **aumento da complexidade** do organismo. Essas mudanças não ocorreriam ao acaso, mas com um propósito.

Além disso, Lamarck acreditava que mudanças no organismo ocorreriam como resposta a necessidades geradas pelas condições do ambiente. Por exemplo, se uma ave habitasse um local com tendência a alagar, o uso frequente das pernas para nadar provocaria o crescimento de uma membrana entre os dedos, ou seja, o uso frequente de determinado órgão faria com que ele se desenvolvesse e aumentasse de tamanho. Já a falta de uso (desuso) teria o efeito contrário, atrofiando o órgão. Esse princípio foi chamado **lei do uso e do desuso**.

Lamarck também acreditava em uma ideia, bastante aceita em sua época, conhecida como **herança dos caracteres adquiridos**. Segundo essa ideia, uma característica adquirida pelo uso ou pelo desuso de uma parte do corpo poderia ser transmitida às gerações seguintes.

Atualmente, as ideias de Lamarck não são aceitas pela maioria dos cientistas. No entanto, no século XIX, elas foram avaliadas e citadas em trabalhos científicos por muitos estudiosos, entre eles Charles Darwin.

PARA EXPLORAR

A fascinante aventura da vida: a evolução dos seres vivos, de Neide Simões de Mattos e Suzana Facchini Granato. São Paulo: Atual, 2011 (Coleção Projeto Ciência).

A obra aborda a evolução dos seres vivos e as experiências que levaram os cientistas às hipóteses mais prováveis para explicar como ocorre a evolução.

De acordo com as ideias de Lamarck, as aves aquáticas, como o atobá-pardo (*Sula leucogaster*) (**A**), ao esticar os dedos durante a natação, acabaram adquirindo membranas entre eles. No caso do sabiá-laranjeira (*Turdus rufiventris*) (**B**), o hábito de pousar em galhos teria feito com que seus dedos se recurvassem. O hábito da garça-branca-pequena (*Egretta thula*) (**C**) de pescar à beira d'água teria levado ao alongamento de seu pescoço.

comprimento: 75 cm

comprimento: 25 cm

comprimento: 60 cm

A EVOLUÇÃO BIOLÓGICA SEGUNDO DARWIN

Charles Robert Darwin (1809-1882) foi um dos mais importantes estudiosos da história ocidental. Sua teoria da evolução ajudou a mudar a forma de entender e de interpretar a natureza. Atualmente, estudos sobre seres vivos e meio ambiente baseiam-se nas ideias de Darwin.

Entre os anos 1831 e 1836, Darwin participou de uma viagem ao redor do mundo a bordo do navio HMS Beagle, da Marinha Real Britânica. A finalidade da viagem era realizar estudos cartográficos da costa sul-americana. Ao longo do percurso, Darwin acabou exercendo o papel de naturalista, coletando muitos exemplares de plantas, de animais e de rochas e fazendo um estudo bem detalhado das regiões visitadas. As observações realizadas nessa viagem contribuíram para que ele formulasse suas ideias acerca da evolução dos seres vivos.

▲ Retrato de Charles Darwin com 45 anos de idade.

■ Trajeto da viagem feita pelo HMS Beagle (1831-1836)

Acompanhe a **viagem do HMS Beagle**. Identifique os locais do Brasil visitados por Darwin durante a expedição e as impressões dele sobre esses locais.

◀ As setas vermelhas do mapa indicam o trajeto percorrido pelo HMS Beagle em viagem que durou cinco anos. Note que Darwin, durante a viagem, esteve no Brasil.

Fonte de pesquisa: Cleveland P. Hickman; Larry S. Roberts Jr.; Allan Larson. *Integrated principles of zoology* (tradução nossa: Princípios integrados de zoologia). 11. ed. Boston: McGraw-Hill, 2001. p. 107.

Um dos locais visitados pelo HMS Beagle foi o arquipélago de Galápagos, localizado no litoral do Equador. Em Galápagos, assim como em todos os lugares por onde passou, Darwin fez observações e coletou exemplares de animais e vegetais.

Ao retornar à Inglaterra, em 1836, ele enviou as aves coletadas ao ornitólogo John Gould (1804-1881), que examinou cada exemplar. As observações que fez nas ilhas e os estudos realizados por Gould levaram Darwin a perceber que, em certos grupos de pássaros, a forma do bico variava de acordo com o tipo de alimento disponível na ilha que habitavam.

cartográfico: relativo à cartografia, que é o conjunto de estudos e de técnicas que permitem a elaboração de mapas.

ornitólogo: estudioso das aves.

frutos  sementes   cactos   insetos

▲ Os tentilhões foram algumas das aves observadas por Darwin em Galápagos. O bico dessas aves é adaptado a diferentes tipos de alimento, como frutos, sementes, cactos e insetos. (Representação sem proporção de tamanho.)

A seleção natural

Uma das obras que influenciaram Darwin na elaboração de sua teoria foi o *Ensaio sobre o princípio da população*, do economista inglês Thomas Malthus (1766-1834). Nesse livro, Malthus propõe que a produção de alimentos pela humanidade se tornaria insuficiente para alimentar todas as pessoas, pois, de acordo com suas estimativas, a taxa de crescimento populacional seria muito maior que a taxa de crescimento da produção de alimentos.

Darwin aplicou essa lógica às populações de animais na natureza: O que aconteceria quando deixasse de haver alimento suficiente para um grupo de seres vivos? Ele concluiu, então, que ocorreria **competição** entre os indivíduos por alimento. O mesmo aconteceria em relação a outros recursos, como água e espaço.

Mas como vencer a competição? De acordo com Darwin, isso dependeria de o indivíduo ter características que o tornasse mais apto para conseguir os recursos do ambiente. Assim, indivíduos com visão mais aguçada para localizar presas ou aqueles capazes de correr mais velozmente para escapar dos predadores, por exemplo, conseguiriam sobreviver por mais tempo e teriam mais chance de se reproduzir, transmitindo características herdáveis a seus descendentes. Portanto, as condições do ambiente favoreceriam certos indivíduos, isto é, os mais aptos a viver naquelas condições. Esse processo foi chamado por Darwin de **seleção natural**.

Assim, para a seleção natural ocorrer, é necessário que haja **variabilidade** entre os indivíduos de uma população, ou seja, que existam diferenças entre eles. Os indivíduos com **variações herdáveis**, que os tornam mais aptos, têm mais chance de sobrevivência e de transmitir essas características a seus descendentes. Veja o esquema nesta página.

Para Darwin, o acúmulo de variações em uma população, ao longo das gerações, poderia dar origem a novas espécies a partir de um grupo ancestral comum. Isso é o que se conhece como **descendência com modificação**.

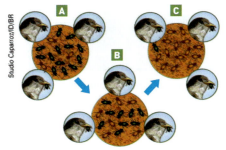

▲ Esquema do processo de seleção natural. **(A)** Em uma população hipotética de besouros, existem duas variedades: a verde, mais comum, e a laranja. Uma espécie de pássaro passa a ser comum no ambiente onde esses besouros vivem. Esses pássaros caçam, preferencialmente, os besouros verdes. Isso significa que agora, nesse ambiente, os besouros laranja serão mais aptos a sobreviver. Assim, com o passar do tempo **(B e C)**, os besouros laranja tornam-se a variedade predominante nesse ambiente.

CIDADANIA GLOBAL

EDUCAÇÃO DE QUALIDADE E APRENDIZAGEM DE LONGO PRAZO

Uma grande parte do conhecimento que obtemos ao longo da vida é proveniente de espaços de educação formal, como as escolas. É na escola que aprendemos a associar, por exemplo, a evolução biológica e seus mecanismos à existência e à disseminação de bactérias resistentes a antibióticos, como as do gênero *Shigella*, a *Klebsiella pneumoniae* ou *Staphylococcus aureus*, ou ao aparecimento de cepas de vírus, como as variantes do vírus da covid-19. Assim, por meio do conhecimento formal, podemos compreender a importância do uso correto de medicamentos e da cobertura vacinal. Esses são apenas alguns exemplos de resultados de aprendizagem considerados eficazes e necessários para a formação de cidadãos que sejam capazes de tomar decisões de forma responsável e consciente e sejam também detentores de conhecimento de longo prazo.

- Com base no texto e em seus conhecimentos, explique, com suas palavras, como a educação de qualidade e a aprendizagem de longo prazo podem contribuir para a manutenção da saúde individual e coletiva dentro e fora da escola.

O ancestral comum

Para Darwin, a partir de um primeiro ancestral, a evolução teria gerado todas as espécies que já existiram e as que existem atualmente. E, ao longo da evolução, um grupo de seres vivos, que são chamados de **ancestrais comuns**, geraria novas espécies. As espécies que se originam de um mesmo ancestral comum apresentam um **parentesco evolutivo**.

Essa ideia pode ser representada por figuras conhecidas como **árvores evolutivas**. Veja, a seguir, um exemplo de árvore evolutiva que mostra a relação de parentesco evolutivo entre os principais grupos de plantas.

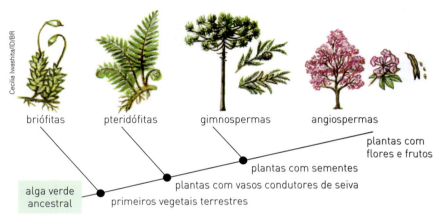

▲ Para muitos cientistas, o ancestral comum a todos os grupos de plantas atuais foi um grupo de algas verdes. Dessa forma, todos os grupos de plantas apresentam, em maior ou em menor grau, um parentesco evolutivo. (Representação sem proporção de tamanho.)

A TEORIA SINTÉTICA DA EVOLUÇÃO

A teoria elaborada por Darwin não era, evidentemente, perfeita. Algumas das ideias que ele apresentou são consideradas, na atualidade, incorretas. Ele acreditava, por exemplo, na herança dos caracteres adquiridos e utilizava esse conceito para explicar, em parte, a origem da variabilidade entre indivíduos da mesma espécie.

Ao longo do século XX, foram incorporadas à teoria de Darwin os conhecimentos de genética, dando origem à **teoria sintética da evolução**. Em linhas gerais, a teoria sintética da evolução foi capaz de estabelecer a conexão entre os genes e o mecanismo da evolução por seleção natural.

De acordo com a teoria sintética, alterações no material genético, como as mutações, promovem a variabilidade entre organismos da mesma espécie. Essa variabilidade está sujeita à ação da seleção natural.

A ORIGEM DAS ESPÉCIES

Em 1858, o naturalista britânico Alfred Russel Wallace (1823-1913) enviou a Darwin um estudo com ideias muito parecidas às dele. Ambos concordaram, então, que essas ideias fossem apresentadas em conjunto em uma reunião de cientistas, que ocorreu nesse mesmo ano em Londres.

Após essa reunião, Wallace prosseguiu seus estudos, enquanto Darwin foi convencido a publicar seu trabalho. Em 1859, foi lançada a primeira edição de *A origem das espécies*, em que Darwin explica detalhadamente sua teoria sobre a evolução dos seres vivos.

A partir daí, a teoria de Darwin passou a ser uma das mais debatidas em meios científicos e não científicos. Atualmente, ela é considerada a base da Biologia moderna, e o livro *A origem das espécies* é, até hoje, um dos mais vendidos no mundo.

▲ Retrato de Alfred Wallace aos 72 anos de idade.

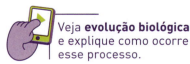

Veja **evolução biológica** e explique como ocorre esse processo.

◄ Esquema do mecanismo de evolução biológica segundo a teoria sintética da evolução.

PRÁTICAS DE CIÊNCIAS

A leitura e a pesquisa de informações

A história da ciência é uma área de estudo que procura entender como o conhecimento científico é construído ao longo do tempo. Os estudos nessa área envolvem a leitura e a pesquisa de informações, que podem ser feitas em fontes primárias (documentos originais escritos pelos próprios cientistas que desenvolveram determinado estudo) e também em fontes secundárias, que são materiais que tratam das fontes primárias.

Com base na análise dessas fontes, é possível entender como a ciência e os conhecimentos vão sendo construídos e testar certas concepções. É frequente, por exemplo, se afirmar que os trabalhos de Darwin eram totalmente contrários aos de Lamarck. Para algumas pessoas, Darwin seria um herói da ciência, enquanto Lamarck, um estudioso que teria proposto ideias absurdas e sem sentido.

Nesta atividade, você vai **analisar trechos de fontes primárias** desses dois pesquisadores para verificar se as afirmações mencionadas acima se justificam.

Material

- Trechos traduzidos das obras *Filosofia zoológica*, de Jean-Baptiste-Pierre-Antoine de Monet, cavaleiro de Lamarck, e *Da origem das espécies por meio da seleção natural ou a preservação de raças favorecidas na luta pela vida*, de Charles Robert Darwin.

Como fazer

1. Formem grupos de quatro a cinco estudantes.
2. Leiam os trechos a seguir.
3. Façam, no caderno, um quadro comparando as principais ideias defendidas em cada texto.

> Como a luz não penetra em todas as partes, os animais que vivem em lugares privados dela não podem usar os órgãos da visão caso a natureza os tenha beneficiado com eles. Pois os animais que fazem parte de um plano de organização no qual os olhos entram por necessidade, deveriam tê-los na sua origem. Entretanto, fica evidente que o empobrecimento e a desaparição deste órgão são efeitos da falta de uso.
>
> Jean-Baptiste-P.-A. de Monet, cavaleiro de Lamarck. *Filosofía zoológica*. Barcelona: Alta Fulla, 1986. p. 179. Citado por: Maria José Blondel Enrione. *Seleção de textos históricos para a abordagem de conceitos de evolução biológica para o Ensino Médio*. 2016. 79 f. Dissertação (Mestrado em Ensino em Biociências e Saúde) – Fundação Oswaldo Cruz, Rio de Janeiro, 2016.

Primeira Lei: Em qualquer animal que não tenha concluído todas as etapas do seu desenvolvimento, o uso frequente e permanente de um órgão qualquer o fortifica pouco a pouco, produzindo uma potência proporcional à duração desse uso, enquanto que o desuso constante de tal órgão o enfraquece e até o faz desaparecer.

Segunda Lei: Tudo que a natureza fez os indivíduos adquirir ou perder por influência das circunstâncias em que a sua raça se encontrava durante um longo período de tempo, e consequentemente pela influência do emprego predominante de certo órgão, ou pelo seu desuso, a natureza o conservará nas gerações seguintes nos novos indivíduos, desde que as modificações adquiridas sejam comuns aos dois sexos, ou aos indivíduos que tenham produzido os novos indivíduos.

Jean-Baptiste-P.-A. de Monet, cavaleiro de Lamarck. *Filosofía zoológica*. Barcelona: Alta Fulla, 1986. p. 175. Citado por: Maria José Blondel Enrione. *Seleção de textos históricos para a abordagem de conceitos de evolução biológica para o Ensino Médio*. 2016. 79 f. Dissertação (Mestrado em Ensino em Biociências e Saúde) – Fundação Oswaldo Cruz, Rio de Janeiro, 2016.

[...] penso que há pouca dúvida de que o uso em animais domésticos fortalece e aumenta certas partes, e o desuso as diminui; e que essas modificações são herdadas. Na natureza, pode não haver parâmetro de comparação pelo qual julgar os efeitos de longo prazo do uso e do desuso, pois não conhecemos as formas ancestrais; mas muitos animais têm estruturas que podem ser explicadas pelos efeitos do desuso.

[...]

Os olhos das toupeiras e de alguns roedores escavadores são rudimentares no tamanho, e em alguns casos cobertos por pele e pelos. Essa condição dos olhos se deve provavelmente a uma redução gradual pelo desuso, talvez auxiliada pela seleção natural. [...]

[...]

Na minha visão sobre a descendência com modificação, a origem de órgãos rudimentares é simples. Temos muitos exemplos de órgãos rudimentares em nossos animais domésticos, como uma cauda residual em linhagens sem cauda, um vestígio de orelha em linhagens sem orelha, o reaparecimento de diminutos chifres em linhagens de gado sem chifres, especialmente [...] em animais jovens [...]. Mas duvido que algum desses casos lance alguma luz sobre a origem dos órgãos rudimentares na natureza, além de indicar que órgãos rudimentares podem ser produzidos; pois duvido que espécies selvagens passem por mudanças abruptas. Acredito que o desuso é a principal causa, que levou, em sucessivas gerações, à redução gradual de vários órgãos, até eles se tornarem rudimentares, como no caso dos olhos de animais que habitam cavernas escuras e das asas de aves que habitam ilhas oceânicas, que raramente foram forçadas a voar e acabaram por perder essa capacidade. Novamente, um órgão útil em certas condições pode se tornar prejudicial em outras [...]; e, nesse caso, a seleção natural reduziria lentamente o órgão, até que ele se tornasse ineficaz e rudimentar.

Charles R. Darwin. *On the origin of species by means of natural selection, or the preservation of favoured races in the struggle for life* (tradução nossa: A origem das espécies por meio da seleção natural ou a preservação de raças favorecidas na luta pela vida). London: John Murray, 1859. p. 134, 137, 454. Tradução nossa.

Para concluir

1. Quais são as principais ideias presentes nos trechos escritos por Lamarck e no trecho escrito por Darwin?

2. Considerando a análise que você e os colegas fizeram, que semelhanças e diferenças vocês encontraram entre as ideias de Darwin e de Lamarck?

3. Com base na leitura dos textos, você considera correta a noção de que Darwin e Lamarck pensavam bem diferente?

4. Em sua opinião, qual é a importância de os estudiosos, especialmente os historiadores, consultarem fontes primárias?

ATIVIDADES

Retomar e contemplar

1. A imagem a seguir é uma representação da *scala naturae*, ou grande cadeia dos seres, de Ramon Lull's, 1305. Nos degraus, estão representados os seres (do degrau mais baixo para o mais alto): rochas, fogo, plantas, animais, ser humano, corpos celestes, anjos e Deus.

- De acordo com a ideia da *scala naturae*, por qual critério os seres da natureza estavam organizados?

2. A foto a seguir mostra uma réplica de um fóssil encontrado no Brasil.

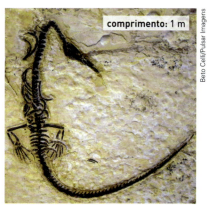

▲ Fóssil de um mesossauro (*Mesosaurus tenuidens*) em placa de calcário, um réptil que vivia no território que atualmente corresponde ao Brasil. Bacia do Paraná, Rio Claro (SP). Foto de 2019.

- Que papel a descoberta de fósseis desempenhou no desenvolvimento das ideias evolucionistas?

3. As propostas de Lamarck e de Darwin apresentam uma semelhança importante: em ambas, a natureza tem um papel importante na transformação das espécies ao longo do tempo.

   a) A forma como a natureza atua na evolução das espécies é a mesma nas propostas de Darwin e de Lamarck? Explique.

   b) Como a grande biodiversidade existente na Terra pode ser explicada de acordo com as ideias lamarquistas? E de acordo com a concepção darwinista?

4. Apesar de Darwin reconhecer a variabilidade entre os indivíduos de uma mesma espécie, ele não foi capaz de explicar de forma adequada a origem dessas variações.

   - De acordo com a teoria sintética da evolução, qual é essa origem?

Aplicar

5. De acordo com Lamarck, as estruturas mais utilizadas pelos seres vivos tendem a se desenvolver e a ser transmitidas para seus descendentes, enquanto as estruturas menos utilizadas tendem a se reduzir e a desaparecer. É muito comum, para exemplificar essa ideia, a menção ao pescoço da girafa. Sobre esse exemplo, Lamarck escreveu, em seu livro *Filosofia zoológica*:

> Sobre os hábitos é curioso observar o resultado da forma e [do] tamanho peculiar da girafa. Sabe-se que este é o animal mais alto dentre os mamíferos, vive no interior da África, onde a região árida e com poucas pradarias torna obrigatória a procura das folhas das árvores. Este hábito mantido depois de muito tempo, em todos os indivíduos da sua raça, resultou no aumento das patas dianteiras e do alongamento do seu pescoço, de tal forma que o animal, sem a necessidade de subir sobre as patas traseiras, levanta sua cabeça e alcança com ela seis metros de altura.
>
> Jean-Baptiste-P.-A. de Monet, cavaleiro de Lamarck. *Filosofía zoológica*. Barcelona: Alta Fulla, 1986. p. 188. Citado por: Maria José Blondel Enrione. *Seleção de textos históricos para a abordagem de conceitos de evolução biológica para o Ensino Médio*. 2016. 79 f. Dissertação (Mestrado em Ensino em Biociências e Saúde) – Fundação Oswaldo Cruz, Rio de Janeiro, 2016.

▲ De acordo com as ideias de Lamarck, as girafas atuais teriam pescoços longos porque seus ancestrais esticavam o pescoço para alcançar folhas de árvores altas.

a) Busque informações sobre o ambiente onde as girafas geralmente são encontradas. Relacione as características desse ambiente com a explicação de Lamarck para o tamanho do pescoço da girafa.

b) Reveja o material apresentado neste capítulo e responda: Como Darwin explicaria o tamanho do pescoço das girafas atuais?

6. Leia o texto e responda à questão a seguir.

O darwinismo social foi uma corrente de pensamento que teve início no final do século XIX e se apoiou nas ideias sobre a evolução por seleção natural para justificar o racismo, o imperialismo e a desigualdade social. Essa é uma visão equivocada das ideias de Darwin aplicada no campo das Ciências Humanas.

- Com um colega, façam uma pesquisa sobre o darwinismo social. Em seguida, selecionem uma ou duas falácias relacionadas à superioridade de determinados grupos de pessoas sobre outros e expliquem por que elas são preconceituosas e equivocadas.

7. Leia o texto a seguir e faça o que se pede.

[...] no dia 15 de fevereiro de 2018, [...] a Sociedade Norte-Americana de Entomologia atualizou sua lista de nomes populares de insetos e, para surpresa de muita gente, os cupins foram incluídos na ordem Blattaria. Desde então, [...] os cupins, a partir de 2018, passaram a ser oficialmente baratas. Para começo de conversa: sim, cupins são um tipo de barata. Mas isso não é nenhuma novidade e não foi determinado de um dia para o outro. E também não é algo que um especialista ou associação possam decidir sozinhos. O conhecimento científico é construído gradualmente, por meio de discussões em vários lugares do mundo, que duram anos.

As evidências do parentesco entre cupins e baratas já entraram no radar há bastante tempo. Ainda em 1934, o zoólogo Lemuel Roscoe Cleveland e colaboradores levantaram a hipótese: "São enormes as evidências de que as baratas do gênero *Cryptocercus* são os ancestrais dos cupins, ou são os parentes mais próximos desses ancestrais (que hoje são extintos)".

Três grupos de insetos aparentemente muito diferentes — os [...] louva-a-deus, baratas e cupins — há muito tempo são agrupados pelos cientistas em um grupo só chamado Dictyoptera. Nas últimas décadas, raramente houve discordância quanto a eles formarem um grupo natural — ou seja, um grupo de organismos que compartilham um ancestral comum. Até porque esses três tipos de insetos compartilham uma característica bem específica: colocam seus ovos em cápsulas de secreção chamadas ootecas. [...]

[...]

Resumindo: com essas nem tão novas descobertas, os biólogos possuem evidências suficientes para afirmar que os cupins são um grupo de baratas. Mas os cupins também continuam sendo cupins, pois evoluíram um conjunto de características únicas (como o comportamento social) que nos permite diferenciá-los das demais baratas.

[...]

Tiago F. Carrijo; Joice Constantini. Cupins são baratas? Sim, e isso não é novidade. Associação Brasileira de Estudos das Abelhas, 3 abr. 2022. Disponível em: https://abelha.org.br/blog-bzzzzzz-cupins-sao-baratas-sim-e-isso-nao-e-novidade/. Acesso em: 18 abr. 2023.

a) Localize no texto o termo "ancestral comum" e explique o que ele significa. Qual é a relação desse conceito com a evolução biológica?

b) Segundo o texto, a classificação dos cupins mudou ao longo do tempo. Isso significa que a comunidade científica mudou de ideia em face de novas evidências. Em sua opinião, essa característica da ciência é boa ou ruim? Justifique.

CAPÍTULO 3
A EVOLUÇÃO ACONTECE

PARA COMEÇAR
A evolução dos seres vivos é hoje considerada um fato científico. Você conhece algumas das evidências que mostram a ocorrência da evolução?

EVIDÊNCIAS DA EVOLUÇÃO DOS SERES VIVOS

Quando Charles Darwin e Alfred Wallace publicaram suas explicações para a evolução dos seres vivos, eles apresentaram diversas **evidências** para justificar esse processo, como os fósseis, os órgãos homólogos, os órgãos análogos e os órgãos vestigiais. Até hoje, essas evidências são objeto de pesquisas científicas.

FÓSSEIS

Os **fósseis** são vestígios deixados por organismos que viveram há muito tempo e que ficaram preservados em materiais como rochas ou âmbar. Esses vestígios podem ser partes de esqueleto, dentes, ovos, folhas, pegadas e até mesmo fezes.

Utilizando métodos de datação, é possível estimar a idade aproximada de um fóssil. Ao analisar fósseis encontrados no mundo inteiro e compará-los com outros fósseis e com espécies atuais, os cientistas podem propor hipóteses de relações de parentesco evolutivo entre as espécies. Podem indicar também a provável sequência de surgimento e de extinção de espécies.

▼ Fóssil de libélula encontrado em trecho da chapada do Araripe, em Santana do Cariri (CE). Foto de 2019.

comprimento: 6 cm

ÓRGÃOS HOMÓLOGOS

Os **órgãos homólogos** são aqueles que, em diferentes espécies de seres vivos, apresentam a mesma origem embrionária – órgãos que se desenvolvem de regiões semelhantes nos embriões dessas espécies. Isso é uma indicação de que o grau de parentesco evolutivo entre elas é alto.

Em certos casos, os órgãos homólogos não apresentam a mesma função nos indivíduos adultos de cada espécie. Por exemplo, o braço de um ser humano, a perna de um cavalo, a asa de um morcego e a nadadeira de uma baleia são considerados órgãos homólogos.

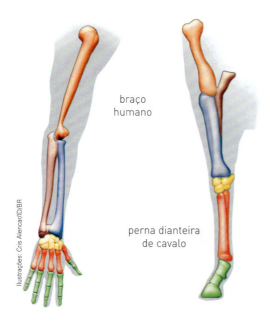
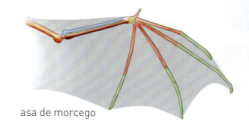
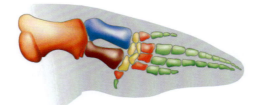

▲ Membros anteriores de alguns mamíferos. A correspondência entre os ossos dos animais está representada com a mesma cor. (Representações sem proporção de tamanho e em cores-fantasia.)

Fonte de pesquisa: Mark Ridley. *Evolução.* 3. ed. Porto Alegre: Artmed, 2006. p. 79.

ÓRGÃOS ANÁLOGOS

Os **órgãos análogos** são aqueles que exercem a mesma função em seres vivos de espécies diferentes, porém não necessariamente eles se desenvolvem das mesmas partes dos embriões dessas espécies, ou seja, não têm a mesma origem.

De acordo com a teoria da evolução, isso pode ser interpretado como a seleção natural atuando de forma semelhante em grupos diferentes de seres vivos, muitas vezes separados por milhões de anos. Exemplos de órgãos análogos são as asas de insetos e de aves, animais que, evolutivamente, são pouco próximos. Nesses dois tipos de animal, as asas têm a mesma função básica: o voo.

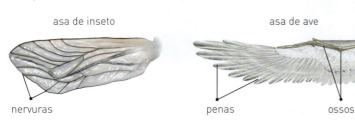

◀ As asas dos insetos não têm ossos; as asas das aves apresentam, além de ossos, penas. (Representações sem proporção de tamanho.)

Fonte de pesquisa: Mark Ridley. *Evolução.* 3. ed. Porto Alegre: Artmed, 2006. p. 83.

ÓRGÃOS VESTIGIAIS

Os **órgãos vestigiais** são aqueles que se encontram atrofiados ou sem função em determinada espécie, mas bem desenvolvidos e com função importante em outras espécies. Esses órgãos são evidências da evolução porque mostram a seleção natural atuando de diversas formas em grupos diferentes de seres vivos.

A membrana nictitante, por exemplo, é um órgão vestigial atrofiado no ser humano, mas, nas aves, ela é bem desenvolvida e oferece proteção aos olhos durante o voo.

ADAPTAÇÕES

Uma **adaptação** pode ser definida como uma característica resultante da seleção natural que torna o ser vivo adaptado ao ambiente onde ele vive. Estar adaptado significa estar apto a sobreviver e a se reproduzir, ou seja, ter características ajustadas ao ambiente, que passaram pela seleção natural.

Algumas adaptações chamam a atenção, seja pelo aspecto que conferem ao ser vivo, seja pela estratégia de sobrevivência ou de reprodução. Veja alguns exemplos a seguir.

▲ A membrana nictitante, importante para as aves **(A)** por oferecer proteção aos olhos durante o voo, é apenas um vestígio no olho humano **(B)**.

Veja **adaptações** e comente as vantagens que essas características conferem aos seres vivos.

ADAPTAÇÕES

- **Camuflagem**
A forma e/ou a coloração do ser vivo ajuda-o a se confundir com o ambiente.

- **Mimetismo**
Um ser vivo de uma espécie se parece com um ser vivo de outra espécie.

- **Coloração aposemática**
O ser vivo apresenta cores chamativas para indicar a um predador que ele é perigoso.

◀ A lagartixa-satânica-cauda-de-folha (*Uroplatus phantasticus*) tem coloração e forma semelhantes às das folhas secas; isso diminui a chance de ser vista por predadores.
comprimento: 12 cm

envergadura (borboleta-monarca): 7 cm
◀ A borboleta-monarca (*Danaus plexippus*) **(A)** tem gosto desagradável. A borboleta-vice-rei (*Limenitis archippus*) **(B)** é muito parecida com a borboleta-monarca, mas não tem gosto desagradável. Assim, animais que evitam a borboleta-monarca também evitam a borboleta-vice-rei.

◀ As rãs do gênero *Dendrobates*, encontradas na floresta Amazônica, apresentam toxinas na pele que podem matar diversos seres vivos.
comprimento: 4 cm

A EVOLUÇÃO HUMANA

Os seres humanos são classificados como mamíferos primatas. Isso significa que nossa espécie compartilha um ancestral comum com todos os animais que apresentam glândulas mamárias e que somos também evolutivamente próximos dos macacos.

Os chimpanzés são os animais que têm parentesco evolutivo mais próximo do ser humano, com uma semelhança no material genético de aproximadamente 98%. A linhagem humana se separou da linhagem dos chimpanzés e dos bonobos entre 6 milhões e 7 milhões de anos atrás.

PARA EXPLORAR

Museu do Homem Americano (PI)
Para auxiliar na compreensão do tópico sobre evolução humana, você pode visitar o Museu do Homem Americano, que tem como objetivo divulgar expressões culturais produzidas por povos pré-históricos que viveram na América. É possível fazer uma visita virtual e conhecer os vestígios arqueológicos encontrados na Região Nordeste do Brasil. Além disso, nesse museu, você entra em contato com pesquisas arqueológicas recentes e seus resultados. Tanto a exposição permanente quanto as temporárias são atualizadas regularmente.
Informações: fumdham@fumdham.org.br
Localização: Rua João Ferreira dos Santos, s. n. – São Raimundo Nonato (PI).

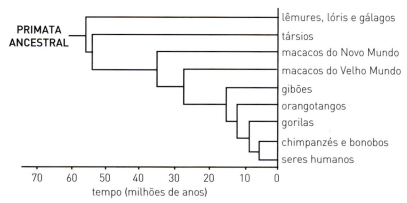

▲ Relações de parentesco entre os grupos de primatas (ordem à qual pertencem macacos e seres humanos). Note que a espécie humana e os chimpanzés e bonobos compartilham um ancestral comum exclusivo.

Fonte de pesquisa: Jane B. Reece e outros. *Biologia de Campbell*. 10. ed. Porto Alegre: Artmed, 2015. p. 740.

OS HOMINÍNIOS

O termo **hominínio** é usado para se referir a primatas que fazem parte da linhagem do ser humano, a única espécie viva de hominínio. Em comum, todas essas espécies apresentam o bipedalismo, que é a capacidade de andar de forma ereta, ou seja, apenas com os membros inferiores, as pernas.

Os **australopitecos** são um dos prováveis hominínios ancestrais dos seres humanos. Os fósseis mais antigos de australopitecos datam de 4 milhões de anos e foram encontrados na África. Paleontólogos acreditam que os australopitecos eram adaptados ao ambiente da savana.

Há cerca de 2,5 milhões de anos, também no continente africano, surgiram os primeiros representantes do gênero *Homo*, do qual os seres humanos fazem parte.

Do primeiro grupo ancestral de hominínios ao *Homo sapiens*, muitas adaptações foram selecionadas pela natureza. A postura bípede permitiu que as mãos ficassem livres, o que possibilitou o desenvolvimento de habilidades como fabricar e manusear ferramentas e produzir fogo. Essas habilidades aumentaram a chance de sobrevivência dos primeiros representantes do gênero *Homo*.

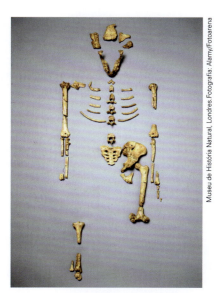

▲ Na foto, partes do esqueleto de Lucy encontradas pelo paleoantropólogo estadunidense Donald Johanson (1943-) na Etiópia, África, em 1974. Ela viveu há 3,2 milhões de anos.

O SER HUMANO MODERNO

O *Homo sapiens*, espécie conhecida como **ser humano moderno**, surgiu na África provavelmente entre 200 mil e 150 mil anos atrás. Da África, o ser humano moderno teria migrado e colonizado outros continentes. Essa ideia é conhecida como **hipótese da origem única**.

■ **Prováveis rotas dos primeiros *Homo sapiens***

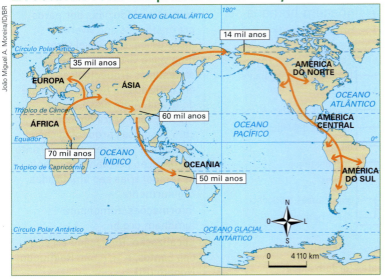

Fonte de pesquisa: Douglas J. Futuyma. *Biologia evolutiva*. 3. ed. Ribeirão Preto: Funpec, 2009. p. 737.

O desenvolvimento da capacidade cerebral foi muito importante durante a evolução humana. Isso ocorreu graças ao aumento do volume craniano, que passou de 450 cm^3 nos australopitecos para 1 350 cm^3 no homem moderno. Essa maior capacidade possibilitou ao ser humano moderno o uso da linguagem simbólica e o desenvolvimento de diversas culturas.

Com o aumento da capacidade cerebral e o uso da linguagem simbólica, a espécie humana se tornou capaz de registrar e de estudar a própria história, além de produzir conhecimento científico e de desenvolver tecnologias (como a agricultura e a internet) e artes (como a pintura, a escultura, a música e tantas outras).

CIDADANIA GLOBAL

A EDUCAÇÃO DE QUALIDADE NO COMBATE AO RACISMO

[...]

"Toda criança e todo adolescente têm direito a uma educação de qualidade e inclusiva, baseada no reconhecimento e [na] valorização da identidade, história e cultura dos diversos povos que ajudaram a formar nossa sociedade [...]. Nesse sentido, todos os setores do Estado e da sociedade, assim como cada cidadão e cidadã, são agentes indispensáveis na tarefa de assegurar a inclusão equânime de todos os grupos sociais nos processos de desenvolvimento do país. Isso só será possível por meio da universalização de uma educação antidiscriminatória e de qualidade", diz o documento "Indicadores da qualidade na educação: Relações raciais na escola", elaborado pela Ação Educativa, em parceria com o Unicef [...].

[...]

Nas escolas, isso significa em primeiro lugar reconhecer que o racismo também existe nesses espaços. [...]

Depois, é preciso olhar para as relações que acontecem nesses espaços, intervindo em toda e qualquer fala ou atitude racista. Nesse quesito, vale atenção à confusão do racismo com o *bullying*: enquanto o primeiro é estrutural, vise somente [...] a estudantes negros e diga respeito à crença violenta de que existem raças superior e inferiores, e todo o conjunto de características que as definem e acompanham, o *bullying* pode afetar a todos e caracteriza-se por ocorrer exclusivamente nas relações interpessoais.

Educação antirracista. Centro de Referências em Educação Integral, 11 ago. 2021. Disponível em: https://educacaointegral.org.br/glossario/educacao-antirracista/. Acesso em: 17 abr. 2023.

1. Segundo o texto, como é possível combater o racismo nos espaços escolares?
2. Ainda de acordo com o texto, o racismo é baseado na crença de que existem raças superiores e raças inferiores. Porém, para a ciência, todos os seres humanos pertencem à mesma espécie, *Homo sapiens*. Em sua opinião, o argumento científico pode ajudar no combate ao racismo? Justifique sua resposta.

ATIVIDADES

Retomar e compreender

1. O que são órgãos vestigiais? Explique utilizando exemplos.

2. A nadadeira peitoral dos golfinhos e as asas dos morcegos são adaptadas para funções diferentes. No entanto, o estudo dos embriões desses animais mostra que essas estruturas têm a mesma origem embrionária.
   a) Que nome é dado às estruturas que apresentam esse tipo de relação?
   b) Que evidência da evolução biológica esse tipo de estrutura fornece?

3. As fotos a seguir mostram um golfinho e um tubarão. Analise o formato do corpo desses animais e responda às questões.

▲ Golfinho (*Steno bredanensis*).

▲ Tubarão (*Carcharhinus amblyrhynchos*).

   a) Que semelhanças você percebe entre os corpos desses dois animais?
   b) Considerando o processo de evolução biológica, o que você acha que gerou a semelhança corporal nesses animais?
   c) Os tubarões são peixes e surgiram no planeta Terra muitos milhões de anos antes dos golfinhos, que são mamíferos. O parentesco evolutivo entre eles é relativamente distante. Considerando esse fato e as respostas que você deu aos itens **a** e **b**, como as nadadeiras peitorais desses animais podem ser classificadas, uma em relação à outra?

4. Explique por que a postura bípede foi importante para a evolução do gênero *Homo*.

Aplicar

5. A imagem a seguir mostra um esqueleto fóssil do pterossauro *Thalassodromeus sethi*. Ele foi descoberto em 2002 na Formação Santana, região do Nordeste brasileiro onde são feitas escavações em busca de vestígios de seres vivos extintos.

envergadura: 4,5 m

   a) O que são fósseis?
   b) Por que os fósseis são considerados uma evidência da evolução biológica?
   c) Faça uma pesquisa e responda: Quais são as relações de parentesco evolutivo entre esses pterossauros e animais da atualidade?

6. A foto a seguir mostra uma reconstituição do fóssil Luzia. Sua descoberta foi feita por uma equipe de pesquisadores brasileiros.

   a) Busque informações sobre o fóssil Luzia e explique por que ele é considerado muito importante para a pesquisa da evolução humana no Brasil.
   b) Por que é importante incentivar e financiar a pesquisa científica no Brasil?

239

CONTEXTO

CIÊNCIA, TECNOLOGIA E SOCIEDADE

DNA antigo e a história dos nossos genes

O geneticista sueco Svante Pääbo (1955-) mostrou que é possível analisar o DNA de hominínios ancestrais e, assim, compará-lo com o DNA de humanos modernos. Até então, a área conhecida como paleoantropologia contava apenas com artefatos antigos e ossos para o estudo da evolução humana.

Ao desenvolver suas pesquisas, Pääbo e outros pesquisadores elaboraram técnicas mais seguras e avançadas para a extração e a manipulação de DNA antigo, além de estabelecer critérios rigorosos para nortear as pesquisas na área da paleogenética. Como resultado, além da publicação, em 2010, do sequenciamento completo do genoma neandertal, os estudos de Pääbo lhe renderam o prêmio Nobel de Medicina no ano de 2022.

Leia o texto a seguir, que trata desse assunto.

Nobel de Medicina premia pesquisas que deram origem ao campo do estudo genético da pré-história humana

[...] [Em outubro de 2022] a Assembleia do Nobel no Instituto Karolinska, da Suécia, anunciou que o geneticista sueco Svante Pääbo é o laureado do Prêmio Nobel de Medicina de 2022. [...]

[...]

Ao combinarem a paleoantropologia com a genética para traçar a evolução humana e diferenciar os *Homo sapiens* de outros [...] [hominínios], as pesquisas de Pääbo deram origem a um ramo científico completamente novo: a paleogenética. [...].

[...]

"Os estudos de Pääbo demonstraram que nossa espécie, *Homo sapiens*, há milhares de anos, copulou com outras espécies de [...] [hominínios], como neandertais e denisovanos, gerando descendentes que originaram as populações atuais do homem moderno. Além disso, mostraram que as populações atuais carregam, em seu DNA, traços do genoma 'arcaico', herdado dessas espécies ancestrais", destaca [Danillo] Pinhal [professor de Biologia evolutiva da Unesp].

Nessa linha, as pesquisas de Pääbo apontaram que a transferência de genes dos [...] [hominínios] extintos para os *Homo sapiens* ocorreu após a migração para fora da África, há aproximadamente 70 mil anos. Ao que tudo indica, essa transferência de genes para os humanos modernos tem implicações ainda hoje, por exemplo, impactando na maneira como nosso sistema imunológico reage a infecções.

A história da evolução contida no DNA

[...]

Embora o DNA nuclear contenha a maior quantidade da informação genética, o genoma mitocondrial está presente em milhares de cópias, o que aumenta as chances de obter informações genéticas, mesmo após milhares de anos. Ao focar nessas cópias, em 1990, Pääbo publicou um estudo no qual ele e colaboradores foram capazes de sequenciar uma região do DNA mitocondrial de um pedaço de osso de aproximadamente 40 000 anos. Assim, pela primeira vez, foi possível obter parte do sequenciamento genético de um neandertal.

Nas décadas seguintes, Pääbo, juntamente com colaboradores, [...] [empreendeu] a missão para conseguir sequenciar o DNA localizado no núcleo das células de restos de ossos. Em 2010, os esforços foram recompensados e Pääbo publicou o primeiro sequenciamento genético completo de um neandertal.

genoma mitocondrial: material genético contido nas mitocôndrias, organelas celulares relacionadas com o processo de respiração celular.

▲ Svante Pääbo, geneticista laureado com o Nobel de Medicina por suas contribuições ao estudo genético com fósseis de neandertais.

"Esse estudo também revelou uma série de mutações genéticas únicas do homem moderno em relação aos neandertais, com impacto benéfico na fisiologia, desenvolvimento do cérebro, pele e ossos. Estas mutações foram identificadas como distribuídas em regiões do nosso genoma sob forte pressão de seleção e associadas à adaptação. Ou seja, as mutações no nosso DNA englobam variantes mutacionais que surgiram especificamente no genoma do *Homo sapiens*, mas não no genoma neandertal", explica Pinhal.

Este passo permitiu que novos estudos se aprofundassem na compreensão das relações dos humanos modernos com os neandertais, e foi por esse caminho que o pesquisador sueco seguiu. Ao comparar sequências de DNA de neandertais com a de *Homo sapiens*, um dos resultados obtidos foi que em humanos modernos, com [...] [ascendência] europeia ou asiática,

Material genético obtido de fósseis, como neandertais, permitiram obter o sequenciamento genético completo de espécies já extintas.

aproximadamente 1-4% do genoma é originário dos neandertais. Isso significa que neandertais e *Homo sapiens* tiveram cruzamentos durante seus milênios de convivência.

[...]

"As descobertas de Pääbo foram seminais para entendermos quando ocorreu o encontro entre diferentes espécies de [...] [hominínios] no passado, e o quanto ele impactou – e ainda afeta – nossa história de vida", conclui Pinhal.

Malena Stariolo. Nobel de Medicina premia pesquisas que deram origem ao campo do estudo genético da pré-história humana. *Jornal da Unesp*, 3 out. 2022. Disponível em: https://jornal.unesp.br/2022/10/03/nobel-de-medicina-premia-pesquisas-que-deram-origem-ao-campo-do-estudo-genetico-da-pre-historia-humana/. Acesso em: 19 abr. 2023.

Para compreender

1. Desde o final do século XIX, a ciência discute a possibilidade de ter ocorrido o cruzamento entre populações de hominínios. Anatomistas já haviam identificado, por exemplo, fósseis com traços neandertais e humanos.
   - Qual evidência recente, apresentada por Svante Pääbo e colaboradores, corrobora a hipótese do cruzamento entre neandertais e *Homo sapiens*?

2. As pesquisas de Pääbo e colaboradores evidenciaram, por exemplo, que pessoas que vivem atualmente em grandes altitudes no platô do Tibete devem aos denisovanos a presença de um gene que regula a produção de hemoglobina do corpo e a capacidade de transporte de gás oxigênio, especialmente em regiões onde o ar é rarefeito.
   - Imagine e responda: como Darwin explicaria esse fato?

3. **SABER SER** Durante suas pesquisas, Pääbo cometeu e reconheceu erros, o que o levou a rever resultados e procedimentos. Em sua opinião, qual é a importância da autocrítica e de reconhecer os próprios erros?

4. A análise do fluxo de genes entre populações de hominínios ancestrais, feita pelos paleogeneticistas, tem contribuído para identificar as migrações desses grupos pelos continentes. Reúna-se com os colegas para responder às questões a seguir.
   a) Os fluxos migratórios atuais estão associados a aspectos vivenciados no local de origem do indivíduo e sua expectativa de melhoria no local de destino. Cite alguns fatores que determinam os processos migratórios atuais.
   b) Na opinião de vocês, quais fatores levavam os hominínios ancestrais a migrar?

ATIVIDADES INTEGRADAS

Retomar e compreender

1. No caderno, associe as personagens históricas listadas a seguir com as frases de I a IV.
   a) Lazzaro Spallanzani
   b) John Needham
   c) Francesco Redi
   d) Louis Pasteur

   I. Os resultados obtidos com seus experimentos, feitos com frascos com pescoço de cisne, fortaleceram a ideia de que todo ser vivo tem origem em outro ser vivo.

   II. Seus experimentos foram motivados pela vontade de entender o desenvolvimento dos insetos e acabaram fornecendo evidências favoráveis à ideia da biogênese.

   III. Esse naturalista refez os experimentos de John Needham com algumas variações, e os resultados fortaleceram a teoria da biogênese.

   IV. Após aquecer caldos nutritivos, observou a presença de microrganismos, o que foi considerado por ele evidência da geração espontânea.

2. Faça, no caderno, um esquema semelhante ao representado a seguir e complete-o com as evidências da evolução biológica que você conheceu nesta unidade e com exemplos adequados para cada uma delas.

Aplicar

3. A espécie bagre-cego-de-iporanga (*Pimelodella kronei*), retratada na foto a seguir, vive em cavernas, não tem pigmentação e, muitas vezes, tem olhos atrofiados ou não tem olhos.

comprimento: 15 cm

a) Como Lamarck explicaria a falta de pigmentação e a atrofia dos olhos nessa espécie?

b) E como essas características do bagre-cego seriam explicadas por Darwin?

Analisar

4. Leia o texto a seguir e, depois, faça o que se pede.

   Há cerca de 530 milhões de anos, uma grande variedade de espécies animais surgiu na Terra em um período relativamente curto, chamado explosão cambriana. Desses animais evoluiu a maioria das formas básicas de corpo que observamos nos grupos de animais atuais. Os fósseis desse período mostram animais aparentados com crustáceos e estrelas-do-mar, esponjas, moluscos, vermes e cordados.

▲ Interpretação artística da provável aparência de alguns organismos que teriam surgido durante a explosão cambriana. (Representação sem proporção de tamanho e em cores-fantasia.)

- Explique como os cientistas são capazes de fazer afirmações como essas e imaginar ambientes que existiram há tanto tempo.

5. Leia o texto a seguir e faça o que se pede.

   Darwin via os humanos como outra forma de primata quando argumentava: "Sem dúvida o homem, em comparação com a maioria dos membros de seu mesmo grupo, passou por uma quantidade extraordinária de modificações, principalmente em consequência de seu cérebro muito desenvolvido e posição ereta; no entanto devemos ter em mente que ele [homem] é apenas uma das várias formas excepcionais de primata".

Acompanhamento da aprendizagem

Além disso, Darwin afirmou: "Alguns naturalistas, por estarem profundamente impressionados com as capacidades mental e espiritual do homem, dividiram todo o mundo orgânico em três reinos: o Humano, o Animal e o Vegetal, dando, assim, para o homem um reino separado... mas ele pode se esforçar para mostrar, como eu tenho feito, que as faculdades mentais do homem e dos animais inferiores não diferem em tipo, mas imensamente em grau. Uma diferença de grau, por maior que seja, não nos justifica colocar o homem em um reino distinto [...]".

Catarina Casanova. Evolution, primates and Charles Darwin (tradução nossa: Evolução, primatas e Charles Darwin). *Antropologia Portuguesa*, Coimbra, Centro de Investigação em Antropologia e Saúde (Cias), v. 26 e 27, p. 209-236, 2009-2010.

a) Qual é sua opinião sobre as declarações de Darwin expressas nesse texto? Você concorda com elas? Justifique.

b) Cite duas características da espécie humana que a tornam distinta das demais espécies de seres vivos.

6. Que relação podemos estabelecer entre o aumento do volume interno do crânio e a evolução dos hominínios?

7. O plesiossauro foi um réptil marinho que viveu na mesma época dos dinossauros, no período Jurássico (entre 200 milhões e 145 milhões de anos). O primeiro fóssil de um plesiossauro foi encontrado pela paleontóloga Mary Anning (1799-1847) na Inglaterra, em 1821.

▶ Um dos fósseis de plesiossauro descobertos por Mary Anning.

comprimento: 2 m a 14 m

◀ Reconstrução artística de um plesiossauro. (Representação sem proporção de tamanho e em cores-fantasia.)

- Por que achados como o realizado por Mary Anning ajudam a confirmar a ideia de que as espécies evoluem?

Criar

8. Leia o texto a seguir e faça o que se pede.

[...] A teoria da evolução por seleção natural de Darwin satisfaz porque mostra-nos uma maneira pela qual a simplicidade poder-se-ia transformar em complexidade, como átomos desordenados poderiam se agrupar em padrões cada vez mais complexos, até que terminassem por fabricar pessoas. Darwin fornece uma solução, a única plausível até agora sugerida, para o problema profundo de nossa existência. [...]

Richard Dawkins. *O gene egoísta*. São Paulo: Itatiaia/Edusp, 1979. p. 33.

- Considerando o processo da seleção natural, que qualidades a molécula precursora das primeiras formas de vida na Terra deveria apresentar para ser selecionada pelo ambiente?

9. O bicho-folha, um inseto da família dos tetigonídeos, tem uma característica muito peculiar: uma adaptação que imita as folhas das plantas.

comprimento: 20 cm

▲ Bicho-folha entre a folhagem de uma árvore.

a) Qual é o nome dessa adaptação e como ela favorece a sobrevivência desses animais na natureza?

b) Pesquise, em fontes impressas ou digitais, três animais dotados de características adaptativas como camuflagem, mimetismo e coloração aposemática. Depois, construa uma tabela e preencha-a com o nome popular e o nome científico da espécie e a adaptação correspondente a cada animal.

243

CIDADANIA GLOBAL

UNIDADE 8

Retomando o tema

Ao longo desta unidade, você entendeu a importância de uma educação de qualidade, tanto para a apropriação de uma aprendizagem relevante e eficaz, em diversos aspectos, quanto para a promoção dos direitos humanos e da cultura de paz, por meio do combate ao racismo.

Agora, verifique o que você aprendeu sobre esses temas respondendo às questões a seguir.

1. O aprendizado de princípios básicos da teoria evolutiva é relevante para proporcionar tomadas de decisão responsáveis para a manutenção da saúde individual e coletiva? Justifique.

2. Em sua opinião, como o conhecimento científico pode colaborar para o combate ao racismo e a outras atitudes discriminatórias?

3. Por que uma educação de qualidade deve garantir um aprendizado relevante e eficaz? Comente.

Geração da mudança

Agora que você sabe que uma educação de qualidade vai além da trivial aquisição de conhecimentos conceituais, reúna-se com os colegas para escolher um dos temas a seguir que julguem relevante.

- Igualdade de acesso à educação de qualidade.
- Mercado de trabalho e empreendedorismo.
- Racismo: questões culturais, históricas e biológicas.
- Os perigos do *bulliyng* durante a infância e a juventude.

Em uma roda de conversa, vocês vão discutir como esse tema pode ser trabalhado em sala de aula, de modo a construir uma aprendizagem relevante e eficaz.

CONSERVAÇÃO

UNIDADE 9

PRIMEIRAS IDEIAS

1. A biodiversidade atual é a mesma que a de 500 anos atrás? Por quê?
2. O número de espécies de seres vivos se distribui da mesma maneira em todas as partes do planeta? Explique.
3. Qual é a relação entre o desmatamento para a ampliação de áreas de cultivo e a perda de biodiversidade?
4. De que maneira o conhecimento tradicional e o científico podem contribuir para a proteção da biodiversidade?

Conhecimentos prévios

Nesta unidade, eu vou...

CAPÍTULO 1 — Biodiversidade

- Entender o conceito de biodiversidade e suas principais características.
- Distinguir espécies endêmicas, espécies exóticas, espécies nativas, espécies invasoras, espécies dominantes e espécies raras.
- Caracterizar as principais ameaças à biodiversidade.
- Realizar pesquisa de campo para identificar a diversidade de espécies de frutas comercializadas em supermercados e feiras e reconhecer a importância da preservação da biodiversidade.

CAPÍTULO 2 — Estratégias de conservação

- Reconhecer a importância da proteção e da conservação dos ambientes naturais.
- Distinguir Unidades de Proteção Integral e Unidades de Uso Sustentável.
- Conhecer exemplos de populações tradicionais e perceber a interação que esses povos estabelecem com o ambiente.
- Comparar a Revolução Verde com as agroflorestas e identificar como essas iniciativas impactam o ambiente.

CIDADANIA GLOBAL

- Reconhecer a importância de identificar, simplificar, quantificar e analisar informações técnicas de um sistema.
- Compreender o que são indicadores de sustentabilidade.
- Identificar exemplos de indicadores ambientais, econômicos e sociais.
- Relacionar o uso de indicadores com o aprimoramento e o estabelecimento de objetivos e de metas.
- Criar indicadores de sustentabilidade para serem aplicados na escola.

LEITURA DA IMAGEM

1. Qual é a situação retratada na foto?
2. Que tipos de impacto as pessoas retratadas na foto podem causar ao ambiente em que se encontram?
3. De que forma os impactos que você mencionou na atividade anterior poderiam ser detectados e quantificados? E como poderiam ser revertidos?

CIDADANIA GLOBAL

Em 2018, os parques nacionais brasileiros receberam mais de 10 milhões de visitas. O aumento da visitação em áreas naturais, grande parte deles com ecossistemas frágeis, causa impactos negativos sobre o ambiente. O Sistema de Análise e Monitoramento de Gestão (SAMGe) foi desenvolvido pelo Instituto Chico Mendes de Conservação da Biodiversidade (ICMBio/MMA) para acompanhar a gestão de Unidades de Conservação tendo como base o uso racional e sustentável de seus recursos. Ferramentas como essa e os indicadores que elas produzem visam identificar e sistematizar informações relevantes, tornando mais claros e analisáveis os fenômenos que ocorrem nesses locais.

- Como o uso de indicadores podem contribuir para a gestão sustentável e o uso eficiente dos recursos naturais em empresas, instituições públicas e privadas, e em áreas de proteção, como nas Unidades de Conservação?

sustentável: em ecologia, um processo sustentável é aquele que se mantém por si mesmo, ao longo do tempo, sem ajuda externa e sem gerar a escassez dos recursos existentes.

Assista a **dimensões do desenvolvimento sustentável** e procure identificar um desafio atual da sustentabilidade na comunidade em que você vive.

Montanhistas caminham em trilha da Pedra do Sino sobre formação rochosa erodida, no Parque Nacional do Itatiaia (RJ), o primeiro parque desse tipo do Brasil, fundado em 1937. A criação de áreas protegidas visa à preservação da sociobiodiversidade e à promoção de medidas de utilização sustentável dos bens naturais e culturais de um território. Foto de 2022.

247

CAPÍTULO 1
BIODIVERSIDADE

PARA COMEÇAR

A biodiversidade considera a variedade de genes, de espécies e de ecossistemas de um ambiente. Muitos fatores, no entanto, geralmente relacionados a atividades humanas, ameaçam a sobrevivência das espécies. Qual é o papel do Estado na preservação da biodiversidade?

O QUE É BIODIVERSIDADE?

O conceito de **biodiversidade** surgiu da expressão "diversidade biológica" e se relaciona à grande variedade de vida existente no planeta. Inicialmente, esse termo foi associado à riqueza de espécies, ou seja, ao número de espécies de seres vivos identificadas e estimadas pelos cientistas. Ao longo da década de 1980, porém, ampliou-se esse conceito, abrangendo a diversidade genética e a diversidade ecológica dos ecossistemas.

O ser humano interfere na biodiversidade, por exemplo, ao desmatar áreas de vegetação. O processo de domesticação de espécies (animais e vegetais) também modifica a biodiversidade. Nas plantas, após gerações de plantio, replantio, seleção de características e cruzamentos, é possível obter cultivares com características diversas, como indivíduos maiores, mais produtivos, mais resistentes a doenças, entre outras.

O milho, provavelmente nativo do México, foi uma dessas espécies. Após um longo processo de domesticação dessa planta, povos indígenas da América Central e da América do Sul obtiveram uma grande variedade de plantas de milho, com múltiplos usos, que puderam, então, ser cultivadas em diferentes ecossistemas.

▼ As variedades de milho são um exemplo de biodiversidade.

CARACTERÍSTICAS DA BIODIVERSIDADE

Estima-se que aproximadamente 8,7 milhões de espécies vivam atualmente nos mais diferentes hábitats da Terra. Enquanto algumas espécies apresentam grande variabilidade genética entre seus indivíduos, outras têm menor variabilidade e estão mais suscetíveis a alterações no ambiente.

As espécies não se distribuem do mesmo modo nas várias regiões do planeta. As formações vegetais nas áreas tropicais, em geral, são mais complexas que nas regiões de clima temperado, por exemplo. Isso significa que, nas regiões tropicais, há mais variedade de fontes de alimento e de locais para a reprodução e a proteção dos animais. Por isso, a biodiversidade é maior nessas regiões que naquelas de clima temperado.

> ### HOTSPOTS
> Os *hotspots* são áreas com alta incidência de espécies – em especial, as endêmicas – que se encontram seriamente ameaçadas.
>
> Atualmente, há 36 *hotspots* identificados no planeta. O Brasil abriga dois deles: o Cerrado e a Mata Atlântica. No Cerrado, existem mais de 12 mil espécies de plantas, das quais mais de 4 mil são endêmicas, enquanto a Mata Atlântica abriga cerca de 8 mil espécies vegetais endêmicas. Esses biomas estão entre os mais ameaçados do mundo.
>
> Os *hotspots* representam apenas 1,4% da superfície da Terra, mas concentram grande parte do patrimônio biológico e genético da biodiversidade.

Nível de biodiversidade mundial (2018)

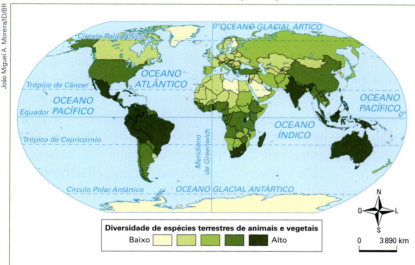

Fonte de pesquisa: *Atlas geográfico escolar*. 8. ed. Rio de Janeiro: IBGE, 2018. p. 62.

Fatores ambientais, como a incidência de radiação solar, variações de precipitação, características do relevo, tipos de solo, entre outros, interferem na distribuição geográfica das espécies. Há muitas espécies, por exemplo, que apresentam uma distribuição geográfica muito restrita e ocorrem somente em determinada área. Elas são chamadas de espécies **endêmicas**.

Assim como a distribuição, a abundância das espécies também varia bastante entre os ambientes. Certas áreas podem apresentar uma quantidade menor de espécies com um número abundante de indivíduos. Nesse caso, essas espécies são consideradas **dominantes**. Em outras áreas, grande parte das espécies pode ter poucos indivíduos e, então, são consideradas **raras**.

A biodiversidade de um bioma ou ecossistema, portanto, refere-se ao número de espécies, à quantidade de indivíduos de cada espécie e à variabilidade genética existente entre esses indivíduos.

▲ **(A)** O beija-flor-de-gravata-verde (*Augastes scutatus*) é uma ave endêmica do Cerrado. **(B)** O soldadinho-do-araripe (*Antilophia bokermanni*) é uma das espécies raras do território brasileiro. Estima-se que existam cerca de 800 indivíduos nos municípios do Cariri cearense.

CIDADANIA GLOBAL

USO DE INDICADORES

[...]

Uma condição [...] para fazer e medir o progresso quanto à sustentabilidade é que as pessoas que tomam as decisões tenham melhor acesso a dados relevantes. Para isso que se tem os indicadores: instrumentos para simplificar, quantificar e analisar informações técnicas e para comunicá-las para os vários grupos de usuários.

Um bom indicador alerta sobre um problema antes que ele se torne muito grave e indica o que precisa ser feito [...]. Em comunidades em crises (sejam sociais, econômicas ou ambientais), os indicadores ajudam a apontar um caminho para a solução dessas crises, e assim para um futuro melhor.

[...]

Ana Carla Kawazoe Sato. Índices de sustentabilidade. Unicamp. Disponível em: https://www.unicamp.br/fea/ortega/temas530/anacarla.htm. Acesso em: 2 mar. 2023.

- A saúde coletiva é um parâmetro que pode ser medido com o uso de indicadores.
  a) Que perguntas você faria para avaliar a saúde das pessoas que fazem parte da comunidade onde vive?
  b) Busque informações na internet sobre indicadores de saúde e cite exemplos.

▲ O javali (*Sus scrofa*) é uma espécie exótica invasora no Brasil.

AMEAÇAS À BIODIVERSIDADE

Todas as espécies contribuem para o equilíbrio dos ecossistemas. Ecossistemas em equilíbrio são importantes, por exemplo, para a polinização de culturas, a filtragem de poluentes, a estabilidade do clima e a proteção contra desastres naturais.

Quando uma espécie é eliminada, populações de outras espécies podem crescer descontroladamente ou diminuir, gerando consequências em cadeia que afetam diversas populações. O crescimento populacional humano e o desenvolvimento tecnológico são fatores que têm contribuído para o desaparecimento de muitas espécies do planeta e para o consequente desequilíbrio dos ecossistemas. Entre as principais ameaças à biodiversidade estão a caça e a pesca ilegais, a introdução de espécies invasoras e a destruição de hábitats naturais.

CAÇA E PESCA ILEGAIS

A prática da caça e da pesca pode se tornar uma ameaça à biodiversidade quando o número de animais mortos supera a capacidade das populações de produzir novos indivíduos.

Equipamentos e técnicas que capturam cardumes em grandes quantidades, por exemplo, provocam drástica redução na população de peixes e, colateralmente, afetam outros seres vivos. Além dos impactos causados aos ecossistemas aquáticos, a pesca em escala industrial prejudica as populações humanas que sobrevivem da pesca artesanal.

No Brasil, a Lei de Proteção à Fauna considera crimes ambientais a caça e a pesca predatórias, o tráfico e o comércio de peles de animais da fauna silvestre. Ainda assim, a caça e a pesca ilegais continuam ocorrendo em nosso país.

ESPÉCIES INVASORAS

O desenvolvimento dos meios de transporte aéreo, terrestre e marítimo possibilitou às populações humanas transitar por distâncias cada vez maiores e em menos tempo. De forma acidental ou intencional, o ser humano acaba transportando plantas, animais e outros seres vivos para ambientes que não correspondem a seus hábitats naturais. Essas espécies que se encontram fora de sua área de distribuição natural são chamadas **espécies exóticas**.

Muitas vezes, as espécies exóticas não encontram predadores naturais, seja porque são mais agressivas que as **espécies nativas**, oriundas da região, seja porque são mais eficientes que elas no uso dos recursos. Nesse caso, as espécies exóticas se multiplicam rapidamente. Quando isso ocorre, elas passam a ser consideradas **espécies invasoras**. Esse fenômeno é considerado a segunda maior causa de perda de biodiversidade no mundo.

PERDA DE HÁBITAT

A **perda de hábitat** ocorre quando o ambiente em que determinada espécie vive é degradado. As mudanças ocasionadas pela degradação do meio geram impactos importantes sobre a cadeia alimentar e o comportamento das espécies.

Entre os agentes que causam essa degradação estão as diferentes formas de poluição. O acúmulo excessivo de gás carbônico na atmosfera e o consequente aumento da temperatura atmosférica, por exemplo, podem causar mudanças ambientais significativas que levam à extinção de espécies.

As mudanças no padrão de uso da terra, causadas pela agropecuária, pela mineração, pela construção de hidrelétricas e pelo crescimento urbano desordenado, são responsáveis por boa parte do desmatamento que acarreta perda significativa de hábitats.

Há mudanças na paisagem que não são tão perceptíveis, mas que podem desencadear alterações locais e regionais relevantes a curto e a longo prazo. Por exemplo, ao se abrir uma clareira na floresta para extrair madeira, inúmeras espécies podem ser afetadas pela remoção de árvores que lhes serviam de fonte de recursos.

> **PARA EXPLORAR**
>
> *Árvore da vida: a inacreditável biodiversidade da vida na Terra*, de Rochelle Strauss. São Paulo: Melhoramentos, 2011.
> Com belíssimas ilustrações, esse livro mostra como são classificados os seres vivos e discute a importância de cada uma das espécies para a manutenção do equilíbrio do planeta.

Interaja com o mapa de **ameaças à biodiversidade** e identifique as principais causas de perda de biodiversidade no Brasil.

▼ Imagens de satélite de 2001 (**A**) e de 2019 (**B**) mostram o avanço do desmatamento da floresta Amazônica no estado de Rondônia.

A **fragmentação** dos hábitats ocorre quando um hábitat natural (terrestre ou aquático) é alterado de forma a restar apenas pequenas áreas isoladas com suas características originais. A construção de grandes estruturas, como rodovias e barragens, em geral causa a fragmentação de áreas florestais com a consequente perda de biodiversidade.

Com a fragmentação, os animais ficam com áreas menores e por vezes desconectadas para buscar alimentos e parceiros para o acasalamento. Isso interfere na polinização, na dispersão de sementes das plantas e no ciclo de nutrientes. Espécies que mantêm relações de dependência com as espécies mais vulneráveis também acabam sendo afetadas, enquanto plantas e animais invasores podem se espalhar pelo ambiente.

> **EFEITO DE BORDA**
>
> Quando uma área florestal é fragmentada, ocorre, em suas bordas, maior incidência de luz solar e, consequentemente, o aumento da temperatura no local e a diminuição da umidade do ar. As árvores situadas nessas bordas ficam, então, mais expostas a parasitas, ao vento e a outras novas condições que acabam provocando sua morte. Esse fenômeno é conhecido como **efeito de borda**.

PRÁTICAS DE CIÊNCIAS

Biodiversidade e alimentação

▲ Flor do maracujazeiro (*Passiflora edulis*).

Existem, no mundo todo, cerca de 520 espécies do gênero *Passiflora*, conhecidas popularmente como maracujazeiro. No Brasil, há cerca de 150 dessas espécies.

Assim como as variedades do maracujá, há também uma grande diversidade de outras plantas comestíveis. Mas será que essa diversidade é acessível aos produtores e aos consumidores desses alimentos? Você vai responder a essa pergunta realizando uma **pesquisa de campo**.

Material

- materiais diversos para a confecção de cartazes, como cartolina, papel, canetas e lápis de cor, cola, etc.
- computador com acesso à internet
- máquina fotográfica ou *smartphone*

Como fazer

1. Com o auxílio do professor, organizem-se em grupos de até quatro integrantes.
2. Planejem a ida a um supermercado, um sacolão ou uma feira livre na companhia de um adulto. Verifiquem quantas variedades de maracujá são comercializadas e anotem o nome delas. Caso as frutas não tenham identificação, peçam ajuda a um funcionário. Tirem fotos das variedades encontradas.
3. Repitam o procedimento com outras frutas, como laranja, banana e limão.
4. Reúnam os dados de seu grupo com os dos outros grupos e verifiquem quantas variedades de cada fruta foram encontradas nos locais pesquisados.
5. Sobre as variedades de maracujá e das outras frutas, pesquisem informações como: espécie, local de origem, época do ano em que se desenvolvem e amadurecem, características das árvores, entre outras.
6. Elaborem um cartaz com as fotos e as informações obtidas de cada variedade. Com o auxílio do professor, organizem uma exposição dos cartazes na escola.

Para concluir

1. Quantas espécies de maracujá foram identificadas nos locais visitados? Em relação às outras frutas, quantas espécies de cada fruta vocês identificaram?
2. De acordo com a Organização das Nações Unidas para a Alimentação e a Agricultura (FAO), grande parte da diversidade genética das plantas de interesse comercial tem sido perdida – em geral, são poucas as variedades largamente comercializadas. Em sua opinião, os resultados obtidos na pesquisa que você e os colegas fizeram estão de acordo com esse dado da FAO? Comente.
3. Qual é a importância de garantir a preservação da diversidade de espécies, como as de plantas?

ATIVIDADES

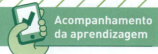
Acompanhamento da aprendizagem

Retomar e compreender

1. O que é biodiversidade?

2. Leia o texto a seguir e faça o que se pede.

   > [...]
   > A ideia da viagem [ao pico do Imeri] surgiu em 2018, na sequência de uma expedição pioneira ao quase vizinho Pico da Neblina, que resultou em várias descobertas e documentou, pela primeira vez, as plantas e bichos que habitam a montanha mais alta do Brasil (2 995 metros), em 2017. [...]
   > [...]
   > Desde o início havia a expectativa de que muitas espécies novas seriam descobertas, em função do isolamento biogeográfico da região. Dito e feito: em 12 dias de trabalho no campo, os pesquisadores coletaram 285 animais, de 41 espécies, das quais 12 (30%), pelo menos, são inéditas para a ciência (cinco anfíbios, quatro lagartos e três aves). [...]
   > À medida que o material for sendo examinado em detalhe no laboratório, é muito provável que outras novidades apareçam, tanto do ponto de vista genético quanto morfológico.
   > [...]
   > Tão importante quanto o número de novas espécies, segundo os pesquisadores, é o fato de que grande parte das plantas e animais coletados na expedição parece ser exclusiva [...] dessas formações montanhosas do norte da Amazônia [...].
   >
   > Herton Escobar. Entre sapos cantantes e bromélias gigantes: cientistas descobrem novas espécies em montanhas isoladas da Amazônia. *Jornal da USP*, 22 dez. 2022. Disponível em: https://jornal.usp.br/ciencias/entre-sapos-cantantes-e-bromelias-gigantes-cientistas-descobrem-novas-especies-em-montanhas-isoladas-da-amazonia/. Acesso em: 8 maio 2023.

   a) Transcreva o trecho do texto que cita a biodiversidade da região explorada.

   b) Copie o trecho que indica que os pesquisadores podem ter encontrado espécies endêmicas na região.

3. Cite três ameaças à biodiversidade relacionadas a ações humanas.

Aplicar

4. Leia o texto a seguir e responda às questões.

   A palmeira-açaí (*Euterpe oleracea*), que é originária da floresta Amazônica, tem sido plantada em áreas de Mata Atlântica do estado de São Paulo. Ela vem tomando o lugar da palmeira-juçara (*Euterpe edulis*), que ocorre espontaneamente nessas matas litorâneas.

   a) Em relação ao bioma da Mata Atlântica, qual das duas espécies de palmeira citadas no texto é a espécie nativa? E qual é a espécie exótica?

   b) A espécie exótica do item anterior pode ser considerada uma espécie invasora? Por quê?

5. Um estudo publicado na revista *Science*, em 2013, revelou que, das 16 mil espécies estimadas de árvores amazônicas, cerca de 227 (1,4%) representam 50% de todas as árvores do território brasileiro, estimadas em 400 bilhões. No entanto, cerca de 5800 espécies amazônicas contam com menos de mil indivíduos. Observe o padrão de distribuição de espécies vegetais nos esquemas a seguir e faça o que se pede.

   A

   B

   a) Qual das duas comunidades poderia representar os dados apresentados pela revista *Science* para as espécies de árvores amazônicas?

   b) Em qual das comunidades há maior risco de extinção de espécies, em caso de desmatamento de uma área da floresta? Explique.

6. Uma área florestal de 10 000 hectares é equivalente a mil fragmentos de floresta com área de 10 hectares. Você concorda com essa afirmação? Comente.

253

CAPÍTULO 2
ESTRATÉGIAS DE CONSERVAÇÃO

PARA COMEÇAR

Mais de 25 mil espécies de animais e plantas no mundo estão em risco de extinção. Como visto antes, a extinção de espécies pode causar graves desequilíbrios ambientais. De que forma o uso sustentável dos recursos naturais contribui para a proteção da biodiversidade?

PROTEGENDO OS AMBIENTES NATURAIS

Preservar e conservar são dois termos relacionados à proteção ambiental que vêm ganhando destaque nas últimas décadas. De maneira geral, a ideia de preservar um ambiente refere-se à proteção integral de seus recursos naturais. As estratégias para isso envolvem a proibição da exploração ambiental, do consumo e da utilização de recursos e, em muitos casos, da presença e da interferência humanas. Já a ideia de conservar um ambiente está relacionada ao uso racional e sustentável de seus recursos. Nesse contexto, o ser humano é visto como parte integrante desse ambiente.

Segundo o artigo 225 da Constituição Federal de 1988:

> Todos têm direito ao meio ambiente ecologicamente equilibrado, bem de uso comum do povo e essencial à sadia qualidade de vida, impondo-se ao poder público e à coletividade o dever de defendê-lo e preservá-lo para as presentes e futuras gerações.
>
> BRASIL. [Constituição de 1988]. *Constituição da República Federativa do Brasil*. Brasília: Presidência da República, [2023]. Disponível em: http://www.planalto.gov.br/ccivil_03/constituicao/constituicao.htm. Acesso em: 8 maio 2023.

▼ O Território Indígena do Xingu (TIX) é a primeira grande área indígena demarcada no Brasil. Essa área abrange dois biomas (floresta Amazônica e Cerrado) e abriga 16 povos com cultura e línguas diferentes. Organizados em associações, esses povos lutam pela proteção do território e pela sustentabilidade do rio Xingu e seus afluentes. Vista aérea da aldeia Capivara, da etnia Kayabi, em São Félix do Araguaia (MT). Foto de 2021.

André Dib/Pulsar Imagens

TIPOS DE UNIDADE DE CONSERVAÇÃO

Unidade de Conservação (UC) é uma área natural delimitada pelo poder público com o objetivo de preservar os recursos naturais e a biodiversidade nela existente. Essa área pode ser tanto na terra como no mar.

As Unidades de Conservação estabelecidas no Sistema Nacional de Unidades de Conservação (Snuc) foram divididas em dois grandes grupos: as Unidades de Proteção Integral e as Unidades de Uso Sustentável.

Assista a **aves e monitoramento ambiental** e identifique como o monitoramento de seres vivos pode contribuir para melhorar previsões futuras.

UNIDADES DE PROTEÇÃO INTEGRAL

As **Unidades de Proteção Integral** não permitem grupos humanos habitando em suas áreas. Nelas, são permitidas apenas atividades vinculadas à pesquisa científica, à educação ambiental, ao turismo ecológico e à preservação do ecossistema local. Existem cinco tipos de Unidade de Proteção Integral: Estação Ecológica, Reserva Biológica, Parque Nacional, Monumento Natural e Refúgio da Vida Silvestre.

Os Parques Nacionais foram a primeira modalidade de território destinada à proteção ambiental. O primeiro a ser criado foi o Parque Nacional do Itatiaia (RJ), em 1937.

Atualmente, há Parques Nacionais conhecidos e reconhecidos internacionalmente, como o Parque Nacional das Sete Cidades (PI) e o Parque Nacional do Iguaçu (PR), que, apesar de relativamente pequenos, cumprem o importante papel de proteção de ecossistemas locais e de educação ambiental.

▲ A Estação Ecológica de Canudos (EBC) foi criada no início da década de 1990 tendo como um de seus objetivos a proteção da arara-azul-de-lear e de seu hábitat. Vista de formações de arenito e de vegetação do bioma Caatinga, em Canudos (BA). Foto de 2018.

UNIDADES DE USO SUSTENTÁVEL

As **Unidades de Uso Sustentável** permitem a presença de comunidades humanas, desde que elas estejam integradas à exploração sustentável dos recursos naturais e à conservação da unidade.

São reconhecidos sete tipos de Unidade de Uso Sustentável: Área de Proteção Ambiental (APA), Floresta Nacional (Flona), Área de Relevante Interesse Ecológico (Arie), Reserva Extrativista (Resex), Reserva da Fauna (Refau), Reserva de Desenvolvimento Sustentável (RDS) e Reserva Particular do Patrimônio Natural (RPPN).

As Resex, por exemplo, constituem uma forma de preservação dos recursos naturais e dos meios de vida e da cultura das muitas populações extrativistas tradicionais que vivem em suas áreas. Nessas unidades, deve haver o uso sustentável e planejado dos recursos naturais para que essas populações possam obter seu sustento. Além disso, nelas é permitido manter práticas de agricultura e de criação de animais de pequeno porte.

▲ A Reserva Extrativista Marinha de Corumbau foi criada em 2000 devido à pressão de nove comunidades de pescadores que denunciavam a pesca ilegal realizada por grandes barcos pesqueiros e a consequente perda de biodiversidade marinha. Na foto, de 2021, trecho da Resex no município de Prado (BA).

CIDADANIA GLOBAL

MANEJO DE CASTANHAIS

O manejo da castanha-da-amazônia (*Bertholletia excelsa*) é uma atividade tradicional que representa papel-chave tanto na economia de milhares de famílias extrativistas da Amazônia como na conservação das florestas. No estado do Acre, [...] [alguns] pontos críticos relacionados à sustentabilidade do manejo deste recurso natural merecem ser estudados e mais bem compreendidos. [...] A pesquisa buscou integrar as percepções dos extrativistas, pesquisadores, gestores e técnicos na definição de indicadores que apontassem para aspectos do que é preciso ser sustentado para garantir a viabilidade do extrativismo da castanha ao longo do tempo. [...]. O resultado foi a geração de 18 indicadores estratégicos para avaliação de sustentabilidade nas dimensões ambiental, técnico-econômica e social (abrangendo aspectos culturais e políticos). [...]

Fernanda L. da Fonseca. *Definição participativa de indicadores para monitoramento da sustentabilidade em sistemas de manejo de castanhais*: estudo de caso na Reserva Extrativista Chico Mendes, Acre. 2020. 155 p. Dissertação (Mestrado em Agroecossistemas) – UFSC, Florianópolis, 2020. Disponível em: https://reposito rio.ufsc.br/bitstream/handle/12345 6789/216365/PAGR0451-D. pdf?sequence=-1&isAllowed=y. Acesso em: 8 maio 2023.

- Os indicadores identificaram fragilidades na comercialização do produto, na oscilação da produção de frutos e na falta de conscientização sobre o uso adequado da Resex Chico Mendes.

  a) A quais dimensões esses indicadores se referem?

  b) Em sua opinião, quais ações seriam necessárias para alcançar melhorias nessa Resex?

AS UNIDADES DE CONSERVAÇÃO E AS COMUNIDADES HUMANAS

Ao longo da história, a interação de agrupamentos humanos com o meio, com outros grupos humanos e com os demais seres vivos contribuiu para o surgimento de uma grande diversidade de culturas.

As **populações tradicionais** são aquelas cuja subsistência depende da extração de recursos naturais. No Brasil, existem vários povos e culturas tradicionais, como os indígenas, os caiçaras e os quilombolas, cujo modo de vida está diretamente ligado ao meio em que vivem.

Os **povos indígenas** são populações que guardam relação de identidade com os povos que habitavam o continente antes de 1500, os chamados povos originários da América. Atualmente, há mais de 250 povos indígenas no Brasil.

As **Terras Indígenas** (TI) são porções de território legalmente reconhecidas e demarcadas para que essas populações possam viver de acordo com seus costumes. Em 2022, havia 732 Terras Indígenas no país.

O modo como esses povos se relacionam com a terra em que vivem tem um papel fundamental na formação das paisagens brasileiras. Para se ter uma ideia, enquanto 20% da floresta Amazônica já foi desmatada nos últimos quarenta anos, as Terras Indígenas perderam menos de 2% de suas florestas originais. A TI Mangueirinha, localizada no estado do Paraná, por exemplo, é importante na conservação de uma das últimas florestas de araucária nativas do mundo. Os Pataxó da TI Barra Velha, no sul da Bahia, protegem uma das áreas remanescentes de maior biodiversidade da Mata Atlântica.

As **populações quilombolas** são comunidades formadas por descendentes de africanos escravizados. A maioria de seus habitantes vive da agricultura de subsistência. Hoje, existem mais de três mil comunidades remanescentes de quilombos.

Outros exemplos de populações tradicionais são os seringueiros, os ribeirinhos, os caboclos, os extrativistas, os pescadores artesanais, os caiçaras e os jangadeiros.

A diversidade de povos tradicionais e suas formas de interação com o ambiente onde vivem se refletem no conjunto de conhecimentos que esses povos desenvolveram ao longo de gerações. Conhecimentos de botânica, geografia, arquitetura, da fauna e dos ciclos de cada ecossistema são importantes aliados no uso sustentável dos recursos naturais, na fiscalização e na preservação das áreas das Unidades de Conservação.

ATIVIDADES

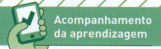
Acompanhamento da aprendizagem

Retomar e compreender

1. Quais são as diferenças entre Unidade de Proteção Integral e Unidade de Uso Sustentável?

Aplicar

2. Leia o texto a seguir e faça o que se pede

   O seringueiro Chico Mendes nasceu no estado do Acre em 1944. Começou o trabalho de seringueiro ainda criança e se tornou a principal liderança política brasileira a lutar a favor dos povos tradicionais amazônicos.

   Em 1985, ele criou a União dos Povos da Floresta, conjugando interesses de indígenas, seringueiros, castanheiros, pequenos pescadores, quebradeiras de coco e populações ribeirinhas. Dessa iniciativa surgiu, em 1988, a primeira reserva extrativista.

   O Instituto Chico Mendes de Conservação da Biodiversidade (ICMBio) está vinculado ao Ministério do Meio Ambiente e Mudança do Clima e tem entre suas funções propor, implantar, gerir, proteger, fiscalizar e monitorar as Unidades de Conservação.

   a) Em sua opinião, por que o nome de um órgão público relacionado à conservação ambiental homenageia Chico Mendes?

   b) Qual é a importância de indicadores de sustentabilidade para as ações de monitoramento e de fiscalização das Unidades de Conservação?

3. A Reserva Particular do Patrimônio Natural (RPPN) é um tipo de Unidade de Uso Sustentável criada em área privada por ato voluntário do proprietário. Busque, em meios impressos e digitais, informações sobre esse tipo de UC e faça o que se pede.

   a) Identifique um exemplo de RPPN no estado em que você vive e faça um mapa para indicar sua localização.

   b) Cite os benefícios ambientais gerados pela implantação de uma RPPN.

4. Este mapa mostra a distribuição das Unidades de Conservação no território nacional e a distribuição de Terras Indígenas. Analise-o e faça o que se pede.

   a) Em sua opinião, as áreas destinadas às Unidades de Conservação estão bem distribuídas pelo país? Justifique.

   b) Compare, no mapa, as áreas destinadas às Unidades de Conservação e as áreas destinadas às Terras Indígenas e, com base nisso, responda: Por que é importante proteger as Terras Indígenas?

   Terras Indígenas e Unidades de Conservação (2018)

   Fonte de pesquisa: Conservação das florestas. Sistema Nacional de Informações Florestais. Disponível em: http://snif.florestal.gov.br/pt-br/conservacao-das-florestass. Acesso em: 8 maio 2023.

257

CIÊNCIA DINÂMICA

A Revolução Verde e as agroflorestas

A expressão Revolução Verde foi criada para se referir a um conjunto de inovações tecnológicas desenvolvidas na agricultura, como modificação de sementes, fertilização do solo, utilização de agrotóxicos e mecanização do campo, com o principal objetivo de aumentar a produtividade agrícola e auxiliar no combate à fome e à crescente escassez de alimentos no mundo. No entanto, essas inovações também provocam problemas ambientais e sociais, como destaca o texto a seguir.

A Revolução Verde no Brasil e no mundo

Apesar de o termo ter surgido apenas na década de 1950, a vontade de inovação e o programa surgiram logo após a Segunda Guerra Mundial devido aos avanços e conhecimentos tecnológicos da época. Pesquisadores de países industrializados pretendiam aumentar a produção de alimentos, dizimando assim a fome nos países subdesenvolvidos através de um conjunto de tecnologias inovadoras.

No entanto, o aumento da produção não foi o suficiente para acabar com a fome do mundo. Entre os problemas encontrados estava, principalmente, o fato de que os alimentos produzidos nos países em desenvolvimento eram – e ainda são – destinados às grandes nações, ou seja, [aos] países desenvolvidos.

Além disso, a Revolução Verde no mundo deixou de fazer sentido quando os pequenos produtores começaram a enfrentar grandes problemas. O programa parecia visar mais grandes agricultores, fazendo com que os outros não conseguissem se adaptar às novas técnicas e não atingissem a produtividade, dificultando a sua permanência no ramo.

[...]

A Revolução Verde trouxe inúmeros problemas para o meio ambiente. Com o desmatamento para cultivo, vieram também o surgimento de pragas e [a] utilização de agrotóxicos, fungicidas, entre outros produtos. Desta forma, houve uma alteração e contaminação em todo o ecossistema – solos, rios, animais, vegetais.

Além disso, o programa "expulsou" os pequenos produtores da sua lavoura, contribuindo para o aumento do êxodo rural e, consequentemente, para o aumento da população em periferias de grandes capitais.

A Revolução Verde no Brasil e no mundo. *Pensamento Verde*, 15 maio 2013. Disponível em: http://www.pensamentoverde.com.br/atitude/a-revolucao-verde-no-brasil-e-no-mundo/. Acesso em: 8 maio 2023.

As consequências negativas desse modelo de modernização agrícola têm estimulado o desenvolvimento de técnicas de produção de alimentos que respeitem e preservem o meio ambiente, de acordo com princípios da agricultura sustentável. Para isso, muitos projetos têm aliado técnicas usadas por povos tradicionais ao conhecimento científico sobre vegetais e sua interação com a fauna.

As agroflorestas são um exemplo de agricultura sustentável, que combina o cultivo de espécies arbóreas, como árvores frutíferas e madeireiras, com cultivos agrícolas e criação de animais. O texto a seguir trata desse sistema de cultivo.

Tecnologia social: agrofloresta baseada na estrutura, dinâmica e biodiversidade florestal

No sistema convencional, de monocultivo, o solo geralmente chega a um ponto em que fica completamente degradado e sem nutrientes para produzir e manter as reservas naturais. [...]

Com a agrofloresta, o material vegetal preexistente é cortado e disposto de forma ordenada e com arranjo definido no solo, sem a utilização de fogo. Ao longo do tempo, há um manejo intensivo da vegetação, especialmente na poda e na disposição do material podado no solo, criando o que se chama de "berços". Desta maneira, o aproveitamento da matéria orgânica pela vida do solo é ainda maior que nas clareiras naturais. A água entra melhor na terra, com maior aproveitamento. É nesta pequena faixa que se colocam as sementes, [os] tubérculos ou [as] manivas. Ao longo do tempo, vão surgindo várias espécies de plantas por regeneração natural.

Na agricultura convencional, essas espécies seriam eliminadas. Em uma agrofloresta, procura-se manter, a cada etapa de sucessão, espécies adequadas às situações de fertilidade do solo, conjunto de espécies companheiras ao redor e luminosidade nos diferentes andares. O resultado é a integração entre homem e natureza. [...]

Com isso, na agrofloresta você está plantando e colhendo ao mesmo tempo e regularmente gerando renda. O adubo vem da própria natureza; as podas feitas corretamente deixam os raios de sol entrar e dão força para as verduras, legumes, hortaliças, frutas crescerem. E o mais importante: tudo vai para as próprias famílias por meio da comercialização coletiva.

"Vale ressaltar que as agroflorestas, conduzidas sob uma lógica agroecológica, transcendem qualquer modelo pronto e incorporam a sustentabilidade quando se desenham agroecossistemas adaptados ao potencial natural do lugar, aproveitando os conhecimentos locais. Assim sendo, não existe um modelo, e sim, princípios, fundamentos e práticas que têm que ser adaptados a cada realidade", finaliza a engenheira agrônoma Lucilene Vanessa.

▲ Agrofloresta em Viamão (RS). Foto de 2020.

Josi Basso. Tecnologia social: agrofloresta baseada na estrutura, dinâmica e biodiversidade florestal. *EcoDebate*, 15 jan. 2014. Disponível em: https://www.ecodebate.com.br/2014/01/15/tecnologia-social-agrofloresta-baseada-na-estrutura-dinamica-e-biodiversidade-florestal/. Acesso em: 8 maio 2023.

Em discussão

1. Além da tecnologia, a Revolução Verde se baseou no sistema de monocultura. Compare a biodiversidade de uma monocultura com a das agroflorestas e responda: Qual dos dois sistemas é o mais adequado para a preservação do ambiente?

2. A Revolução Verde permitiu que o Brasil desenvolvesse tecnologia própria em universidades, agências governamentais e instituições privadas, deixando de lado os conhecimentos tradicionais. Qual é a relação entre o sistema agroflorestal e os conhecimentos tradicionais? Comente.

3. Em sua opinião, o sistema agroflorestal pode ser considerado uma estratégia de conservação? Explique.

ATIVIDADES INTEGRADAS

Retomar e compreender

1. Copie o esquema a seguir no caderno e complete-o com os tipos de Unidade de Conservação apresentados nesta unidade.

UNIDADES DE CONSERVAÇÃO
- Unidades de Proteção Integral → ☐ ☐ ☐ ☐ ☐
- Unidades de Uso Sustentável → ☐ ☐ ☐ ☐ ☐ ☐ ☐

2. Por que os *hotspots* são considerados áreas estratégicas na proteção da biodiversidade?

Aplicar

3. Logo que chegou ao Brasil em 1939, o naturalista alemão Helmut Sick (1910-1991) iniciou uma busca pela arara-azul-de-lear (*Anodorhynchus leari*). Em 1978, em uma de suas expedições pela região do Raso da Catarina (BA), onde ocorre o bioma Caatinga, Sick finalmente encontrou a arara-azul-de-lear em seu hábitat, mas logo verificou que a espécie já estava em risco de extinção.

   - Busque informações na internet sobre a lista de animais ameaçados da fauna brasileira e identifique a que categoria a arara-azul-de-lear pertence.

4. Leia o trecho de texto a seguir, sobre os indígenas Krahô. Depois, responda às questões.

> [...] "A semente para mim é como um parente. Perder uma variedade de semente é como perder um filho ou um irmão". Essa frase é repetida por homens e mulheres habitantes das 28 aldeias Krahô localizadas na Terra Indígena onde vivem, na região nordeste do Tocantins. [...]
>
> Flavia Londres e outros. *As sementes tradicionais dos Krahô*: uma experiência de integração das estratégias *on farm* e *ex situ* de conservação de recursos genéticos. Rio de Janeiro: AS-PTA, 2014. p. 9. Disponível em: https://ainfo.cnptia.embrapa.br/digital/bitstream/item/115241/1/Caderno-ANA-Sementes-2014-KRAHO.pdf. Acesso em: 8 maio 2023.

   a) Em sua opinião, por que os Krahô comparam as sementes a parentes?

   b) Realize uma pesquisa, em meios impressos e digitais confiáveis, sobre a função e a importância dos bancos de sementes, assim como das feiras de troca.

Analisar e verificar

5. Observe, a seguir, as imagens de um mesmo local, ao longo dos anos, e faça o que se pede.

   a) Que tipo de transformação aconteceu na paisagem no período representado? Explique.

   b) Pesquise na internet imagens de áreas monitoradas por satélites artificiais e identifique aquelas onde o desmatamento aumentou.

   c) Por que a implementação de corredores ecológicos, ou seja, de faixas de cobertura vegetal que fazem a ligação entre áreas fragmentadas dos hábitats e dos ecossistemas, contribui para preservar a biodiversidade?

1984 1986 1988 1990
1992 1994 1996 1998

Bruno Badain/ID/BR

Acompanhamento da aprendizagem

6. Analise os dados do gráfico a seguir e responda à questão proposta.

■ **Fatores importantes para o risco de extinção da fauna, por bioma (2014)**

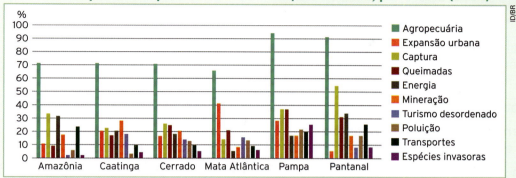

Fonte de pesquisa: MINISTÉRIO DO MEIO AMBIENTE. *Listas nacionais de espécies ameaçadas de extinção*. Brasília: MMA, 2014. Disponível em: http://simat.mma.gov.br/acomweb/Media/Documentos/451467c7-42d4-4a52-9.pdf. Acesso em: 8 maio 2023.

- Qual dos fatores indicados no gráfico representa o maior risco para a fauna? Justifique.

7. Leia o trecho de texto a seguir e faça o que se pede.

> Em 12 anos, a população de pirarucu cresceu 631% nas três terras indígenas dos Paumari do rio Tapauá, no sul do Amazonas. Enquanto em 2009 foram contados 251 indivíduos; em 2021, o total foi de 1 835 – isso em apenas 16 lagos monitorados no período.
>
> O aumento é fruto do manejo sustentável do pirarucu, atividade desenvolvida pelos indígenas com apoio do projeto Raízes do Purus [...].
>
> [...]
>
> [...] O método do manejo tem como pilares a organização comunitária, a vigilância territorial, e o monitoramento dos estoques de pirarucu. Também são controlados o período da pesca [...], a quantidade e o tamanho dos peixes [...] – a cada ano, as comunidades recebem a autorização do Ibama para pescar uma cota de 30% da população adulta de pirarucu [...].

Amazônia: manejo indígena para defender o pirarucu. *Outras Mídias*, 9 dez. 2021. Disponível em: https://outraspalavras.net/outrasmidias/amazonia-manejo-indigena-para-defender-o-pirarucu/. Acesso em: 8 maio 2023.

a) Segundo os dados apresentados no texto, os resultados obtidos nesse plano de manejo foram positivos em relação à conservação do pirarucu? Justifique.

b) De que forma planos de manejo como esse contribuem para a qualidade de vida e do ambiente para as gerações futuras?

Criar

8. Leia a tira a seguir, com as personagens Mafalda e Miguelito, e responda às questões propostas.

Quino. *Mafalda 4*. São Paulo: Martins Fontes, 2010.

a) Você concorda com a conclusão de Miguelito no último quadro? Justifique sua resposta.

b) **SABER SER** Que argumento você apresentaria para justificar a preservação das abelhas?

261

CIDADANIA GLOBAL

UNIDADE 9

12 CONSUMO E PRODUÇÃO RESPONSÁVEIS

Retomando o tema

Você explorou a importância de usar indicadores para avaliar e aprimorar a gestão sustentável e o uso eficiente dos recursos naturais. Agora, verifique o que você aprendeu a respeito desse tema respondendo às questões a seguir.

1. O que você entende por indicador de sustentabilidade?

2. Cite exemplos de indicadores de sustentabilidade nas dimensões ambiental, social e econômica.

3. Qual é a importância do uso de indicadores tendo em vista o desenvolvimento sustentável?

4. Como a análise de indicadores pode contribuir para a gestão sustentável e o uso eficiente de recursos naturais, como a água, em instituições públicas e privadas?

Geração da mudança

O desenvolvimento sustentável representa uma oportunidade de transformação da sociedade e um desafio para todas as organizações e instituições que fazem parte dela.

- Reúnam-se em grupos e estabeleçam critérios para analisar o uso da água na escola onde estudam, tendo em vista as múltiplas dimensões da sustentabilidade.

- Estabeleçam uma pontuação para cada critério: 0 a 4: pouco sustentável; 5 a 7: pode melhorar; 8 a 10: sustentável. Para estabelecer os critérios ou atribuir a pontuação, vocês podem pensar em perguntas, como: Existem metas para a redução de consumo de água? E medidas para atingi-las? Há campanhas de conscientização com orientação de uso em todos os segmentos? Há reaproveitamento do recurso natural com o uso de tecnologias?

- Organizem uma tabela para indicar os critérios e as respectivas pontuações. Essa tabulação ajuda a entender em que direção a escola está indo e qual item precisa ser melhorado. Ao final, conversem sobre possíveis soluções ou metas. Redijam um documento com as propostas que elaboraram e encaminhem-no aos gestores da escola.

Autoavaliação

Matheus Costa/ID/BR

INTERAÇÃO

PODCAST SOBRE CIÊNCIA: COMPARTILHANDO INFORMAÇÃO DE QUALIDADE

O estudo de ciências tem papel crucial no desenvolvimento humano ao fornecer dados e evidências que nos permitem compreender os diversos processos que nos rodeiam. Neste projeto, você e os colegas vão investigar a facilidade de acesso à informação científica, assim como a qualidade dessa informação veiculada, e elaborar um *podcast* que deverá abordar os temas da ciência que mais geram dúvidas no cidadão comum, com o objetivo de esclarecer as comunidades escolar e externa e combater a disseminação de informações falsas.

Nos últimos anos, a ciência tornou-se assunto presente no dia a dia de todos nós. Além do crescente interesse pelo assunto, evidenciado pela busca de informações sobre um novo vírus e vacinas ou sobre uma nova sonda espacial lançada pela Nasa, por exemplo, nas plataformas digitais muitos divulgadores científicos têm procurado responder a essa demanda de informações ligadas à ciência.

No entanto, ao mesmo tempo que se registra esse crescimento, observa-se também, sobretudo nas redes sociais, muita desinformação e circulação de informações falsas, o que pode levar à distorção da realidade científica e causar danos irreparáveis à sociedade como um todo. Além disso, até mesmo as informações veiculadas por fontes confiáveis não são suficientemente claras às pessoas que não são cientistas, o que leva muitas delas a terem dúvidas ou até mesmo desconfiar de determinadas informações.

Neste projeto, você e os colegas vão identificar quais são os principais problemas relacionados à divulgação científica na mídia e, com base neles, produzir uma série de episódios, em formato de *podcast,* voltados para as comunidades escolar e externa à escola. A proposta é esclarecer ideias equivocadas e combater informações falsas.

Objetivos

- Pesquisar e sistematizar informações de temas relacionados com a ciência.
- Elaborar os roteiros de uma série de episódios em formato de *podcast.*
- Produzir (gravar e editar) os episódios do *podcast.*
- Publicar e divulgar o *podcast* produzido nas comunidades escolar e externa.

Planejamento

- O planejamento do projeto é essencial para que ele seja bem-sucedido, tanto durante em seu desenvolvimento quanto na construção do produto final: o *podcast.*

Conhecendo os temas

O primeiro passo é selecionar os temas que vocês gostariam de abordar neste projeto. Esses temas devem tratar de questões que abordam a importância da pesquisa científica, a relevância da divulgação científica e os perigos da desinformação em relação à ciência.

- Com o auxílio do professor, organizem-se em grupos e escolham o tema de trabalho de cada grupo. Após a seleção do tema, façam um levantamento dos conhecimentos e das principais dúvidas que vocês têm sobre ele.
- Com base nas dúvidas levantadas pelo grupo, pesquisem e selecionem as mídias (*sites* do governo, de instituições de pesquisa e tecnologia e de revistas especializadas) nas quais seja possível encontrar informações confiáveis e corretas sobre o tema escolhido.
- Registrem as informações obtidas sobre o tema escolhido.
- Selecionem e organizem as informações coletadas e preparem uma breve apresentação para os colegas.
- Após as apresentações, discutam sobre a qualidade das informações obtidas e apresentadas pelos grupos. É interessante, também, que cada grupo exponha as dificuldades que enfrentou no processo de levantamento das informações e como foram superadas essas dificuldades.

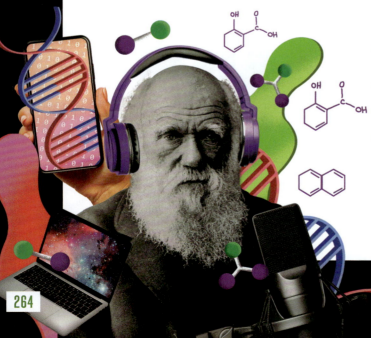

Material

Organizem os materiais necessários para a gravação do *podcast*:

- Um gravador (um *smartphone* ou um computador com microfone são suficientes).
- Para melhor apresentação do conteúdo, utilizem um programa ou aplicativo que permita a edição do arquivo gravado.

Como fazer

Investigando o nível de informações da comunidade

Nessa etapa, vocês vão avaliar a acessibilidade às informações disponíveis sobre o tema escolhido.

Inicialmente, selecionem veículos de informação confiáveis da região em que vocês vivem, pesquisem nos *sites* desses veículos informações sobre o tema do grupo e analisem os seguintes aspectos:

- A área de busca no *site* é facilmente encontrada?
- Os resultados da busca estão relacionados ao tema pesquisado?
- Os textos são claros? As informações são facilmente encontradas?
- As informações estão corretas? São apresentadas as fontes das informações veiculadas?

Ao final, organizem os dados obtidos e avaliem os veículos de informação analisados, de acordo com a acessibilidade à informação e a veracidade da informação fornecida.

Organizando as etapas seguintes

- As tarefas a serem realizadas – listem todas as tarefas que devem ser realizadas até a finalização do projeto.
- A organização das equipes – procurem distribuir igualmente as tarefas entre os integrantes dos grupos, para não sobrecarregar ninguém.
- O cronograma de trabalho – montar um cronograma é uma etapa essencial de qualquer projeto, portanto, estabeleçam as datas de entrega de materiais, de reuniões, de publicação do *podcast*, entre outras.

Elaborando os roteiros do *podcast*

- Após o estudo inicial do tema escolhido e da qualidade da informação disponível para a comunidade, cada grupo deverá desenvolver o roteiro para a produção de um episódio do *podcast*.
- Cada grupo deverá produzir um roteiro para um episódio de 15 minutos. Ele poderá ser elaborado coletivamente ou alguns membros do grupo podem assumir essa tarefa.
- O roteiro deve ter uma breve apresentação do tema e da importância dele. Lembrem-se de sempre incluir a fonte das informações que forem inseridas.
- A linguagem usada no roteiro também deve receber atenção. Como os públicos-alvos do *podcast* são a comunidade escolar (estudantes, professores, funcionários, pais ou responsáveis) e pessoas de fora da escola, o ideal é que o *podcast* soe como uma conversa, um bate-papo, ou seja, o texto deve ser descontraído e atrativo para prender a atenção do ouvinte.
- Para que todos os episódios sejam similares na apresentação, criem, coletivamente, um título para a série de *podcast* e elaborem a vinheta de abertura e a de encerramento.
- É importante revisar o texto, depois de finalizá-lo. Se possível, mostrem o texto a especialistas nos temas ou a outros professores, a fim de garantir a adequação e a precisão das informações. Por isso, nessa etapa, sugere-se solicitar o auxílio do professor de Linguagens, por exemplo.

▲ Mesmo que apenas alguns integrantes se responsabilizem pelo roteiro, é importante que todo o grupo participe das discussões para sua elaboração.

Gravação dos episódios

- O roteiro elaborado deve ser utilizado como base para a fala que será gravada. Definam quem serão os apresentadores – o ideal é que dois estudantes apresentem o episódio em forma de diálogo.
- Verifiquem a possibilidade de convidar um profissional da área das ciências, como um professor ou pesquisador, para participar da gravação.
- Se houver essa possibilidade, preparem com antecedência as perguntas a serem feitas. É possível também gravar depoimentos e falas de profissionais e, depois, inserir esses trechos no programa.
- Definam a plataforma de hospedagem dos episódios do *podcast*. Há diversas plataformas de áudio *on-line*. Considerem também verificar a possibilidade de publicá-los no *site* da escola e nas redes sociais.

Refinando o *podcast*

- Em uma data previamente estipulada pelo professor, todos os grupos devem apresentar os episódios gravados para a avaliação da turma.
- Cada grupo vai apresentar seu episódio e, em seguida, será feita uma rodada de discussão com toda a turma.
- Nesse momento, será possível identificar problemas de gravação, como ruídos e cortes em falas, entre outros. Ouçam a opinião e as sugestões dos colegas e, caso seja necessário, complementem ou reeditem o episódio para melhorá-lo.

Compartilhamento

Publicação e lançamento do *podcast*

- Decidam, com todos os grupos, a ordem de apresentação dos episódios e a periodicidade com que serão disponibilizados (de uma vez só ou um por semana).
- Hospedem os programas produzidos na plataforma definida anteriormente.
- Organizem uma sessão de lançamento para a comunidade escolar. Verifiquem a disponibilidade de equipamentos de som para realizar a transmissão dos episódios, além de outros materiais necessários ao evento. Conversem com a direção da escola e solicitem um local da escola para ser utilizado nessa transmissão.
- Elaborem previamente um questionário para avaliar a qualidade dos episódios e a compreensão dos ouvintes sobre os temas tratados. O questionário deve ser aplicado a todos os ouvintes, ao final da transmissão na escola.

PARA EXPLORAR

Chegou a hora de inserir o *podcast* na sua aula
Nesse artigo, de Débora Garofalo, publicado na revista *Nova Escola*, há dicas de elaboração de *podcasts* e exemplos de formatos que podem ser utilizados para divulgação.
Disponível em: https://novaescola.org.br/conteudo/18378/chegou-a-hora-de-inserir-o-podcast-na-sua-aula. Acesso em: 3 maio 2023.

Avaliação

1. Quais foram os principais problemas enfrentados durante a execução do projeto? Como eles foram solucionados?
2. Como a execução deste projeto impactou seu conhecimento sobre a ciência?
3. Os temas abordados no *podcast* foram úteis para os públicos-alvos? Comente.
4. De que outras maneiras o formato *podcast* pode ser usado para levar informação de qualidade à sua comunidade?

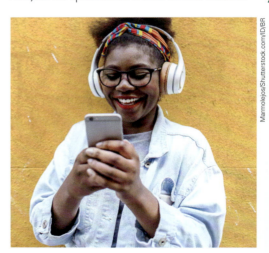

▲ Criem um canal de contato com os ouvintes do *podcast* para receber sugestões, dúvidas e comentários.

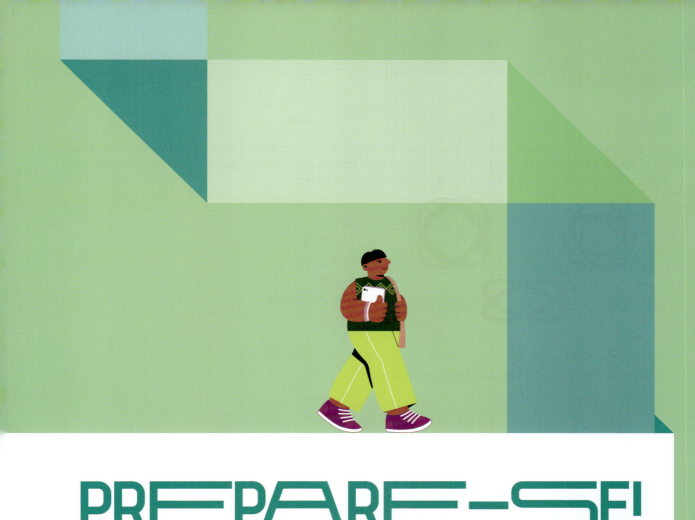

PREPARE-SE!

PARTE 1

Questão 1

Um profissional de *design* foi contratado para elaborar um logotipo para uma indústria química. A seguir, estão as opções de logotipo que ele produziu. Observando as ilustrações, pode-se afirmar que, para criá-las, o profissional se inspirou no modelo atômico de:

a) Dalton.
b) Thomson.
c) Rutherford.
d) Bohr.
e) Schrödinger.

Questão 2

Observe as ilustrações a seguir e faça o que se pede.

Vermelho	Laranja	Amarelo	Verde	Azul
Sais de estrôncio	Sais de cálcio	Sais de sódio	Sais de bário	Sais de cobre
Nitrato de estrôncio	Carbonato de cálcio	Nitrato de sódio	Nitrato de bário	Cloreto de cobre I
Carbonato de estrôncio	Cloreto de cálcio	Oxalato de sódio	Carbonato de bário	Carbonato de cobre
Sulfato de estrôncio	Sulfato de cálcio	Criolita	Cloreto de bário	

A alternativa que apresenta a formula química de sais que produziriam fogos de artifício nas cores laranja, amarelo e verde, respectivamente, é:

a) $CaCO_3$, Na_2NO_3, $BaCl$.
b) $CaCl_2$, $NaNO_3$, $BaCl_2$.
c) $NaCl$, $CaCO_3$, Ba_2Cl.
d) KCl, NaO, $BaCl_2$.
e) $CaCl$, $NaCl$, Ba_2Cl.

Questão 3

Em dias de tempestade, descargas elétricas podem fazer com que os gases da atmosfera sofram transformações. Uma dessas transformações ocorridas em grandes altitudes está representada no esquema.

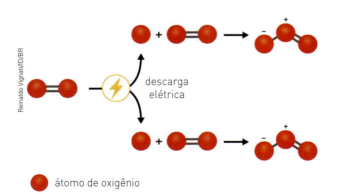

átomo de oxigênio

O produto dessa reação química é um gás que pode ser carregado por raios em direção à superfície, criando um odor conhecido por todos como prenúncio de chuva. O responsável por esse cheiro característico é:

a) o gás oxigênio, uma substância molecular cuja fórmula é O_3.
b) o oxigênio, um átomo cujo símbolo é O.
c) o gás ozônio, principal componente da camada de ozônio.
d) o gás oxigênio, indispensável para a sobrevivência dos seres vivos aeróbios do planeta Terra.
e) o gás oxigênio, também chamado de gás ozônio.

Questão 4

O trecho de texto a seguir traz informações sobre uma pesquisa brasileira para a degradação de plásticos.

Plástico degradável por reações químicas já é realidade

[...]

Os plásticos são misturas de compostos formados por polímeros, que podem gerar produtos com diferentes consistências [...]. Esses materiais permitiram que a sociedade se adaptasse ao crescimento industrial e [...] [possibilitaram], por exemplo, que mercadorias fossem transportadas com maior facilidade. Porém, a grande quantidade de plásticos na natureza se tornou um obstáculo [...].

[...]

[...] é possível, através de determinados ácidos ou pela ação da luz, descompactar os compostos formadores do plástico, o que permite que ele volte ao seu estado inicial, ou seja, uma matéria-prima. O procedimento funciona com a inserção de certas substâncias nos compostos, que induzem uma reação química capaz de destruir as ligações entre moléculas e degradar o material. [...] o método é possível apenas para alguns tipos de plástico, como as espumas de poliuretano, usadas em colchões e assentos de carros; já aqueles que compõem garrafas e sacolas não fazem parte do grupo.

Plástico degradável por reações químicas já é realidade. *Jornal da USP*, 27 set. 2018. Disponível em: https://jornal.usp.br/?p=198330. Acesso em: 31 mar. 2023.

Com base nesse trecho e em seus conhecimentos sobre reações químicas, é possível afirmar que:

a) a grande quantidade de plásticos na natureza não tem relação com o crescimento industrial.

b) o método utilizado pelos pesquisadores brasileiros funciona com todos os tipos de plástico.

c) uma reação química não permite que um material volte a seu estado inicial.

d) as reações químicas são processos nos quais ocorre a transformação dos reagentes iniciais em produtos finais.

e) determinados ácidos conseguem reagir com plásticos em uma reação conhecida como neutralização.

O texto a seguir refere-se às questões **5** e **6**.

Existem centenas de receitas caseiras com potencial para substituir produtos de limpeza industrializados. Na maioria delas, são necessários apenas ingredientes de baixo custo, fáceis de ser encontrados e pouco agressivos à pele e aos tecidos. Um exemplo de receita caseira que promete retirar manchas de maquiagem das roupas é esta: misturar água e vinagre em partes iguais; aplicar a mistura na região manchada e deixar agir por cerca de 40 minutos; em seguida, lavar a roupa como de costume.

Questão 5

Qual das alternativas apresenta o procedimento que permite retirar manchas de maquiagem de uma peça de roupa em menos tempo?

a) Misturar água e vinagre na proporção 2:1.

b) Utilizar água gelada, mantendo a proporção dos ingredientes.

c) Adicionar o dobro de água e o dobro de vinagre.

d) Utilizar água a 60 °C e misturar água e vinagre na proporção 1:1.

e) Utilizar 2 partes de água a 60 °C para 3 partes de vinagre.

Questão 6

O vinagre utilizado na receita para retirar manchas de maquiagem contém, em sua composição, uma substância que pode ser classificada como um ácido. As substâncias ácidas:

I. têm poder corrosivo.

II. reagem com bases, neutralizando-as.

III. interagem com água, formando o íon H^+.

Das proposições apresentadas, qual(is) se refere(m) a características dos ácidos?

a) Somente a I.

b) I e II.

c) Somente a II.

d) II e III.

e) I, II e III.

Questão 7

Leia, a seguir, o trecho de uma reportagem sobre como os seres vivos adquirem energia para sobreviver.

[...] Todas as formas de vida na Terra precisam gerar energia para comer, reproduzir-se, crescer e se mover. Essa energia vem em forma de elétrons, as mesmas partículas negativas que são movimentadas através dos fios elétricos que carregam seu *laptop*.

O desafio para toda a vida na Terra é o mesmo, seja um vírus, uma bactéria ou um elefante: você precisa achar uma fonte de elétrons e um lugar para despejá-los a fim de completar o ciclo.

[...]

Os animais conseguem seus elétrons através do açúcar nos alimentos ingeridos. Esses elétrons são liberados e se misturam com [o gás] oxigênio em uma série de reações químicas que acontecem dentro das células animais. Essa corrente de elétrons é o que dá energia para os corpos dos animais.

[...]

Jasmin Fox-Skelly. O animal que consegue sobreviver sem oxigênio. *BBC News Brasil*, 16 abr. 2017. Disponível em: https://www.bbc.com/portuguese/vert-earth-39413878. Acesso em: 31 mar. 2023.

De acordo com o texto, os animais obtêm energia por meio de:

a) reações endotérmicas, pois ocorrem na presença de água.

b) reações de oxirredução, pois não ocorrem na ausência de oxigênio.

c) reações endotérmicas, pois utilizam a energia da glicose.

d) reações de oxirredução, pois envolvem transferências de elétrons.

e) reações exotérmicas, pois há liberação de elétrons pelas moléculas de açúcar.

Questão 8

Leia o texto a seguir, sobre o campo magnético terrestre.

A inversão do polo magnético do planeta [...] parece acontecer de forma cíclica e em intervalos um tanto previsíveis.

[...]

A razão pela qual a Terra tem um campo magnético é devido ao seu núcleo de ferro sólido que é cercado por um oceano de metal líquido quente, que gera uma corrente elétrica conforme se move.

O fluido condutor derretido na Terra está em constante movimento. O núcleo da Terra é extremamente quente, acima de 5 000 °C [...], e este calor impulsiona as correntes de convecção no núcleo externo. O movimento constante do núcleo externo derretido em torno do núcleo interno de ferro sólido gera um campo magnético [...], que se estende para o espaço ao redor da Terra.

O campo magnético protege o planeta dos efeitos do vento solar e é isso que permite a existência de vida na Terra.

O vento solar está cheio de partículas carregadas, nuvens magnéticas e radiação que danificariam gravemente qualquer vida que pudesse existir. O campo magnético da Terra, ou magnetosfera, serve como escudo, desviando e redirecionando o vento solar.

[...]

Como a inversão do campo magnético da Terra afetará a vida em nosso planeta. *Revista Amazônia*, 8 jun. 2022. Disponível em: https://revistaamazonia.com.br/como-a-inversao-do-campo-magnetico-da-terra-afetara-a-vida-em-nosso-planeta/. Acesso em: 29 mar. 2023.

De acordo com o texto:

a) o campo magnético da Terra é resultado dos metais sólidos existentes na superfície terrestre.

b) durante a reversão magnética, o campo magnético protetor da Terra fica mais forte e os polos magnéticos norte e sul trocam de lugar.

c) as reversões magnéticas da Terra afetam o funcionamento de satélites devido ao aumento dos níveis de radiação solar na superfície terrestre.

d) no passado, ocorreram poucos episódios de reversão magnética no planeta Terra.

e) o campo magnético da Terra funciona como uma "bolha protetora", que forma um escudo contra o vento solar e permite a manutenção da vida na Terra.

Questão 9

Três substâncias apresentam as propriedades físicas descritas a seguir.

Substância I: conduz eletricidade nos estados sólido e líquido.

Substância II: não apresenta condutibilidade elétrica e encontra-se no estado líquido à temperatura ambiente.

Substância III: apresenta temperatura de fusão elevada e conduz eletricidade quando está dissolvida na água.

Pode-se afirmar que o tipo de ligação química existente entre os átomos das substâncias I, II e III, respectivamente, é:

a) iônica, metálica e covalente.
b) metálica, covalente e iônica.
c) metálica, covalente e metálica.
d) covalente, iônica e metálica.
e) iônica, covalente e metálica.

Questão 10

Que fenômeno óptico explica por que a colher parece estar torta ou quebrada?

a) Reflexão.
b) Dispersão.
c) Refração.
d) Absorção.
e) Composição de cores.

Questão 11

Leia o texto a seguir, sobre a criação da Tabela Periódica.

> [...]
> Em 1869, enquanto escrevia seu livro de química inorgânica, Mendeleyev organizou os elementos na forma da tabela periódica atual e criou uma carta para cada um dos 63 elementos conhecidos. Cada carta continha o símbolo do elemento, a massa atômica de todas as suas propriedades químicas e físicas. Colocando as cartas em uma mesa, fez um verdadeiro quebra-cabeça organizando e agrupando os elementos de propriedades semelhantes. Formou-se, então, a tabela periódica. A vantagem da tabela periódica de Mendeleyev sobre as outras é que esta exibia semelhanças como um todo e não apenas em pequenos conjuntos como as tríades. Mostraram-se semelhança numa rede de relações vertical, horizontal e diagonal. Analisando estas diversas redes, Mendeleyev chegou a prever as propriedades de elementos químicos que nem mesmo tinham sido descobertos ainda. [...]
>
> Luis Edson Mota de Oliveira. Temas em fisiologia vegetal. Setor de Fisiologia Vegetal do Departamento de Biologia da Universidade Federal de Lavras. Disponível em: http://www.ledson.ufla.br/biomoleculas-e-bioenergetica-recuperando-conhecimentos/tabela-periodica-e-os-elementos-quimicos-essenciais-a-vida-celular/tabela-periodica/. Acesso em: 29 mar. 2023.

A organização dos elementos químicos proposta por Mendeleyev apresenta vantagens em relação aos modelos propostos anteriormente, pois permite o agrupamento de elementos com características semelhantes em grupos ou famílias. Com base nessas informações, assinale a alternativa que contém elementos com características semelhantes.

a) He, Co, Ar.
b) Mg, Ca, S.
c) Li, Be, B.
d) F, Cℓ, Ba.
e) Li, Na, K.

Questão 12

O ferro metálico é obtido a partir da reação do óxido de ferro II (Fe_2O_3) com o monóxido de carbono (CO). Em uma etapa anterior da produção, esse óxido é obtido por meio da combustão incompleta do carvão. A reação a seguir mostra como é obtido o ferro metálico:

$$3\ CO\ (g) + Fe_2O_3\ (s) \rightarrow 3\ CO_2\ (g) + 2\ Fe\ (s)$$

Em um dia de produção, uma indústria consumiu 1 600 kg de Fe2O3 (s) e 840 kg de CO (g), produzindo 1 120 kg de ferro metálico. Qual foi a quantidade de gás carbônico, em quilogramas, gerada nesse processo?

a) 1 220.

b) 1 340.

c) 1 200.

d) 1 320.

e) 1 500.

Questão 13

Leia o texto a seguir.

Quando uma substância modifica seu estado físico dizemos que ocorreu uma mudança de estado.

A água em seu estado sólido, ou seja, o gelo, para passar para o estado líquido, necessita receber energia[,] o que fará com que a agitação molecular aumente até que sua estrutura rígida se rompa e esta muda para o estado gasoso se for fornecida mais energia à água líquida e teremos, então, o vapor-d'água.

Portanto, a mudança de estado está quase sempre relacionada à transferência de energia.

Estados da matéria. Disponível em: http://www.if.ufrgs.br/~leila/fase.htm. Acesso em: 30 mar. 2023.

Assinale a alternativa que apresenta apenas mudanças de estado físico que ocorrem com a absorção de energia pela substância.

a) Solidificação e condensação.

b) Vaporização e condensação.

c) Fusão e vaporização.

d) Solidificação e vaporização.

e) Sublimação e condensação.

Questão 14

Um dos fatores que altera a rapidez das reações químicas é a superfície de contato. Quanto maior for a superfície de contato de um reagente, mais átomos ou moléculas estarão disponíveis para reagir, o que resultará em aumento na velocidade da reação.

Entre as situações descritas a seguir, qual leva ao aumento na velocidade de uma reação provocado pela ampliação da superfície de contato dos reagentes?

a) Guardar os alimentos na geladeira para evitar sua decomposição.

b) Soprar ar em uma fogueira para que as chamas aumentem.

c) Cozinhar um alimento usando uma panela de pressão.

d) Mastigar bem os alimentos para facilitar o processo de digestão.

e) Pintar uma peça metálica para protegê-la da ferrugem.

Questão 15

Os solos do Brasil são, em geral, naturalmente ácidos. Essa característica prejudica a produção agrícola, pois a acidez compromete a fertilidade do solo. Assinale a alternativa que apresenta uma possível solução para esse problema.

a) Adicionar calcário ao solo com o intuito de diminuir sua acidez.

b) Aumentar a frequência de irrigação do solo em épocas de seca.

c) Adicionar uma substância que deixe o solo alcalino.

d) Cultivar plantas que neutralizem o solo.

e) Revolver o solo para aumentar sua aeração.

O texto a seguir refere-se às questões **16** e **17**.

As ondas sonoras são ondas mecânicas que transportam energia sonora (som). Os sons são captados pelas orelhas e interpretados no encéfalo. No entanto, a frequência de ondas sonoras audível aos seres humanos varia entre 20 Hz e 20 000 Hz. As ondas com frequência abaixo de 20 Hz são chamadas de infrassons; as ondas com frequência acima de 20 000 Hz são chamadas de ultrassons.

Questão 16

Indique a alternativa que descreve corretamente uma das propriedades das ondas sonoras.

a) A intensidade sonora tem relação com o "volume" do som, ou seja, se esse volume é alto ou baixo.

b) O timbre permite distinguir os sons graves dos agudos.

c) A altura depende da fonte sonora e permite, por exemplo, distinguir os sons emitidos por dois instrumentos musicais diferentes.

d) O timbre tem relação com o "volume" do som, ou seja, se esse volume é alto ou baixo.

e) A intensidade sonora permite distinguir os sons graves dos agudos.

Questão 17

Ondas de ultrassom são utilizadas na medicina para realizar exames que geram imagens do interior do corpo por meio da captura e da decodificação dessas ondas. Essas imagens podem mostrar, por exemplo, se há algum tipo de lesão em algum órgão. Entre outras aplicações do ultrassom, podem ser citados(as):

a) os fornos de micro-ondas, que permitem aquecer e cozinhar alimentos.

b) as estações de rádio, que possibilitam, por exemplo, a comunicação entre os astronautas e os centros de controle na Terra.

c) os aparelhos de radiografia, que também produzem imagens internas do corpo.

d) os aparelhos de telefone celular, que permitem várias formas de comunicação, informação e entretenimento.

e) os sonares, aparelhos utilizados em embarcações para localizar objetos no fundo dos oceanos.

Questão 18

O *crossfit* é um programa de treinamento de força e condicionamento físico geral em que os movimentos são feitos com alta intensidade e variação constante. Nessa modalidade, existe um exercício em que o praticante deve movimentar cordas navais, o que produz ondas horizontais e verticais, como se pode observar na foto a seguir.

Dentre as características das ondas apresentadas na imagem, é possível notar que:

a) há duas ondas transversais, com amplitudes aproximadamente iguais e defasadas entre si.

b) há duas ondas longitudinais, com amplitudes diferentes e sem defasagem entre si.

c) há uma onda horizontal com amplitude constante.

d) há uma onda vertical com amplitude variável.

e) há duas ondas verticais, com vales e cristas coincidentes.

Questão 19

Atualmente, o ser humano conhece dois tipos de ondas: as mecânicas, como o som, e as eletromagnéticas, que compõem o espectro eletromagnético. Nesse espectro, encontram-se todas as radiações conhecidas. Como todas as ondas, as eletromagnéticas também são caracterizadas por sua frequência, medida em hertz (Hz), e por seu comprimento de onda, medido em metro (m). Todas as ondas (ou radiações) eletromagnéticas propagam-se com a mesma velocidade, a da luz, que é 300 000 000 m/s ou $3 \cdot 10^8$ m/s.

Veja, na tabela, os nomes das radiações eletromagnéticas com as respectivas frequências.

Radiação	Frequência (em Hz)
Raios gama	10^{19} a 10^{24}
Ultravioleta	$8 \cdot 10^{14}$ a 10^{17}
Infravermelho	10^{11} a 10^{14}
Micro-ondas	10^8 a 10^{12}
Ondas de rádio e TV	10^4 a 10^{10}
Raios X	10^{15} a 10^{20}
Radiação visível	$4 \cdot 10^{14}$ a $8 \cdot 10^{14}$

Fontes de pesquisa: O espectro eletromagnético. Instituto de Física – Universidade Federal do Rio Grande do Sul (UFRGS). Disponível em: http://www.if.ufrgs.br/oei/cgu/espec/intro.htm; Jane Gregorio-Hetem; Vera Jatenco-Pereira. Radiação eletromagnética. Em: Jane Gregorio-Hetem; Vera Jatenco-Pereira. *Fundamentos de astronomia*. São Paulo: Instituto de Astronomia, Geofísica e Ciências Atmosféricas, 2010. p. 46. Disponível em: http://www.astro.iag.usp.br/~jane/aga215/apostila/cap04.pdf. Acessos em: 14 jun. 2023.

Assinale a alternativa que apresenta as radiações em ordem crescente de frequência.

a) Raios gama, ultravioleta, infravermelho, micro-ondas, ondas de rádio e TV, raios X e radiação visível.

b) Ondas de rádio e TV, micro-ondas, infravermelho, radiação visível, ultravioleta, raios X e raios gama.

c) Radiação visível, ultravioleta, ondas de rádio e TV, micro-ondas, raios X, infravermelho e raios gama.

d) Raios X, raios gama, ondas de rádio e TV, radiação visível, infravermelho, ultravioleta e micro-ondas.

e) Ultravioleta, infravermelho, radiação visível, ondas de rádio e TV, raios gama, micro-ondas e raios X.

Questão 20

Sobre os trens de levitação magnética, pode-se afirmar que:

a) seu funcionamento depende da formação de um campo elétrico entre o trem e os trilhos.

b) são compostos de ímãs que são atraídos pelo campo magnético formado pelos trilhos.

c) se movimentam devido ao campo magnético formado nos trilhos e nas paredes dos trilhos.

d) a polaridade do campo magnético formado nos trilhos muda constantemente, por isso os trens permanecem levitando.

e) podem atingir altas velocidades por causa da força de repulsão exercida pelo campo magnético.

Questão 21

Os raios X são um tipo de radiação eletromagnética obtida por meio da colisão entre elétrons previamente acelerados e uma placa metálica. A radiografia é um exame médico em que parte do corpo é posicionada entre um feixe de raios X e um filme sensível a raios X, o qual fica escurecido no local em que é atingido por esses raios.

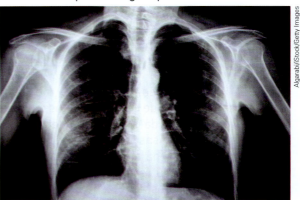

Pode-se afirmar que a imagem obtida em uma radiografia se deve:

a) à variação de absorção dos raios X pelos diferentes tecidos que compõem o corpo humano.

b) à reflexão dos raios X pelos diferentes tecidos que compõem o corpo humano.

c) ao fato de a energia dos raios X ser aumentada ou diminuída nos diferentes tecidos do corpo humano.

d) ao comprimento de onda dos raios X ser próximo ao tamanho de um átomo.

e) à frequência de onda dessa radiação ser próxima à do espectro visível.

Questão 22

Se um aparelho celular for embrulhado com papel-alumínio e alguém tentar ligar para esse aparelho, a ligação não será completada. O mesmo pode ocorrer quando uma pessoa tenta utilizar um aparelho celular para fazer uma ligação dentro de um elevador, que é uma espécie de caixa de metal. O aparelho celular não funciona nessas situações porque:

a) superfícies metálicas refletem as ondas eletromagnéticas, que não chegam ao aparelho celular receptor.

b) o material metálico reduz a intensidade do sinal do aparelho.

c) o alumínio reage com o material constituinte do celular, e este deixa de funcionar.

d) a onda eletromagnética precisa de um meio material, como o ar, para se propagar.

e) a espessura do papel-alumínio impede a passagem da onda eletromagnética emitida pelo aparelho embrulhado nele.

Questão 23

As classificações atribuídas às substâncias foram desenvolvidas ao longo da história, à medida que novos materiais eram descobertos e suas propriedades, investigadas. Uma classificação que foi criada no século XVIII e é usada até hoje divide as substâncias em orgânicas e inorgânicas. São consideradas substâncias orgânicas aquelas que contêm o elemento carbono em sua composição. As substâncias inorgânicas, que não contêm carbono em sua composição, são classificadas em quatro grupos: ácidos, sais, bases e óxidos. Entre as alternativas, qual apresenta uma afirmação correta sobre as substâncias inorgânicas?

a) Os óxidos são compostos neutros, que não apresentam características ácidas nem básicas.

b) As bases são compostos moleculares e sofrem o processo de ionização ao serem misturadas à água.

c) Ao contrário dos ácidos, as bases são substâncias inofensivas para o contato humano.

d) Soluções aquosas de substâncias ácidas são capazes de conduzir corrente elétrica.

e) Os sais não conduzem eletricidade, estejam eles puros, estejam em solução aquosa.

Questão 24

Leia o texto a seguir e responda ao que se pede.

Quebrar medicamentos em drágeas e comprimidos

Partir, triturar ou ingerir remédios com alguns alimentos podem potencializar ou reduzir seus efeitos.

Um dos principais erros é triturar comprimidos ou abrir cápsulas para facilitar a deglutição. Uma cápsula pode ser desenvolvida para não se degradar no estômago – se retirarmos o seu conteúdo, ela pode perder o efeito. O omeprazol, por exemplo, tem seu efeito reduzido se sofrer trituração.

Outro problema desse procedimento é acelerar a absorção dos princípios ativos pelo organismo. Como cada comprimido é planejado para ter um tempo de atividade e assimilação pelo corpo, a quebra de um revestimento pode desregular esse mecanismo. Portanto, se o remédio apresentar revestimento ou estrutura que permita liberação mais prolongada de sua substância, acaba-se com essa função e corre-se o risco de absorção intensa e, por consequência, de uma intoxicação.

O mais indicado, caso seja difícil ingerir o medicamento inteiro, é procurar outras formas de apresentação, como gotas ou xaropes, sem fazer improvisações. Quebrar o comprimido ao meio também não é indicado, pois se torna difícil garantir a dose exata da medicação a ser ingerida, uma vez que essa divisão não é homogênea. Laboratórios produzem comprimidos com ranhura para facilitar a divisão somente quando esse processo for viável e seguro. Além disso, alguns analgésicos e antialérgicos, por exemplo, têm um sistema de liberação modificada e, se cortados, esse efeito se perde. Antibióticos são normalmente revestidos por serem sensíveis ao pH do estômago e devem passar íntegros pelo órgão para serem absorvidos pelo intestino. Se forem quebrados, perdem sua eficácia.

Quando o médico ou o dentista sugerem a partição do comprimido, deve-se entender que eles conhecem a proposta do remédio e sabem se ele sofre ou não alteração ao ser quebrado.

Tribunal de Justiça de Santa Catarina. Quebrar medicamentos em drágeas e comprimidos. Disponível em: https://www.tjsc.jus.br/web/servidor/dicas-de-saude/-/asset_publisher/0rjJEBzj2Oes/content/5-dica-sobre-o-uso-de-medicamentos. Acesso em: 22 maio 2023.

De acordo com o texto, comprimidos não devem ser partidos ou triturados para serem ingeridos, a não ser que essa seja uma recomendação feita pelo médico ou pelo dentista. Assinale a alternativa que explica a razão de esse procedimento ser inadequado.

a) Quando chega ao estômago, o comprimido triturado causa uma diminuição na temperatura do suco gástrico, diminuindo a velocidade de atuação do remédio.

b) O comprimido triturado apresenta uma concentração de medicamento maior do que o comprimido inteiro, podendo potencializar seu efeito.

c) Quando entra em contato com o ar, o comprimido triturado sofre contaminação por microrganismos e poluentes.

d) Ao triturar o comprimido, as moléculas do medicamento são quebradas, perdendo seu efeito.

e) O comprimido triturado apresenta superfície de contato maior do que o comprimido inteiro, o que acelera a absorção, pelo organismo, dos princípios ativos do medicamento.

PARTE 2

Questão 1

> Doeu muito ter sido chutado do clube dos planetas principais em 2006 – fui rebaixado ao posto de mero planeta-anão. Eu orbito o Sol de frente ao meu irmão gêmeo Caronte. Lá de longe, o Sol parece um bobão e só uma mixaria do calor que ele emite alcança nossos mundos congelados. Algumas vezes beliscamos a órbita de Netuno e, a cada 20 anos, chegamos mais perto do Sol.
>
> Dan Green. *Astronomia do outro mundo!* São Paulo: Girassol, 2009. p. 48.

O texto faz referência a um dos astros que compõem o Sistema Solar. Esse astro é:

a) Mercúrio.
b) Marte.
c) Júpiter.
d) Urano.
e) Plutão.

Questão 2

Observe a imagem a seguir, que retrata a explosão de uma supernova.

Com relação à evolução estelar e, em particular, à evolução do Sol, pode-se dizer que:

a) a vida de uma estrela, como o Sol, pode ser estruturada em cinco fases: sequência principal, gigante vermelha, gigante assintótica, fase final e supernova.

b) a massa de uma estrela, em seu nascimento, não influencia as etapas de sua vida.

c) as supernovas referem-se a grandes explosões que ocorrem no fim da vida de estrelas com massa maior que a do Sol.

d) estrelas com massa similar à do Sol passam por uma fase chamada estrela de nêutrons, enquanto estrelas com massa menor que a do Sol dão origem a buracos negros, áreas do espaço-tempo com tanta força gravitacional que nem mesmo a luz consegue escapar.

e) na fase de gigante vermelha, a estrela consome o hidrogênio de seu núcleo, e na fase gigante assintótica, o núcleo da estrela contrai-se, aumentando sua temperatura e iniciando a fusão nuclear do hélio.

277

Questão 3

O texto a seguir traz informações sobre a participação de um pesquisador brasileiro na exploração do planeta Marte.

> Da pequena cidade mineira de Moema, às margens do Rio São Francisco, Ivair Gontijo já foi até Marte. Não pessoalmente, é claro. Mas foi graças ao seu trabalho que o veículo Curiosity pousou no Planeta Vermelho em agosto de 2012.
>
> O físico brasileiro é um dos pesquisadores do Jet Propulsion Laboratory (JPL), da NASA [...].
>
> O Curiosity é o mais sofisticado veículo já construído pelo [...] [ser humano] para ser enviado a outro planeta. O projeto custou, no total, US$ 2,5 bilhões. Se os radares projetados por Gontijo não funcionassem, tudo isso seria perdido: o Curiosity se espatifaria no solo marciano e não saciaria nossa curiosidade de receber informações sobre nosso vizinho planetário. Com o sucesso da missão, até hoje o veículo manda dados para a Terra diariamente, além de ter ajudado a comprovar, por exemplo, que existia água líquida em Marte.
>
> [...]
>
> Edison Veiga. Brasileiro lidera projetos da Nasa para exploração de Marte. *Galileu*, 29 dez. 2018. Disponível em: https://revistagalileu.globo.com/Revista/Papo-cabeca/noticia/2018/12/brasileiro-lidera-projetos-da-nasa-para-exploracao-de-marte.html. Acesso em: 31 mar. 2023.

A respeito disso, as informações do texto permitem afirmar que:

a) as tecnologias desenvolvidas pelos pesquisadores, como os radares projetados por Ivair Gontijo, não teriam efeito algum para o sucesso de Curiosity.

b) o Curiosity é um dos veículos mais simples de exploração espacial já desenvolvidos pelo ser humano.

c) todo o dinheiro envolvido nessa missão seria mais bem gasto em projetos não espaciais.

d) a missão foi considerada um sucesso, tendo em vista as informações coletadas pela sonda e seu papel na comprovação da existência de água líquida em Marte.

e) depois de Marte, o próximo planeta do Sistema Solar a ser explorado será Netuno.

Questão 4

A imagem a seguir representa uma fase de um processo de divisão celular.

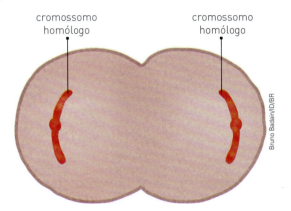

Sobre essa fase, podemos afirmar que:

a) representa a meiose, que forma gametas.

b) é essencial à manutenção do número de cromossomos igual ao dos pais nos gametas.

c) está relacionada com a criação de células com a mesma quantidade de material genético da célula-mãe.

d) representa uma verificação da quantidade de material genético após a divisão celular.

e) mostra a redução do número de mitocôndrias em gametas.

Questão 5

Analise o heredograma a seguir e assinale a alternativa correta.

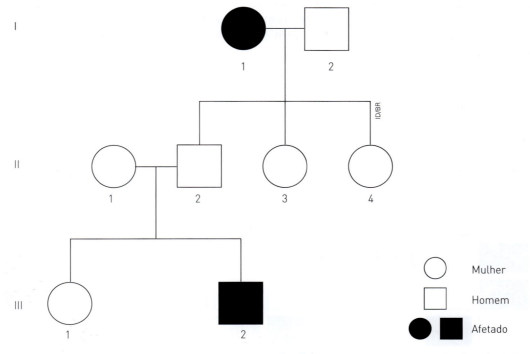

a) O indivíduo **I-1** é obrigatoriamente heterozigoto.
b) Os indivíduos **II-1** e **II-2** têm genótipos diferentes.
c) Não é possível determinar os genótipos dos indivíduos **II-3** e **II-4**.
d) O indivíduo **III-2** é obrigatoriamente homozigoto para essa característica.
e) É possível determinar com certeza os genótipos de todos os indivíduos representados.

Questão 6

Os descendentes nem sempre apresentam as mesmas características de um dos pais. Nos seres humanos, por exemplo, um homem com o tipo sanguíneo A e uma mulher com o tipo sanguíneo B podem ter um filho com o tipo sanguíneo AB. Nesse caso, a herança é determinada por:

a) recessividade.
b) codominância.
c) ausência de dominância.
d) influência de fatores ambientais.
e) epistais.

Questão 7

É possível identificar os pais de um bebê testando a semelhança entre seu DNA e o de seus pais. Para isso, o material genético dos três indivíduos é tratado com enzimas, produzindo fragmentos. Esses fragmentos, por serem de diferentes tamanhos, formarão bandas distintas durante a análise. Assim, os fragmentos do DNA do bebê devem estar presentes na mãe ou no pai. Os fragmentos de DNA correspondem aos quadros pretos. Com base nessas informações, identifique os pais do bebê em questão.

	Bebê	a) Pai	a) Mãe	b) Pai	b) Mãe	c) Pai	c) Mãe	d) Pai	d) Mãe	e) Pai	e) Mãe
1							■	■	■		
2				■		■					
3	■		■	■			■			■	
4	■						■			■	
5		■		■	■		■	■			
6			■		■	■					■
7	■										■
8		■		■	■	■	■				
9	■	■	■			■	■		■	■	■
10	■									■	

Questão 8

Um homem que tem uma doença transmitida geneticamente vai ter um filho e quer saber a probabilidade de a criança nascer com tal doença. O par de alelos do pai para essa doença, de caráter dominante, é Ss, e o da mãe, ss. Indique a probabilidade de a criança apresentar a doença.

a) 50%.
b) 25%.
c) 75%.
d) 100%.
e) 0% de recessividade.

Questão 9

Na Antiguidade, acreditava-se que cobras e crocodilos surgiam do lodo de rios e lagos pela ação de uma força vital que transformava formas inanimadas em seres vivos. O experimento mais apropriado que poderia ser feito para refutar essa hipótese seria:

a) retirar as cobras e os crocodilos de um lago e observar se, ao longo do tempo, surgiriam novos animais no local.
b) isolar um lago e verificar se, com o tempo, surgiriam novas cobras e crocodilos.
c) isolar amostras de lodo e cultivá-las em diferentes condições, para verificar se surgiriam cobras e crocodilos.
d) retirar todo o lodo de um lago para verificar se cobras e crocodilos continuariam aparecendo nesse local.
e) retirar todas as fêmeas de cobras e de crocodilos para verificar se, após um tempo, haveria aumento do número desses animais.

Questão 10

Em 1871, doze anos após a publicação do livro *A origem das espécies*, uma revista divulgou uma charge na qual o naturalista Charles Darwin foi representado como um macaco.

Essa charge exprime uma ideia que se tornou comum na época e persiste até hoje, segundo a qual os seres humanos são descendentes diretos dos macacos. Assinale a alternativa que explica corretamente a relação evolutiva entre esses animais e os seres humanos.

a) Os seres humanos descendem dos gorilas, que são os macacos com tamanho mais próximo ao do humano.
b) O chimpanzé é o ancestral do ser humano, devido à sua inteligência superior.
c) Alguns macacos, como o macaco-aranha, não têm grau de parentesco com os seres humanos.
d) O ser humano e os macacos atuais compartilham um ancestral comum.
e) O neodarwinismo, teoria posterior à de Darwin, mostrou que não há parentesco entre seres humanos e macacos.

Questão 11

A evolução de uma espécie está relacionada à sua variabilidade genética: quanto mais seres distintos houver, isto é, quanto maior for a variabilidade da população, maior a chance de adaptação a diferentes ambientes. Assim, as espécies com maior chance de adaptação a uma mudança ambiental drástica são aquelas que apresentam:

a) reprodução assexuada.

b) reprodução sexuada e assexuada.

c) reprodução sexuada e altas taxas de mutação.

d) reprodução assexuada e meiose para formação de gametas.

e) reprodução sexuada e prole com pequeno número de descendentes.

Questão 12

Segundo a teoria da evolução, o processo de seleção natural seleciona os organismos mais adaptados entre uma grande variedade de indivíduos em um ambiente. Sobre esse processo, podemos afirmar que:

a) ocorre por um tempo limitado, até que os organismos de um ambiente estejam selecionados.

b) depende apenas das características abióticas do meio, selecionando indivíduos com base em fatores como a disponibilidade de água.

c) é um processo dinâmico, pois pode ser alterado sempre que houver alguma mudança no ambiente.

d) depende apenas dos seres vivos que vivem no local, pois são eles que interagem e determinam as características ambientais.

e) é estável ao longo do tempo, mantendo sempre as mesmas espécies em determinados ambientes.

Questão 13

Em um experimento, a mesma quantidade de amostras de caldos nutritivos idênticos foi colocada em dois frascos iguais, e ambos foram aquecidos por 6 horas. Depois, os frascos foram resfriados até atingir a temperatura ambiente. Em seguida, quebrou-se o pescoço de um dos frascos. Ao final, observou-se que em apenas um dos frascos ocorreu contaminação por microrganismos.

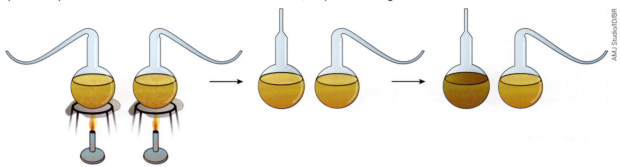

Assinale a alternativa que pode explicar esse resultado.

a) Os microrganismos de um dos frascos sobreviveram à fervura.
b) O pescoço curvo do frasco favorece a contaminação.
c) No frasco com o pescoço quebrado, os microrganismos foram transportados pelo ar até o caldo nutritivo.
d) O período de resfriamento dos frascos foi necessariamente diferente.
e) No frasco com o pescoço quebrado, os organismos foram gerados espontaneamente do caldo nutritivo.

Questão 14

Sobre as Unidades de Conservação (UCs), indique a alternativa correta.

a) É permitido a quaisquer populações humanas habitar e utilizar livremente os recursos das Unidades de Proteção Integral.
b) São exemplos de Unidades de Uso Sustentável: Áreas de Proteção Ambiental (APA), Reservas Extrativistas (Resex) e Parques Nacionais.
c) As UCs são divididas em dois grandes grupos: Unidades de Proteção Integral e Unidades de Uso Sustentável.
d) As UCs não têm influência direta sobre a preservação da biodiversidade que nelas existem.
e) São exemplos de Unidades de Proteção Integral: Estação Ecológica, Reserva de Desenvolvimento Sustentável (RDS) e Refúgio da Vida Silvestre.

Questão 15
Amazônia Legal

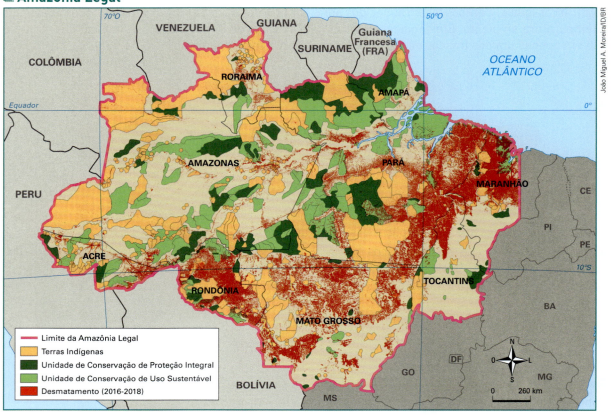

Fontes de pesquisa: Martha Fellows e outros. Amazônia em chamas: desmatamento e fogo nas Terras Indígenas. *Nota Técnica*, Instituto de Pesquisa Ambiental da Amazônia (Ipam), n. 6, mar. 2021. Disponível em: https://ipam.org.br/wp-content/uploads/2021/03/Amazo%CC%82nia-em-Chamas-6-TIs-na-Amazo%CC%82nia.pdf; L. Amorim e outros. Sistema de alerta de desmatamento. Instituto Imazon, abr. 2023. Disponível em: https://imazon.org.br/publicacoes/sistema-de-alerta-de-desmatamento-sad-abril-de-2023/. Acessos em: 24 maio 2023.

O mapa mostra as áreas oficialmente protegidas na Amazônia, bem como os focos recentes de desmatamento na região. Com base nesse mapa, é possível afirmar que:

a) as Terras Indígenas não oferecem proteção ao bioma.

b) o estabelecimento de Unidades de Conservação é desnecessário, pois não propicia a proteção do bioma.

c) além da criação das áreas de proteção, outras medidas são necessárias para garantir a proteção do bioma.

d) apenas as Unidades de Proteção Integral são eficazes.

e) o bioma encontra-se totalmente protegido do desmatamento.

Questão 16

> [...]
>
> A pressão do garimpo ilegal em Terras Indígenas tem sido um conflito crescente nos últimos tempos. Somente entre 2017 e 2019, 1 174 hectares de floresta foram perdidos devido à mineração de ouro no território Yanomami e, em 2019, o território teve as maiores taxas de desmatamento dos últimos dez anos, chegando a 418 hectares. Enquanto isso, o território Munduruku viu o maior aumento no desmatamento em 2020, com imagens de satélite revelando um crescimento de 58% no desmatamento relacionado à mineração, nos primeiros quatro meses de 2020, comparando-se com o mesmo período do ano anterior.
>
> [...]
>
> Garimpo ilegal avança sobre áreas protegidas, contamina ambiente e interrompe vidas na Amazônia. Instituto Socioambiental (ISA), 9 abr. 2021. Disponível em: https://site-antigo.socioambiental.org/pt-br/blog/blog-do-monitoramento/garimpo-ilegal-avanca-sobre-areas-protegidas-contamina-ambiente-e-interrompe-vidas-na-amazonia. Acesso em: 29 mar. 2023.

A atividade descrita na reportagem é considerada ilegal, pois:

a) provoca grandes impactos ambientais sobre toda a região.

b) é realizada por garimpeiros de fora, e não pela comunidade local.

c) aumenta o número de pessoas que vivem dentro da reserva.

d) gera mal-estar na comunidade local, que fica sem fonte de renda.

e) é feita sem autorização e dentro de uma Unidade de Conservação.

Questão 17

Leia o texto e faça o que se pede a seguir.

> [...]
>
> A revolução científica começou com as polêmicas ideias, para a época, do matemático e astrônomo polonês Nicolau Copérnico, que mais tarde foram comprovadas pelas observações telescópicas do astrônomo italiano Galileu Galilei − a Terra e os demais planetas giram em torno do Sol, e não o contrário.
>
> Esta teoria, conhecida como heliocentrismo, mudou nossa forma de pensar sobre o Sol e sua relação com nossas vidas. Ela foi a plataforma para o estudo científico da nossa estrela e os longos anos de exploração que se seguiram.
>
> [...]
>
> O mito do deus Sol e outras curiosidades sobre a estrela que rege a vida na Terra. BBC News Mundo, 22 out. 2022. Disponível em: https://www.bbc.com/portuguese/geral-63322809. Acesso em: 29 mar. 2023.

O texto faz referência a uma importante mudança de visão na astronomia. Essa mudança refere-se:

a) ao abandono do geocentrismo, teoria proposta por Nicolau Copérnico.

b) à rejeição ao heliocentrismo, cuja explicação contrariava a Igreja.

c) à comprovação do modelo geocêntrico por inúmeros cientistas.

d) à aceitação do modelo heliocêntrico no lugar do modelo geocêntrico.

e) à substituição do heliocentrismo por outro modelo mais plausível.

Questão 18

Leia o texto e responda ao que se pede.

Espécies exóticas invasoras

Espécies exóticas invasoras representam uma das maiores ameaças ao meio ambiente, com enormes impactos e prejuízos sobre a biodiversidade e os ecossistemas naturais, afetando a provisão de serviços ambientais, a saúde, a economia, bem como a conservação do patrimônio genético e natural.

A introdução de espécies invasoras ocorre de forma intencional ou acidental por vias e vetores de transporte entre regiões, países e ecossistemas em ritmo crescente devido à intensificação do comércio, de viagens e do turismo em nível global.

Devido ao seu potencial invasor e à sua capacidade de assumir o lugar e excluir espécies nativas, diretamente ou pela competição por recursos, as espécies invasoras podem transformar a estrutura e a composição dos ecossistemas, homogeneizando ambientes e destruindo características peculiares da biodiversidade local e regional. [...]

Também os prejuízos e custos decorrentes da prevenção, controle e erradicação de espécies exóticas invasoras indicam que os danos ao meio ambiente e à economia são significativos. Levantamentos realizados em diversos países, como Estados Unidos, Reino Unido, Austrália, África do Sul, Índia e Brasil, atestam que as perdas econômicas anuais decorrentes de invasões biológicas em cultivos, pastagens e áreas naturais podem ultrapassar centenas de bilhões de dólares.

Tendo em vista a complexidade dessa temática, a gestão sobre espécies exóticas invasoras envolve agendas bastante amplas e desafiadoras, com ações multidisciplinares e interinstitucionais. Ações de prevenção, monitoramento, controle e erradicação são fundamentais e exigem o comprometimento e a convergência de esforços de diferentes entes dos governos federal, estaduais e municipais envolvidos com o tema, além de setores empresariais e organizações não governamentais.

[...]

Estratégia Nacional para Espécies Exóticas Invasoras

A Estratégia Nacional para Espécies Exóticas Invasoras é uma iniciativa do Ministério do Meio Ambiente, instituída pela Resolução CONABIO 07/2018, que consolida diretrizes e decisões da Convenção sobre Diversidade Biológica – CDB aplicadas às diversas instâncias nacionais de governança ambiental. Ela estabelece, com clareza, o caminho para sua implementação, definindo ações prioritárias para gestão, prevenção, manejo e controle de espécies invasoras, referendadas por diversas esferas e setores de governo e da sociedade até 2030.

Nesse horizonte temporal, a Estratégia Nacional foca espécies invasoras que ameaçam ou impactam a diversidade biológica e busca estabelecer a visão integrada entre os setores afetados em função de impactos, danos e prejuízos ambientais, sociais, culturais, sanitários e econômicos. [...]

[...]

Espécies exóticas invasoras. Ministério do Meio Ambiente e Mudança do Clima. Disponível em: https://www.gov.br/mma/pt-br/assuntos/biodiversidade/fauna-e-flora/especies-exoticas-invasoras. Acesso em: 22 maio 2023.

De acordo com o texto, pode-se afirmar que:

a) o controle de espécies exóticas e invasoras é de responsabilidade exclusiva do governo federal, por meio do Ministério do Meio Ambiente e Mudança do Clima.

b) a introdução de espécies exóticas aumenta a biodiversidade dos ecossistemas naturais.

c) a intensificação do comércio, de viagens e do turismo em nível global provoca a introdução de espécies invasoras em um ecossistema.

d) a presença de espécies invasoras afeta a biodiversidade, porém não causa prejuízos econômicos.

e) o Ministério do Meio Ambiente e Mudança do Clima ainda não formulou nenhuma ação para o controle de espécies invasoras no Brasil.

BIBLIOGRAFIA COMENTADA

ATKINS, P. W.; JONES, L. *Princípios de química*: questionando a vida moderna e o meio ambiente. 5. ed. Porto Alegre: Bookman, 2011.

O livro aborda os fundamentos da Química, de modo dinâmico e atual, incluindo as aplicações dessa ciência.

BELL, M. S. *Lavoisier no ano um*: o nascimento de uma nova ciência numa era de revolução. São Paulo: Companhia das Letras, 2007 (Coleção Grandes Descobertas).

Esse livro acompanha a carreira do renomado cientista para traçar a história da Química desde os seus primórdios.

BRASIL. Ministério da Educação. Secretaria de Educação Básica. *Base nacional comum curricular*: educação é a base. Brasília: MEC/SEB, 2018. Disponível em: http://basenacionalcomum.mec.gov.br/. Acesso em: 3 abr. 2023.

A BNCC é um documento de caráter normativo que define o conjunto progressivo de aprendizagens essenciais a serem desenvolvidas pelos estudantes ao longo da Educação Básica.

BRASIL. Ministério da Educação. Secretaria de Educação Básica. Secretaria de Educação Continuada, Alfabetização, Diversidade e Inclusão. Conselho Nacional de Educação. *Diretrizes curriculares nacionais da Educação Básica*. Brasília: MEC/SEB/Secadi/Dicei, 2013. Disponível em: http://portal.mec.gov.br/index.php?option=com_docman&view=download&alias=13448-diretrizes-curiculares-nacionais-2013-pdf&Itemid=30192. Acesso em: 3 abr. 2023.

As DCN são normas obrigatórias para a Educação Básica que orientam o planejamento curricular.

BRASIL, N. I. do. *Sistema Internacional de Unidades*. Rio de Janeiro: Interciência, 2002.

Nesse livro, o Sistema Internacional de Unidades (SI) é apresentado detalhadamente, incluindo as unidades de base e derivadas e os prefixos SI com as unidades de uso, de acordo com as organizações internacionais e com o Instituto Nacional de Metrologia, Qualidade e Tecnologia (Inmetro).

CAPRA, F. *A teia da vida*: uma nova compreensão científica dos sistemas vivos. 12. ed. São Paulo: Cultrix, 2010.

O livro mostra, de forma integrada, a biologia e a ecologia em nosso planeta.

CARVALHO, A. M. P. de (org.). *Ensino de ciências*: unindo a pesquisa e a prática. São Paulo: Cengage Learning, 2004.

O livro traz pesquisas do Laboratório de Pesquisa e Ensino de Física (LaPEF), da Faculdade de Educação da Universidade de São Paulo, que foram testadas em escolas dos ensinos Fundamental e Médio.

DELERUE, A. *Rumo às estrelas*: guia prático para observação do céu. 9. ed. Rio de Janeiro: Zahar, 2004.

O guia ajuda o leitor a localizar e a identificar as principais estrelas e constelações do hemisfério Sul, além de apresentar algumas lendas associadas às estrelas.

DIAS, G. F. *Educação ambiental*: princípios e práticas. 9. ed. São Paulo: Gaia, 2010.

O livro traz informações básicas sobre educação ambiental e um histórico das atividades dessa área no mundo e ainda sugere atividades para sua prática.

GIESBRECHT, E. (coord.). *PEQ – Projetos de Ensino de Química*: técnicas e conceitos básicos. São Paulo: Moderna/Edusp, 1982.

A obra apresenta conceitos, técnicas e procedimentos básicos da Química experimental.

GRUPO DE REELABORAÇÃO DO ENSINO DE FÍSICA (Gref). *Física 1*: mecânica. 6. ed. São Paulo: Edusp, 2000.

Nesse livro, a mecânica é abordada com base em exemplos do cotidiano.

GRUPO DE REELABORAÇÃO DO ENSINO DE FÍSICA (Gref). *Física 2*: física térmica/óptica. 4. ed. São Paulo: Edusp, 1998.

O livro explica a termodinâmica com base em situações do dia a dia.

HARPER, J. L.; BEGON, M.; TOWNSEND, C. R. *Fundamentos em ecologia*. 3. ed. Porto Alegre: Artmed, 2010.

A obra apresenta os princípios da ecologia utilizando linguagem acessível e instigante.

HEWITT, P. G. *Física conceitual*. 9. ed. Rio de Janeiro: Bookman, 2002.

O livro traz conhecimentos conceituais da Física e também aplicações dessa ciência.

KOTZ, J. C.; TREICHEL JR., P. M. *Química e reações químicas*. 4. ed. Rio de Janeiro: Cengage Learning, 1999. v. 1 e 2.

Esses dois volumes apresentam, entre outros conteúdos, os princípios e as aplicações da Química e a reatividade de elementos químicos e seus compostos.

KRASILCHIK, M.; MARANDINO, M. *Ensino de Ciências e cidadania*. São Paulo: Moderna, 2004.

A obra enfatiza a necessidade de se obter um conhecimento básico de Ciências e traz sugestões de atividades que visam dar ao leitor condições de usar tais conhecimentos para compreender problemas complexos de diferentes áreas do saber.

LIDE, D. R. *CRC Handbook of Chemistry and Physics*. 77. ed. Boca Raton: CRC Press, 1997.

Essa obra de referência para o ensino de Química apresenta tabelas de dados e recomendações internacionais atuais sobre nomenclaturas, símbolos e unidades.

LUCCI, E. A.; BRANCO, A. L. *O Universo, o Sistema Solar e a Terra*. São Paulo: Atual, 2019.

O livro trata das descobertas do ser humano a respeito dos astros, do Universo e do Sistema Solar e comenta aspectos ligados a nosso planeta.

MARIANO, J. B. *Impactos ambientais do refino de petróleo*. Rio de Janeiro: Interciência, 2005.

Essa obra apresenta e discute os principais impactos ambientais decorrentes das operações das refinarias de petróleo.

MERGULHÃO, M. C.; VASAKI, B. N. G. *Educando para a conservação da natureza*: sugestões de atividades em educação ambiental. 2. ed. São Paulo: Educ, 2002.

Esse livro traz uma importante contribuição à metodologia de educação ambiental, apresentando relatos de experiências pioneiras em educação não formal.

MICHEL, R. *Os grandes experimentos científicos*. Rio de Janeiro: Zahar, 1997.

Nesse livro, o leitor encontra cerca de quarenta experimentos de diversos cientistas, desde o século III a.C. até o século XX.

MOURÃO, R. R. de F. *A astronomia na época dos descobrimentos*. São Paulo: Lacerda, 2000.

O livro é resultado de uma vasta pesquisa sobre o papel da astronomia nas viagens e nas conquistas dos navegadores portugueses e espanhóis. Aborda também a importância das culturas árabe e judaica no desenvolvimento da ciência náutica na época das Grandes Navegações.

MOURÃO, R. R. de F.; GOLDKORN, R. B. O. *Dicionário enciclopédico de astronomia e astronáutica*. 2. ed. Rio de Janeiro: Nova Aguilar, 1995.

Com linguagem clara e direta, esse dicionário é também um valioso instrumento de consulta, por sua qualidade e abrangência.

OKUNO, E.; VILELA, M. A. C. *Radiação ultravioleta*: características e efeitos. São Paulo: Livraria da Física, 2005.

Esse livro integra a coleção Temas Atuais em Física, uma série de livros de divulgação científica produzida em parceria com a Sociedade Brasileira de Física (SBF).

PIAGET, J. *Epistemologia genética*. 3. ed. São Paulo: WMF Martins Fontes, 2007.

Esse livro procura mostrar não só como os seres humanos, sozinhos ou em conjunto, constroem conhecimentos, mas também os processos e as etapas que lhes permitem fazer isso.

REECE, J. B. *et al. Biologia de Campbell*. 10. ed. Porto Alegre: Artmed, 2015.

A obra reúne extensa gama de conhecimentos das diversas áreas que compõem as Ciências Biológicas.

RIDPATH, I. *Guia ilustrado Zahar de astronomia*. Rio de Janeiro: Zahar, 2007.

O guia traz informações sobre a história da astronomia, a formação do Sistema Solar e as constelações, além de abordar os maiores desafios da cosmologia no início do século XXI.

RODITI, I. *Dicionário Houaiss de Física*. Rio de Janeiro: Objetiva, 2005.

A obra apresenta definições e dados relevantes de forma clara e concisa, cobrindo a linguagem da Física contemporânea em diferentes áreas.

SAGAN, C. *Cosmos*. Rio de Janeiro: Gradiva, 2009.

O livro reúne alguns dos conhecimentos mais avançados sobre a natureza, a vida e o Universo.

VANIN, J. A. *Alquimistas e químicos*: o passado, o presente e o futuro. São Paulo: Moderna, 2004 (Coleção Polêmica).

O livro mostra a capacidade que a química confere ao ser humano de transformar materiais e de viver em um mundo melhor. Da química dos primórdios da humanidade aos avanços da fase moderna, o autor aborda os impactos sociais dessa ciência por meio de exemplos do cotidiano.

Fontes da internet

AGÊNCIA NACIONAL DE ENERGIA ELÉTRICA (Aneel). Disponível em: https://www.gov.br/aneel/pt-br. Acesso em: 3 abr. 2023.

O portal disponibiliza informações e serviços sobre o mercado de energia elétrica voltados para as empresas de geração, transmissão, distribuição e comercialização de energia e também para os consumidores finais.

AGÊNCIA NACIONAL DO PETRÓLEO, GÁS NATURAL E BIOCOMBUSTÍVEIS (ANP). Disponível em: http://www.anp.gov.br. Acesso em: 3 abr. 2023.

O portal reúne dados e informações sobre a indústria de petróleo e gás natural, incluindo pesquisas sobre a qualidade dos combustíveis e lubrificantes e sobre o comportamento dos preços desses produtos.

ANIMAL DIVERSITY WEB. Disponível em: http://animaldiversity.org/. Acesso em: 3 abr. 2023.

O banco de dados *on-line* (em inglês), organizado pelo Museu de Zoologia da Universidade de Michigan (EUA), traz informações sobre a história natural, a distribuição e classificação e a biologia da conservação de milhares de espécies de animais. Inclui fotografias, clipes de áudio e um museu virtual.

DEPARTAMENTO DE ASTRONOMIA. Instituto de Física da Universidade Federal do Rio Grande do Sul (UFRGS). Disponível em: http://astro.if.ufrgs.br. Acesso em: 3 abr. 2023.

Nesse *site*, é possível acessar conteúdos diversos sobre astronomia, como a história dessa ciência, os planetas extrassolares, a escala do Universo, entre outros.

EMPRESA BRASILEIRA DE PESQUISA AGROPECUÁRIA (Embrapa). Disponível em: https://www.embrapa.br. Acesso em: 3 abr. 2023.

O *site* da Embrapa, empresa vinculada ao Ministério da Agricultura e Pecuária, apresenta notícias, projetos, cursos e eventos referentes ao setor agropecuário.

INSTITUTO BRASILEIRO DE GEOGRAFIA E ESTATÍSTICA (IBGE). Disponível em: https://www.ibge.gov.br. Acesso em: 3 abr. 2023.

No portal do IBGE, é possível consultar resultados de pesquisas sobre diversos temas e áreas, como meio ambiente, saúde, educação, mercado de trabalho, atividades agropecuárias, entre outros.

INSTITUTO BRASILEIRO DO MEIO AMBIENTE E DOS RECURSOS NATURAIS RENOVÁVEIS (Ibama). Disponível em: https://www.ibama.gov.br. Acesso em: 3 abr. 2023.

O *site* reúne notícias, informações e publicações relativas à atuação do órgão responsável por implementar e fiscalizar políticas públicas de proteção ambiental.

INSTITUTO DE ASTRONOMIA, GEOFÍSICA E CIÊNCIAS ATMOSFÉRICAS DA UNIVERSIDADE DE SÃO PAULO. Disponível em: http://www.iag.usp.br/astronomia. Acesso em: 3 abr. 2023.

O *site* disponibiliza informações sobre graduação, pós-graduação, pesquisa, cultura e extensão do Instituto de Astronomia da USP.

INSTITUTO DE BIOCIÊNCIAS DA UNIVERSIDADE DE SÃO PAULO. Disponível em: http://www.ib.usp.br. Acesso em: 3 abr. 2023.

O *site* apresenta informações sobre graduação, pós-graduação, pesquisa, cultura e extensão do Instituto de Biociências da USP.

INSTITUTO NACIONAL DE PESQUISAS ESPACIAIS (Inpe). Disponível em: http://www.gov.br/inpe/pt-br. Acesso em: 3 abr. 2023.

O *site* do instituto, que é vinculado ao Ministério da Ciência, Tecnologia e Inovação, apresenta dados sobre clima, previsões do tempo, informações sobre queimadas, entre outros conteúdos.

INTERNATIONAL UNION OF PURE AND APPLIED CHEMISTRY (Iupac). Disponível em: http://old.iupac.org/reports/periodic_table/. Acesso em: 3 abr. 2023.

A página *web* traz a Tabela Periódica atualizada pela Iupac.

MINISTÉRIO DO MEIO AMBIENTE E MUDANÇA DO CLIMA (MMA). Disponível em: https://www.gov.br/mma/pt-br. Acesso em: 3 abr. 2023.

O *site* traz diversas informações, publicações, vídeos e notícias referentes ao ministério.

NAÇÕES UNIDAS BRASIL (ONUBR). Disponível em: http://www.onu.org.br. Acesso em: 3 abr. 2023.

O *site* apresenta as agências especializadas das Nações Unidas e os fundos e programas que elas desenvolvem no país.

NAÇÕES UNIDAS BRASIL (ONUBR). Objetivos de Desenvolvimento Sustentável. Disponível em: https://brasil.un.org/pt-br/sdgs. Acesso em: 3 abr. 2023.

A página da ONU apresenta os 17 Objetivos de Desenvolvimento Sustentável (ODS) da Agenda 2030 e suas metas.

Revista *Química Nova na Escola*. Disponível em: http://qnesc.sbq.org.br/online. Acesso em: 3 abr. 2023.

O *site* abriga as edições da revista, publicada pela Sociedade Brasileira de Química e que visa subsidiar o trabalho, a formação e a atualização da comunidade brasileira do ensino de Química.